U0153730

臺灣客家研究論文選輯 6

客家與文化公民權

張維安——主編

張維安——總主編

編者及作者介紹

主編

張維安

臺灣苗栗客家人。現任國立交通大學人文社會學系教授、《全球客家研究》主編。

東海大學社會學博士。曾任國立清華大學社會學研究所教授、社會人類學研究所所長、圖書館館長、人文社會學院院長；國立中央大學客家研究中心主任、客家學院院長；國立交通大學國際客家研究中心主任、人文與社會科學研究中心主任、客家文化學院院長；臺灣客家研究學會理事長。學術興趣為社會學理論、資訊社會學、經濟社會學、客家研究。著述與編輯的代表作品有《思索臺灣客家研究》、《客家文化、認同與信仰》、《客家族群與國家政策》、《東南亞客家及其周邊》、《在地、南向與全球客》、《多元族群與客家：臺灣客家運動20年》、《濟轉化與傳統再造：竹苗台三線客家鄉鎮文化產業》、《社會與經濟：兩岸三地的社會文化分析》與《臺灣客家族群史產經篇》。

作者群

王俐容 英國華威大學（University of Warwick）文化政策研究博士，現任國立中央大學客家語文暨社會科學學系特聘教授。學術專長為客家研究、泰國研究、跨國社群與認同、文化政策與文化研究、文化經濟與消費社會、多元文化與公民權。

許育典 德國杜賓根大學法學博士，曾任國立成功大學社會科學院院長、國立成功大學法律學系系主任等，現任國立成功大學法律學系專任特聘教授、當代人權暨全球永續發展研究中心主任等。研究專長為教育法、宗教法、文化法、憲法與行政法。

徐正光 國立臺灣大學社會學系畢業，美國布朗大學社會學博士。曾任中央研究院民族學研究所研究員兼所長、國立清華大學社會人類學研究所所長、蒙藏委員會委員長、行政院客家委員會籌備處主任、考試院考試委員。

孫　煒 美國馬里蘭大學公共政策博士，曾任國立中央大學客家學院院長、法律與政府研究所所長、客家政治經濟研究所所長、通識教育中心代理主任，現任法律與政府研究所特聘教授兼社會責任辦公室主任。研究領域為公共行政與政策研究、非營利組織研究、客家研究。

葉高華 現任國立中山大學社會學系副教授，追求跨學科的整合性研究。近期研究聚焦於族群相關議題，包括：集團移住政策如何擾亂原住民部落的社會網絡，福佬、客家交界地帶的人群互動，以及語言、族群現象如何互相纏繞。

張學謙 美國夏威夷大學東亞語文博士，曾任夏威夷大學臺語教師、原住民族語言發展委員等，現任臺東大學華語系教授、客家事務委員會諮詢委員、臺灣語文學會理事長等。研究專長為社會語言學、語言復振規劃。

蕭新煌　美國紐約州立大學（Buffalo）社會學博士，現任中央研究院社會學研究所特聘研究員、總統府資政、臺灣亞洲交流基金會董事長、國立臺灣大學和國立中山大學社會系合聘教授及國立中央大學客家學院講座教授。研究領域包括亞洲中產階級、公民社會與新民主、以及臺灣與東南亞客家族群比較研究等。

張錦華　國立政治大學新聞所碩士、美國愛荷華大學新聞與大眾傳播博士。曾任淡江大學大眾傳系副教授、國立政治大學廣電系副教授，現任國立臺灣大學新聞研究所教授。研究專長為大眾傳播批判理論、質化研究方法、多元文化主義、性別與族群傳播研究等。

蔡　珮　國立政治大學新聞研究所博士，現任世新大學廣播電視電影學系副教授。專長領域為族群傳播、族群媒介與族群閱聽人研究、電視節目模式研究、傳播理論、傳播研究方法、媒體識讀、離散研究、文化全球化與傳播。

學術研究與客家發展：
《臺灣客家研究論文選輯》主題叢書序

張維安

　　客家族群的發展，打從其浮現初期就和客家族群的論述有密切的關係。特別是從「自在的客家」發展到「自為的客家」過程中，客家族群意識的凝聚與確定，顯示出客家族群相關論述扮演了重要的角色，尤其是立足於客家研究而來的客家族群論述所帶來的影響。有客語語言家族的「客觀」存在（自在的客家），還不能說客家族群已經誕生，也就是說客家族群還未主觀的、有意識的存在（自為的客家）。兩者之間的差異與轉換，主要是族群意識與族群論述。

　　族群意識的誕生，可能來自客語語言家族經過與他族的接觸經驗、人群界線的劃分，以及漫長的族群形塑過程。不過人群分類的「科學」根據和「歷史」解釋，卻需要綿密的客家族群論述為基礎。從客家族群形成的過程來看，客家研究扮演了非常關鍵的角色，甚至可以說「沒有客家研究就沒有客家族群」。

　　歷史上，羅香林的《客家源流考》（1950）、《客家研究導論》（1933）和《客家史料彙編》（1965）為客家選定作為中原漢族的身分，提供了安身立命的論述基礎。更早的時期，徐旭曾的〈豐湖雜記〉（1808）、林達泉的〈客說〉（1866）、賴際熙的《[民國]赤溪縣志》（1867）、溫仲和所纂的《廣東省嘉應州志》（1868），以及黃釗的《石窟一徵》（1870）等，提供了羅香林論述的基礎觀察。當然還有一些外國傳教士之論述也發揮很大的作用，例如

Ernest John Eitel（1873）的 *An Outline History of the Hakkas*。關於西方傳教士的客家論述與華南客家族群的浮現方面，施添福與林正慧等已有精彩的研究。客家研究奠定了客家族群存在的樣貌。

　　客家研究與客家族群的浮現與發展關係，是多層次的。從民間學者到學院教授，從族譜記載到生物基因，從文化圖騰到語言發音，豐富了客家族群文化的內涵，增進了客家族群的意識與認同。其中語言學家對南方漢語中客語分類的認定與命名，使得客語人群的身影逐漸清晰。近年來臺灣客家研究的興起對臺灣、東南亞或中國客家文化的發展與認同都有清楚的影響。

　　基於客家相關的學術研究對客家發展的重要性，客家委員會從設立以來便相當重視客家知識體系的發展，設立客家學術發展委員會指導推動客家學術研究與發展之業務，厚植客家研究的基礎。客家研究如果要成為一門學問，不只是要有研究計畫，必需有課程規劃、教科書、專業期刊、客家研究學會、學術研討會、嚴格審查的專書、有主題的叢書與論文集彙編。《臺灣客家研究論文選輯》主題叢書的出版計畫，具有此一脈絡的意義。

　　《臺灣客家研究論文選輯》主題叢書的出版構想，源於客家委員會的客家學術發展委員會，目標是將分散於各學術期刊的優質論文，依主題性質加以挑選、整理、編輯，重新編印出版，嘉惠對客家議題有興趣的讀者，深化客家議題的討論，增益客家社會建構的能量。論文來源以學術期刊論文為主，作者無限制，中英文皆可，主要是論文議題要與「臺灣客家」相關，跨區域比較也可。以主題或次領域為臺灣客家研究系列叢書編輯的原則，能讓國內外客家研究學者乃至一般讀者，迅速掌握過去學術界對該主題的研究累積，通過認識臺灣「客家研究」的各種面向，理解臺灣客家社會文化的諸多特質，作為國家與客家族群發展知識基礎。叢書，除了彙整臺灣客家研究的各主題（特色），也望能促進學、政雙方，乃至臺灣民間社會共同省思臺灣客家的未來。

　　由於各篇論文原來所刊登的期刊，各有其所要求的格式。為了尊重原期刊的特性，本叢書各輯的論文仍保留原有的格式性質，例如註解的方式各篇並未一致，又因版面重新編輯，原有的頁數已經有所改變，這是需要跟讀者特別說明的。

　　《臺灣客家研究論文選輯》主題叢書之問世，特別要感謝客家委員會李永得主任委員的支持，客家學術發展委員會召集人蕭新煌教授的指導，各分冊主編的教授師長，一次又一次的來交通大學開會，從書本的命名到封面的討論，看見大家的投入和付出，非常感激。交通大學國際客家研究中心博士後研究員劉瑞超博士、交通大學出版社程惠芳小姐和專任助理陳韻婷協助規劃與執行，克服重重困難，誠摯表示感謝。

張維安

于國立交通學客家文化學院人文社會學系

2018-6-7

目錄

《客家與文化公民權》導論

張維安 [*]

一、從德政到公民權

從 1988 年客家社團在臺北發起「還我母語運動」以來，客家族群的權益逐漸受到公部門的重視，客家族群在社會上的能見度比以前提高許多，走出了隱性客家的刻板印象，臺灣客家族群逐漸地從自在的客家走向自為的客家；從悲情的客家走向歡樂的客家；從隱形的客家走向自信的客家；從生活的客家走向制度的客家。相對於世界各地的客家，臺灣的客家族群經歷了一段過去從未有的美好時光。

臺灣客家族群現況的形成，原因甚多。就結構因素來看，臺灣作為一個民主國家的社會結構，應該是最重要的因素。這和本書要討論的臺灣作為一個文化國的期許，各族群都有其文化公民權的社會主張也有高度的相關。由公部門制定客家族群政策，大力推廣客家文化。在體制上設立客家委員會、成立客家電視臺、客語廣播、設置客家研究相關學院與系所、訂定客家基本法、增加客家行政公職考試，甚至於頒定全國客家日，強調國家對客家族群的重視。這些制度的出現固然有許多是直接來自於選舉的承諾，或回應客家社群的需求，不過其背後漸漸浮現的文化公民權及相關理念也是不容忽視的。沒有民主制度、

---

* 感謝劉瑞超博士、顏呈綏老師協助校讀。

沒有多元文化主義的想法，沒有本書所要討論的文化公民權理念的支撐，這種重視少數族群權益的制度不容易被提到公領域來實踐。

　　圍繞著過去這些年來臺灣社會中或隱或現的文化公民權，客家族群的權益似清楚又模糊的出現在我們的生活世界中。客家族群的傳播權、語言權、教育權、歷史詮釋權，時而清楚高亢的被提出，時而又因為其他族群的意見而壓低姿態，社會上不乏批評客家族群向社會搶奪資源的輿論，客家族群或者是客家委員會通常秉持著以和為貴的原則，以低調、客氣的形式來回應，人們很少見到以族群權益為基礎，挺身面對眾議的畫面。公部門提出客家文化發展，客家語言復甦的政策，過去多數客家人常以政府的德政來看待，而不是覺得這也是自己的族群應該有的權益，未視之為客家族群身為這個社會的一分子，應該享有的公民權。相關政策的執行，大多傾向於用鼓勵的方式來推行。從德政轉化為文化公民權，需要有一定的政治經濟結構為基礎：民主的文化國，族群主流化，族群文化權益的實踐，有賴文化公民權的發展。感謝八位作者，本書共收錄九篇與（客家）文化公民權相關的論文，希望能夠進一步提供客家文藝復興的理論基礎。我們討論的是權益，不是恩惠，是文化公民權，不是那一個政黨或政府首長的德政。

　　九篇論文可分為三組概念來閱讀，第一組概念是文化公民權的建構，以及相對應的行政機關設立之基礎，一共收錄四篇論文。分別是許育典的〈文化國與文化公民權〉、王俐容的〈文化公民權的建構：文化政策的發展與公民權的落實〉，以及孫煒的〈設置族群型代表性行政機關的理論論證〉，第四篇王俐容的〈臺灣客家族群文化權的經驗性調查研究〉，可以視為與前述三篇論文相關的經驗現象之分析；第二組概念是和語言文化權相關的兩篇論文，第一篇是張學謙的〈融入語言人權的弱勢語言教育〉，另一篇是葉高華的〈臺灣民眾的家庭語言選擇〉，前者說明教育過程中的族群語言，特別是弱勢的族群語言的

教育權，是一種語言人權，第二篇則說明語言使用，即使是在家庭中也會受到社會結構所影響，家庭語言的選擇，並不是真的可由家庭自主來選擇；第三組概念是與文化傳播權相關的三篇論文，前兩篇是張錦華的〈多元文化主義與我國廣播政策：以臺灣原住民與客家族群為例〉，和蕭新煌的〈多元文化社會的族群傳播：剖析一個新典範〉，第三篇是蔡珮的〈客家電視台與臺北都會客家閱聽人族群認同建構之關聯性初探〉。前兩篇可說是當代社會多元文化主義思想下，族群傳播或族群傳播權的主張。第三篇蔡珮的論文，可視為客家族群文化傳播的經驗研究。全書九篇論文的內容囊括了抽象理論的思惟、中程概念的討論，到具體的制度、經驗現象的解釋。希望有助於客家文化公民權，甚至其他族群的文化公民權的思索與提升。

二、文化公民權的建構

許育典（2006）的〈文化國和文化公民權〉從憲法明文提及：「國家肯認多元文化」破題，指出「這個規定的目的，在於透過憲法的規範，建構多元文化國的憲法保障基礎，賦予國家保護不同或多樣文化差異的義務」（許育典，2006：2）。該文通過對德國案例的研究，說明憲法保障文化權作為基本權，並以之為基礎建立文化國：「將教育、科學、藝術或宗教等基本權，概括稱為文化基本權，經由這些文化基本權作為客觀價值決定的憲法保障，建立所謂的文化國」（許育典，2006：4）；德國學者對於文化權的範圍指涉甚廣，「媒體傳播是精神傳播的一部分，屬於文化範疇；體育交流頻繁之後，學者認為體育交流活動也屬於文化領域；有學者甚至認為人類與大自然的關係，包括環境的保護、景觀的保護等等，都應歸屬於文化的一部分，這也逐漸擴張文化在法律上的概念」（許育典，2006：4）。「德國這樣的發展，與英語系國家從個人與社會的生活關係，將文化視為社會生活方式、價值觀與行為模式的整體，

而建立以保護文化差異為核心的文化權，似有異曲同工之妙。也就是說，不論文化在法律上的概念如何定義或演變，憲法上所要保護的核心，都落在文化差異的多元可能展開上。其實，這也符合文化的多樣性概念，不至於因文化概念的法律形式定義，而偏廢文化差異的憲法實質保障」（許育典，2006：4）。

　　許育典的論文深入討論了自我實現、文化基本權和文化國的關係，並對於臺灣邁向文化國家提出許多建議，這些對於臺灣文化公民權的發展具有參考價值。這篇論文和客家文化公民權的相關之處並不明顯，不過文化公民權要能夠被理解，要能夠有鞏固的基礎，深厚的理論論述是不能缺少的，多元文化國架構下文化公民權的基本論述，可以作為本書其他各篇文化公民權討論的基礎。文化國的思惟與下文多元文化主義的見解，都是本書希望著墨的文化公民權的理念基礎。

　　在臺灣，文化公民權的提倡沒有前述堅強的憲法基礎而是由行政院文化建設委員會（文建會，現今的文化部）提出。2004 年當時的文建會主委陳其南曾提出「文化公民權運動宣言」，其主要訴求的對象是國家，要求臺灣成為一個支持文化公民權的文化國。之後，2012 年當時的文建會主委龍應台也曾表示：「未來文化部在執行政策上，一定要以村落為單位，落實『文化公民權』」。並解釋說：「一個國家是否真正昌盛，你要去看這個國家的村落是否文明、富足，而不是去看他的大都會。」[1] 從 2004 年陳其南提出文化公民權，到 2018 年文化部提出的文化基本法草案，雖歷經 14 年，「文化公民權」在臺灣尚未有法律的基礎實踐之。[2]

---

1 許育典（2012）在〈文化公民權，這回真的？〉一文回應了龍應台的這個想法，值得參考。

2 2017 印發的立法院第 9 屆第 3 會期第 9 次會議議案關係文書提到「自民國 93 年文建會時期首次提出「文化公民權」及其「文化公民權運動宣言」以來，「文化公民權」

　　王俐容在〈公民權的建構：文化政策的發展與公民權的落實〉指出，1980年代晚期的文化人類學或是文化研究中，已經出現文化公民權概念的討論。相較於過去的公民權概念，文化公民權的特質是比較重視「對於某些不被國家力量所保障的社群，或是被基本權利所否認的文化與社會權利的訴求」（王俐容，2006：135）。例如，社會上許多團體感受到他們被排除於「共同的文化」之外；被排除的原因，不只因為他們的社經地位，也在於他們的社會文化認同（或者說他們的差異性）沒有被社會所承認。例如，少數族群、女性或是同性戀者等等，就必須經由社會運動來訴求他們的認同與特殊權利；因此，在理論的層次上，這些問題也與公民權建構的論辯息息相關（王俐容，2006：134-135）。

　　通過公民文化權理論的回顧，王俐容指出有些學者較為側重文化在公民權「範圍」方面的拓展；有些學者則偏向於公民權「深度」的討論；此外，也有學者側重於分析文化在公民權「內涵」的議題（王俐容，2006：138、138-143），對於文化公民權的建構，有詳細的比較分析，值得讀者細細的閱讀。該文對臺灣跟歐美的文化公民權的概念也做了比較，這些思考和討論的過程，對於認識臺灣文化公民權的困境和挑戰，有重要的貢獻。

　　文化公民權除理念的論述、啟蒙之外，制度化的落實也很重要，特別是與弱勢族群相關的機關建置，使弱勢族群的文化公民權的落實有具體的、制度性的平台。孫煒（2010）的〈設置族群型代表性行政機關的理論論證〉一文，提供了設置族群型機關的論說基礎。分析將種族、族群、性別等各部門的代表性，落實在文官體制的人口組成中，來保障少數、弱勢與非主流團體，以實現民主政治的核心價值（孫煒，2010：105）。本論文針對在一個存有族群矛盾與磨

尚未正式以法律具文進一步實踐之」。因而擬具「文化基本法草案」立法院第 9 屆第 3 會期第 9 次會議議案關係文書（院總第 1082 號委員提案第 20535 號）。https://lci.ly.gov.tw/LyLCEW/agenda1/02/pdf/09/03/09/LCEWA01_090309_00039.pdf（取用日期 2018 年 10 月 10 日）。

擦的社會之中，設置以追求特定族群的價值與利益為導向的代表性行政機關，進行理論上的探討，對於臺灣的族群相關行政機關設置，提供了基礎。孫煒的論文針對我國「設置族群型代表性行政機關」這個議題，提出了相關政策的建議以強化此種代表性行政機關的正當性。在民主國家中，此種公民身分意涵的擴展以及族群認同的提升，所帶來的緊張關係，需要多元文化主義理論來化解（孫煒，2010：129）。文化公民權的發展需要多元文化主義的基礎。

如前所述，王俐容的〈臺灣客家族群文化權的經驗性調查研究〉，可視為臺灣客家文化公民權漸次發展的經驗觀察。她指出一直以來臺灣文化權發展的狀況與落實的情形未受到太多的重視，這種情形直到近年族群運動日漸蓬勃之後才漸漸受到關心，「特別是在臺灣的原住民運動與客家運動中，文化權的訴求：如保障文化傳承、振興族群文化、推廣族群語言、習俗，也逐漸成為訴求的核心」（王俐容，2011：36）。不過王俐容（2011：56）也同時指出在文化參與及語言權的部分還有很大的改善空間。如何創造一個平等、尊重差異、創造與表達自由、非歧視的環境，是保障客家文化權的基本要素，也是普及性的權利（王俐容，2011：57）。某種程度而言，本文可視為臺灣客家族群文化公民權的一個檢視。通過經驗研究的考察，王俐容指出政府成立客家委員會以後，對於客家文化的發展與扶植成果，受到客家民眾的肯定，當代臺灣客家的族群意象與認同的提升方面有明顯的成效。

三、語言公民權

語言文化權部分，語言權作為公民權的一種，對於比較弱勢的語族來說，特別的重要。語言文化權，或者所謂的語言人權所主張的是一種社會實踐，一種追求弱勢族群教育中語言公平、語言復振的實踐，是一種批判性、反省性的實踐，更是文化公民權的一種主張。張學謙（2008：21）指出，「語言權利和

語言保存有密切的關係，語言人權若受到踐踏，常導致語言流失、甚至語言死亡」。

　　張學謙的論文〈融入語言人權的弱勢語言教育〉，牽涉到語言文化權和弱勢語言教育兩組概念的討論，有助於分析在公共領域中一向弱勢的客語教學與學習的問題。張學謙從語言教育的角度指出，長期以來弱勢語言教學的問題，比較著重從加強語言學習技巧的角度來進行語言的教學，而忽略分析弱勢語言使用的政治經濟結構，或啟蒙多元文化主義之下弱勢語族的權益。張學謙主張「結合弱勢語文教育與社會正義，將語言人權融入語言教育，讓師生得以批判的探究語言意識型態如何影響語言保存，並積極投入挽救語言流失的社會行動。語言人權和語言保存有極為密切的關係。弱勢族群若缺乏語言人權，常導致族群語言流失。為維護社會公平並扭轉語言流失的趨勢，有必要進行語言人權教育」（張學謙，2008：17）。弱勢語言人群的小孩，經常面臨母語被排斥在學校教育之外的窘境，在學習環境中，「弱勢族群兒童在所有的課程內容都看不到自己熟悉的身影」（張學謙，2008：36），使用自己不熟悉的語言學習，這種學習環境，使得學校教育學習的歷程，變成剝奪母語的歷程。[3] 弱勢語言的復興需要加強語言文化權的概念，需要有妥適的社會發明，讓母語在正式學習的系統中得到學習，（弱勢）母語的應用和主流語言的學習，可以通過設計相輔相成，例如用母語來學習主流語言，在小學低年級的時候母語成為一種教學語言，用母語來教導主流語言的學習，而不是到高年級之後用主流語言來教導母語的學習。

　　張學謙將語言人權的意義分成個人和集體兩個層次：在個人層次而言，語

---

3 Skutnabb-Kangas 指出，「時至今日，教育的歷程依然是語言人權的剝奪過程，學校一直是主流文化和主流語言同化其他語言和文化的主要手段」（轉引自張學謙，2008：19）。

言人權指的是每一個人不論其母語是多數語言或是少數語言，都能積極地認同其母語，他人必須尊重其認同。個人有學習母語的權利，包括以母語作為初等教育的教學語言的權利，同時也享有在許多正式場合中使用母語的權利。就團體的層次而言，語言人權指的是少數團體（語言）存續的權利，即（與主流社會）不同的（語言）權利。享有建立學校或其他訓練、教育機關，使用自己的語言教學，發展其本身語言的權利。語言教育除了語言的溝通和文化面向外，也應當注意蘊藏在語言背後的社會、政治和意識型態的議題（張學謙，2008：21-22）。語言文化權，主張個人的母語要受到社會的尊重，在公共的正式場合，也有使用的權利。在制度性的層面，有使用自己母語學習的權利。

關於語言文化權的反省，張學謙指出：「語言和文化息息相關，有必要聯結文化來探討語言權利。族群文化和族群語言在臺灣的教科書裡頭被消音、隱形，可以說是一種嚴重的語言人權問題。因此，語言文化權的提出，實際上就是反抗語言霸權、爭取多元語言文化的並存，因此有必要提升社會大眾關於語言權利的意識，捍衛語言使用的權利，以進一步促進語言公平和語言文化的保存」（張學謙，2008：35）。一個多元族群的社會，理當有多元語言發展的樣貌，一個社會具有多樣的語言，才能保有多樣的文化，語言的多樣性和文化的多樣性息息相關。族群語言能夠保留，其相應的族群文化才有活化的基礎。語言的多樣性呼應著多元文化主義理論的理念，也和社會文明的健全發展息息相關。張學謙的論文指出，到目前為止「我們擁有的語言人權還是相當有限，語言人權並不受尊重，充滿太多的語言冤屈」（張學謙，2008：21）。

對弱勢族群語言而言，在教育上落實語言人權，強調母語教育，人們比較常想到在學校、公共領域，伸張其語言文化權，不過在「私領域」的家庭中，語言使用的選擇也不是那麼「私人的」事情，常受外在社會環境的影響。因此，本書也選了葉高華（2017）的〈臺灣民眾的家庭語言選擇〉論文。他說家

庭是語言學習的重要場所，許多語言，特別是弱勢的語言都通過在家庭中的使用而得到傳承，「家庭是這些語言的最後堡壘。如果人們在家裡不再講這些語言，尤其是不跟小孩講，這些語言終將消失」（葉高華，2017：64）。雖然討論的是「家庭語言的選擇」，不過家庭語言的選擇不只是家庭內部的事情，他更強調的是「影響家庭語言的周遭環境」（葉高華，2017：60）。如我們所知，家庭語言的使用，不是可以自由選擇的，它深深受到周遭語言環境的影響。如Asch（轉引自葉高華，2017：72）所說，「人們傾向順從周遭人的主流意見，即使他們沒有交情。當人們的語言在環境中居於少數時，容易產生焦慮感。對於家中有小孩正在學習的人們而言，尤其如此。即使強連帶無遠弗屆，家庭語言依然有順從地方主流的壓力」。

　　一般說來，母語的流失不外乎是因為周邊的主流語言過於強勢，以致於在公共領域必須使用主流語言，甚至在家庭中也廣泛的使用主流語言為日常用語，終致造成放棄自己原有的母語。對客家族群來說，主要的主流語言是華語，次要的主流語言是閩南語，由於週遭的語言環境，使得客語家庭選擇母語的壓力也額外的困難，客語的流失也特別的嚴重。葉高華指出臺灣民眾家庭語言的基本輪廓是，「來自外省家庭與各種跨族群通婚家庭的人們皆偏好說華語；父母皆為客家人者也比父母皆為福佬人者傾向說華語。換言之，客家人流失客語的幅度比福佬人流失閩南語的幅度更劇烈」（葉高華，2017：100），顯示客語的使用情況已經達到「脆弱」的標準。

　　語言使用的鄰近效應命題指出：「居住地的華語盛行率愈高，人們愈傾向跟小孩說華語；居住地的閩南語盛行率愈高，人們愈傾向跟小孩說閩南語。」葉高華（2017：102）指出，調查資料完全符合這個命題，這顯示出家庭語言使用的選擇，並不是充分的由使用者所決定，而是相當程度上受到社會環境所影響。此處所謂「周遭語言使用環境」的影響，可能要擴大到「整個社會語言

使用環境」，如果我們進一步討論客家語言的社區，會發現當地的人們並「沒有」愈傾向跟小孩說該地區原有的客語。客家社區的語言漸漸被主流語言（華語）或次主流語言（閩南語）所取代。特別是當社區的長者已經能夠使用主流語言（華語）的時候，我們再也無法聽到「因為我是祖父母帶大的，所以我會講客家話」的年輕世代。客家社區的長者在小孩進入幼稚園或小學就讀以前，努力教導後生客家學習帶有客家腔的華語，母語在代間接棒中，失去了傳承，這種現象可以說是「出於自願」的嗎？

　　理論上，客家語言的使用，並不能用來定義客家族群。經驗層次上，將客語使用與客家認同視為一體者，的確不乏其人。經驗調查資料也顯示客語使用與客家認同兩者之間，存在著高度的關聯性。鍾肇政說「沒有客家話，就沒有客家人」，葉高華指出「不只是鍾肇政的個人看法，也是普遍存在的社會心理……家庭語言的保存或轉移，對於今後臺灣民眾的族群認同與族群關係具有深遠影響」（葉高華，2017：65）。如果我們把語言文化權的概念帶進來，就會發現弱勢族群語言在公共領域使用的正當性，友善性，甚至是所謂的權益沒有得到改善的話，家庭語言的使用是沒有自主性的。社會結構的因素往往決定了個人主觀心願，「母語回去家裡練習」這樣的說法，完全沒有重視到語言文化權的意義。

四、文化傳播權

　　張錦華（1997）在〈多元文化主義與我國廣播政策：以臺灣原住民與客家族群為例〉一文中，從多元文化主義觀點探討我國廣播政策的缺失，並提出尊重多元文化的廣播政策建議（張錦華，1997：1），對於思考客家文化傳播權的議題有非常重要的意義。

　　為了說明多元文化主義的主張。張錦華以傳統自由主義的多元論作為對話

的對象：「當代多元文化理論同時指涉兩個層面：一是在經驗層面上描述社會中實存的不同文化與種族群體；更重要的是，多元文化論也是一個規範性概念，認為社會中應維護多元的狀態。其與一般民主制度所實踐的多元觀點的差異，在於前者不僅強調多元存在的事實，更嚴厲批判傳統自由主義的多元觀點，也就是現行民主憲政制度中的多元化實踐，認為後者強調『平等』的做法，根本是排斥弱勢者的宰制霸權」（張錦華，1997：2-3）。

Iris Marion Young 指出，「傳統自由主義的多元理論是依據個人主義的假設，雖然承認個別差異，但強調只有在『私人』領域中，可以保持或容忍個別或社群的差異性；但在『公共』的政治領域中，則應去除各種差異身分，一視同仁的公平對待。因此，『公共領域』中，應使用『共同』的語言、價值標準，但其結果都是排除或貶抑了非主流團體的特質」（轉引自張錦華，1997：3）。在公共領域中所強調的共同標準，往往是主流族群的經驗與價值，看似平等對待，事實上，強加「平等而共同標準」的結果是，弱勢團體或弱勢族群的觀點不但不受重視，而且受到嚴重貶抑。例如黃宣範、蘇蘅曾提到，推行「國語」，在學校中處罰不會說國語的兒童，獎勵並肯定國語標準的兒童，媒體上禁用方言等等的措施，自然造成「非國語」族群的自我認同受到貶抑（轉引自張錦華，1997：3）。

面對弱勢族群的權益，自由主義、公平競爭的概念是無法達成的。就像一人一票的選舉制度，有時反而成為多數暴力的正當性基礎。「自由主義將個人差異推擠到私人領域，表面上加以尊重，其實將使得差異淪為貶抑。「多元文化主義」則強調族群（或社群）的認同與差異，應該是公共政治領域中必須面對的課題。自由主義的個人主義無法積極的肯認差異，因此造成排斥和壓抑（張錦華，1997：3-4）。從參與權平等的觀點來看，則應透過社會政策的特殊安排，讓所有人都有實質的機會發展和運用其能力，實現其選擇的機會（張錦華，1997：6）。

從多元文化主義的觀點，來看族群文化傳播或族群傳播權，張錦華認為對少數族群的權益而言，「多元化」的理念並不足以發揮保障弱勢權益的功能，而必須更進一步發展「多元文化」的觀點，從媒介的頻道、所有權、聘僱權以及內容表現等各層面落實對於弱勢族群的保障（張錦華，1997：8）。基於這樣的認識和主張，張錦華的論文著力於「從多元文化主義」的觀點檢討我國的廣播政策，以及其所面臨的問題，這是觀察客家族群（文化）傳播權時很重要的思考角度。她指出，「頻道開放政策未處理原有電台所有權分布不公的問題，因此，電台結構的偏差依然存在。初期的頻道開放政策雖然回應了民間長期以來對頻道壟斷的抗議，大幅度的在各地區開放了民營的機會，但弱勢族群的權益則並未能照顧」（張錦華，1997：13）。這說明了我們的社會傳播政策沒有考慮到多元文化主義的觀點。她再次強調，「多元文化意識」與「多元化」不同，也與開放大量的商業競爭不同。「商業競爭基本上僅是追逐最大多數的閱聽人市場，根本就不理會少數市場的需求。而多元化的理念固然已經注意到媒體所有權、地區分布，以及媒介內容等多樣的層面，但並未能從維護少數族群的觀點做進一步的理論探討與政策規劃：尤其多元化是依據平等競爭的傳統個人自由主義觀點，忽略少數族群缺乏社會資源，立足點不平等，並無平等競爭的機會，更難以落實平等的社會參與機會。因此，必須從文化多元主義觀點，提出特定的政策優惠，以強化其意見表達的機會與權利（張錦華，1997：19）。以商業掛帥的主流廣電媒體之中，弱勢族群的傳播權並未受到照顧，媒介內容，甚少以弱勢族群觀點出發，以母語（尤其是客家以及原住民語言）製播的節目更是稀少（陳清河、林佩君，2004：61）。所以客家電視台的設立，應視為客語族群文化權的一部分，客家族群作為這個社會的公民，客家電視台的設立應視為客家文化公民權的一部分（張維安，2004）。

張錦華的經驗研究顯示，政府並未制定積極的族群傳播權益的維護政策，

雖然既有的電台申設案多少已納入少數族群的節目服務，或者在都會地區也有
族群電台設立，但數量依然有限，並無法合理而有系統的維護少數族群的媒體
需求（張錦華，1997：19）。張錦華的研究成果對於弱勢族群或客家族群文化
傳播權的伸張具有重要的參考價值。

　　蕭新煌的〈多元文化社會的族群傳播：剖析一個新典範〉論文，和張錦華
的論點有高度的相關。特別是針對臺灣作為一個多元族群文化的特質，在傳播
方面，蕭新煌認為「在這樣多元化的社會裡面，我們必須培養一種互相尊重、
互相容忍和欣賞的精神，避免歧視、避免偏見，這樣每個族群才能在臺灣自由
自在、很有尊嚴地生活和發展。傳播媒體界是社會文化的代理人、傳播者，所
以對於多元文化觀念的散布尤其重要」（蕭新煌，2005：4）。

　　他認為族群傳播應被賦予下述幾個目的：首先是，傳播宣揚、強化族群文化
認同、提升族群榮譽感。後者尤為重要，特別對客家、原住民而言，更需要靠
族群傳播去提升。其次是，傳遞各個族群的文化，傳遞給其他族群，減少彼此
間的陌生感和誤解。第三是族群傳播應扮演溝通各族群的文化內涵、減少因為
差異所造成的誤會。第四，族群傳播應有倡議少數族群享有平等待遇的功能。
最後是在沒有壓迫、沒有扭曲、歧視之下，建立族群多元但國家認同一體的共
識。臺灣新的族群想像跟民主化息息相關，如原住民「還我母姓運動」，[4] 客家
人的「還我母語運動」。族群傳播應以一個新的、大家可共享的族群多元之主
流文化而努力（蕭新煌，2005：6）。

　　蕭新煌指出，上述的族群傳播，可以多種途徑去實踐，如：社區報紙，族
群專業雜誌，廣播、電視或網路，不管用什麼途徑呈現，族群傳播都應具有既
服務特定族群，又溝通不同族群，且建構族群多元的理念。換言之，族群傳播

4　「還我母姓運動」為蕭新煌（2005）一文所用，指的是 1980 年代興起至今的臺灣原
　　住民族社會運動中「還我姓氏」、「恢復傳統命名」、「回復傳統姓名」等訴求。

應當可提升族群意識和歸屬感，減少族群之間的偏見和歧視，加強族群間的文化溝通，但又不損及國家認同和社會整合和凝聚（蕭新煌，2005：7）。簡言之，族群媒介，對內通過族群語言文化的論述，增強族群內部認同與凝聚，活化族群文化適應主流社會。不過族群媒介不應只有向內的目標，同時應積極地向其他族群或主流社會介紹自己的文化，積極對主流社會帶來貢獻。

蔡珮的論文可視為臺灣客家族群傳播的經驗研究。她使用深度訪談的方法，對象則是居住在臺北都會區有收視客家電視台之不同世代的客家人，說明了族群傳播（電視）對於客家認同的建構所具有的重要性。客家電視台作為客家族群文化傳播的平台，其傳播內容，特別是語言及其所承載的客家文化，對於客家人口密度相對稀少的都會客家人而言，具有呼喚其記憶，增益其客家族群認同的功能。蔡珮的研究指出：「客視在族群自我身分認同面向的召喚，在各世代均有發揮作用，特別是在母語與歷史文化兩個面向較為顯著，其中，中生代與傳統世代的受訪者表達出較多客視的文化、歷史節目對其客家自我身分認同之影響」（蔡珮，2011：208-209）。雖然閱聽者本身所具有的客語能力，會影響到他們在聽到客語節目時的感受，不過在客家族群的認同與身分的肯定方面都有正面的意義。「有些傳統世代的都會客家人，還會將客視所看到的客家人對振興自己文化的付出傳遞給親友，也間接改變了周遭親人原本比較薄弱的客家歸屬感（蔡珮，2011：211）。這表示客視觀眾對所接受到的客臺訊息的肯定。彼此的聯繫增加，族群內的互動更頻繁，都有助於提升客家族群的自信與凝聚，甚至能見度。[5]

---

5 蔡珮（2011：192）在文中引介 Browne（1996：59）關於族群媒介的七種目的，在討論族群傳播權益時，具有相當重要的參考價值。這七種目的是（1）拯救語言；（2）提升自尊；（3）對抗負面形象；（4）加強凝聚力與政治影響；（5）提供原住民〔弱勢族群〕社會的媒體能見度；（6）提供創意發表管道；（7）提供就業機會。

五、結語

　　臺灣作為一個民主社會，作為一個多元族群的社會，各族群的生存權，都應該受到政府的保障。有些族群生存權牽涉到的範圍較廣，例如參政權、土地權、經濟權、教育權與文化權等等。

　　本書所討論的議題，以客家文化公民權為範圍，首先我認為社會需要認同多元文化，具有多元文化社會的共識。本書所說的多元文化社會，是積極的多元文化主義思想，不是消極的、古典自由主義的多元性。因為具有市場競爭性格的自由主義，基本上無以達成弱勢族群權益的維護。如前所述，就像一人一票的選舉制度，表面上看起來是多元而公平，有時反而成為多數暴力的正當性基礎。表面上尊重少數、弱勢，實則是在制度上加以排除、貶抑。積極的多元文化主義強調尊重族群（或社群）的差異，應該由公共政策來處理，讓各族群（或社群）都有實質參與的機會，而不是交給市場機制來弭平它。張維安（2004）在「2004 年客家電視研討會」以〈多元文化與客家文化公民權：客家電視台設立之社會學分析〉為題，已經提出設立客家電視台對整個台灣社會所具有的意義，應從多元文化觀點與客家文化公民權的角度來加以分析。14年後客家文化公民權的概念，似乎仍停留在學者的論文中，公民權的社會實踐，還有很大的空間。

　　本書著重在客家文化公民權的討論，以文化國、多元文化主義社會、民主社會為基礎，在客家語言人權方面，呼應當前政策趨勢，將客家語言列為國家語言的一種，積極主張各族群有學習母語的權利，在正式場合有使用母語的權利，在制度化層面有學習母語的機制設計，例如課程或學校教育的安排。在社會媒體方面，應鼓勵族群文化傳播的發展。族群語言的使用和族群文化的活化有密切的關係。文化公民權除了語言權的主張之外，族群文化詮釋權還牽涉到公共傳播媒體和知識體系的建構。關於前者，屬於文化傳播權方面的主張，為

族群文化公民權的一種。關於後者，例如學術研究機構的設置，語言研究與發展，文化中心或博物館的建置，都是發揮族群文化詮釋的重要空間。

　　族群的語言人權、歷史詮釋權、文化傳播權，都是民主社會、多元文化主義社會的文化公民權。

參考文獻

一、中文部分

王俐容，2006，〈文化公民權的建構：文化政策的發展與公民權的落實〉。《公共行政學報》20：129-159。

_____，2011，〈臺灣客家族群文化權的經驗性調查研究〉。《客家公共事務學報》3：33-66。

孫　煒，2010，〈設置族群型代表性行政機關的理論論證〉。《臺灣政治學刊》14（1）：105-158。

張維安，2004，〈多元文化與客家文化公民權：客家電視台設立之社會學分析〉。《2004 年客家電視研討會》。臺北：行政院客家委員會。

張學謙，2008，〈融入語言人權的弱勢語言教育〉。《教育資料與研究雙月刊》82：17-44。

張錦華，1997，〈多元文化主義與我國廣播政策：以臺灣原住民與客家族群為例〉。《廣播與電視》3（1）：1-23。

許育典，2006，〈文化國與文化公民權〉。《東吳法律學報》18（2）：1-42。

_____，2012，〈文化公民權，這回真的？〉。《公共政策論壇》22（3）：66。

陳清河、林佩君，2004，〈語言傳播政策與弱勢傳播接近權的省思〉。《族群與文化發展會議：族群語言之保存與發展分組會議》。臺北：行政院客家委員會。

黃宣範，1991，〈普查四合院：臺灣語言社會的一些觀察〉。《國文天地》7（6）：16-22。

葉高華，2017，〈臺灣民眾的家庭語言選擇〉。《臺灣社會學刊》62：59-111。

蔡　珮，2011，〈客家電視台與臺北都會客家閱聽人族群認同建構之關聯性初探〉。《中華傳播學刊》19：189-231。

蕭新煌，2005，〈多元文化社會的族群傳播：剖析一個新典範〉。《中華傳播學刊》7：3-8。

蘇　蘅，1993，〈語言（國／方）政策形態〉。頁217-278，鄭瑞城等著，《建構廣電新秩序解構廣電媒體》。臺北：澄社。

二、英文部分

Asch, Solomon E., 1956, "Studies of Independence and Conformity: I.A Minority of One Against a Unanimous Majority". *PsychologicalMonographs: General and Applied* 70(9): 1-70.

Browne, D. R., 1996, *Electronic media and indigenous peoples: A voice of our own?* Ames, IA: Iowa State University Press.

Skutnabb-Kangas, T., 2000, *Linguistic genocide in education——Or worldwide diversity and human rights?* London: Lawrence Erlbaum Associates.

Young, Iris Marion, 1990, *Justice and the Politics of Differences*. Princeton: Princeton University Press.

文化公民權的建構：
文化政策的發展與公民權的落實 *

王俐容

一、引言：文化研究、文化政策與公民權研究

　　初看文化研究（cultural studies）與公民權研究（citizenship studies）似乎沒有什麼共同點；文化研究通常連結各種公共或是私人的文化機構，如圖書館、博物館、大眾媒體或是表演藝術等等，關注有關意義與美學的生產與再製的問題。相反地，公民權研究側重的是政治社群中有關成員、歸屬、倫理、權利與義務，以及合法的定義誰應該被納入以及誰應該被排除於某個政治社群之外的問題（Stevenson, 2001：1）。然而，近年來學術論辯將這兩者逐漸拉近了距離。在公民權的研究方面，對於多元文化主義的強調與全球化的流動導致公民權的定義與內涵不斷拓展，從市民權（civil rights）、政治權（political rights）、社會權（social rights），發展到了文化的面向，如 Bryan Turner 所指出，隨著全球化以及同一性國族文化的斷裂，我們必須再去構想新的「文化的公民權」（cultural citizenship）的內涵，以作為一個公民落實民主的基本過程與條件（Turner, 2001：12）。文化成為公民權落實重要的面向。

* 本文原刊登於《公共行政學報》，2006，20 期，頁 129-159。因收錄於本專書，略做增刪，謹此說明。作者王俐容現任國立中央大學客家語文暨社會科學學系特聘教授。

同時，在文化研究領域裡，國家介入文化事務的理由與方式；政治與經濟條件如何影響文化認同、再現或差異的發展等議題，始終都是受到關注的焦點（McGuigan, 1996）。隨著 Tony Bennet 提出「將政策放入文化研究之中」（putting policy into cultural studies）的呼籲，國家、人民權利與文化治理之間的關係在文化研究中被突顯出來，也與公民權的論述有逐漸緊密的趨勢（Bennett, 1992；Flew, 1998）。

Cunningham 更指出：

> 一個更新的公民權概念將變成文化研究的中心……對於公民權新的要求隱喻將文化研究交託於社會民主政治改革者的使命。這種發展趨勢將使得公民權與文化政策的連結更爲有機與豐富。
>
> （Cunningham, 1992：10-11）

這樣的呼籲也逐漸影響文化政策的意涵與研究方向。不同學者指出文化政策與公民權的關係，認為在社會治理與公民權利型塑的過程中，文化政策占有重要的地位；因此，文化政策研究應該更為側重在公共機制與私人生活之間，或是在國家與跨國機構的層次上，扮演著型塑公共文化、習性、品味或進一步影響公民社會的建構等問題（Bennett, 1995；Meredyth & Minson, 2001）。

因此，本文可視為文化研究、文化政策與公民權研究交疊的領域，以文化公民權（cultural citizenship）的發展為核心，分析國家的文化政策如何經由文化公民權，進而拓展國家與人民的權利關係。本文從歐美相關理論出發，試圖回答：在理論的面向，文化公民權發展的背景與內涵為何？學者如何建構出文化公民權的概念與理論？這些概念如何在文化政策之中運用？再者，當臺灣文化政策制定者引進歐美文化公民權的概念，並宣稱開始發展文化公民權相關政

策時，所建構的是怎樣的文化公民權？與歐美相關理論是否有落差？經由這樣的分析比較，突顯因臺灣社會的特殊經驗而導致的挑戰與困境。

二、公民權概念的拓展與變遷

從原住民權（aboriginal rights）、女性權（women's rights）、同志權（sexual rights for gays and lesbians），到動物權、語言權等等，自 1990 年代以來，西方民族國家已經經歷了一連串的「權利革命」（rights revolution），不斷地在各種新的權利訴求中，思索著歸屬與排斥的問題（Isin & Turner, 2002: 1）。這些新權利的生成與建構，往往連結著對於公民權（或稱之為公民身分，citizenship）的概念與認知。在 90 年代，公民權研究開始側重於哪些新的權利訴求是可能或是需要在公民身分下被考量，以及這些權利可能帶來的危險或是承諾等等。無論在社會、經濟或是文化面向上的新訴求，都對於公民權利的範圍、內涵或是深度，帶來新的定義與重構（Ibid：2）。

因此，公民身分與相關權利的研究，直至今日仍然相當複雜與困難。特別在後現代主義思潮與全球化的影響下，階級的重構、跨國政府的形成、因跨國資金或人口流動導致的新社會運動、相應而生的宰制與壓迫關係等等，許多新生的團體、族群或是議題，不斷出現、重組與挑戰公民身分的邊界與內涵。例如：難民、非法移民、跨國移民工人、外籍新娘、環境正義、動物權、科技倫理等議題，都使用著「權利」與「義務」的標語與旗幟，進入公民身分的討論範疇之中。相較於現代觀點的公民身分，處理的是國家權威下公民身分應被保障權利（特別在於政治面向），而今日的公民身分與權利已經拓展到政治、經濟與社會層面上的身分認同與資源重新分配等鬥爭問題。無論是性別／性傾向、族群、跨國流動團體（Diaspora），或是因生態、科技議題、城鄉差距等

衍生出來的認同與差異的問題，都在公民權研究領域被呈現出來。這也導致越來越多不同領域的學者，如性別研究、酷兒研究、原住民研究、都市研究、移民研究、環境研究等等，都投入公民權研究之中（Ibid：2）。

多元文化主義與其相關權利的發展更是在公民權研究中扮演重要的角色。隨著跨國移民與文化穿越國界的情況不斷增加，早期關於多元文化主義的論述是使用「多元文化的」（multicultural，形容詞）來解釋現代因大規模移民所形成的族群差異。這些跨國的移民往往造成大部分的社會都算是多元文化社會（multicultural society）（Hall, 2000：209）。但隨著族群與性別等社會運動的發展，多元文化從「形容詞」轉變為名詞，變成多元文化主義（multiculturalism），[1]而被視為一種政治的意識型態，如 Hall 所指出：

---

1 多元文化主義是一個混淆的詞彙。Will Kymlicka 指出，無論是多元（multi）或是文化（culture）都有許多理解的困難。首先，在多元方面，到底「多元」指涉的是什麼？可以被解釋為多元民族（multination），即意指國家文化的多樣原因，來自於先前屬於不同自治區或國家領土集中合併的結果（例如以前的捷克或是蘇聯）。因此這些多樣的文化屬於不同「民族性的少數族群」（national minorities），他們希望能夠在多數族群的文化之外，還能夠保有自己的文化。另一種解釋多元的方法則傾向解釋為「多種族群」（ethnicgroups），他們是經由跨國移民後所形成的結果，也較為傾向整合進入新的社會（WillK ymlicka, 1995, Multicultural Citizenship: A Liberal Theory of Minority Rights, Oxford: Oxford University Press, pp. 14-17）。對 Kymlicka 而言，另一個混淆的來源來自於文化的定義；他認為文化作為一種習俗（customs）與文化作為一種文明（civilization）應該區分開來。如果文化意味著一個集體的習俗，那麼不同生活型態的團體、社會運動或是自願性組織都擁有自己的「文化」，例如同志團體有同志文化，倫敦人有倫敦文化等等。如果文化意味著對於民眾的教養，那麼西方社會就共享著相同的文化，如民主制度、工業化、現代化生活方式或是資本主義等等。這些對文化定義的混淆都導致多元文化主義意涵的模糊不解。
目前對於多元文化主義的使用約有幾種，第一種的論述是使用「多元文化的」（multicultural，形容詞）來解釋現代大規模移民所形成的族群差異。這些跨國的移民往往造成大部分的社會都算是多元文化社會（multicultural society）；第二種將多元文化主義也可以被視為一種政治的意識型態，以此來訴求更多弱勢族群的權利；第三種則將多元文化主義視為一種公共政策，特別在於確認出，存在於社會所造成歧視、不平等，與排斥的解構性因素；並運用政策來導致公民的機會與結果，當然，在政策領域中的使用差異也導致對於多元文化主義的不同理解。

> 多元文化主義是一種大範圍的社會構連、理想與實踐。作為一種主
> 義或論說（--ism）似乎將多元文化主義轉換為一種政治教條，而成
> 為接合於特定情況的單一論述；這將使得多元文化主義的異質性格
> 被降低成為教條。但是，多元文化主義不是單一教條，也不只是一
> 種政治策略或是政治事務的處理方法；它描述了政治策略的多重性，
> 與任何過程的不完整性。因此，每個不同的多元文化社會都有不同
> 的多元文化主義。　　　　　　　　　　　　　　　（Hall, 2000：210）

　　在來自不同團體、許多有效的政治動員中，多元文化主義往往成為共同的
價值目標。更進一步而言，多元文化主義在後現代典範的影響下，更成為一
種社會運動的方式（Vertovec, 1998：33）；在後現代主義的引領[2]下，多元文

---

2 後現代主義不斷質疑一種同質化「文化差異」的概念，而以「混雜的文化」（hybrid
culture）來批判多元文化主義。例如，Homi Bhabha 認為，文化應該是一種具有能動
性的力量，一種活躍、可發聲的場域，並且，在認為所有文化應該都是混雜的文化，
無論這種混雜是發生於殖民時代或是後殖民的世界裡。因此 Bhabha 認為混雜文化是
可以拒絕建立於固定文化差異之上的多元文化主義。多元文化主義的問題在於，它是
某種立基於文化本質主義的觀點上，因此，文化差異往往被視為固定、堅固的生物物
種直接影響的結果；因此，造成了一種「虛假的文化多元論」（pseudo-pluralism）：
文化被族群特殊性所定義，而又成為政治聯盟的基礎。（見 Homi K. Bhabha, 1994,
The Location of Culture London: Routledge, p. 178.）。Hall 更以英國第四次弱勢族群全
國性調查的資料去檢視，受訪者認為自己是英國人、或是既是英國也是巴基斯坦人，
這樣的認同方式是可以並存或是衝突的。而根據資料顯示，大部分民眾幾乎生活在混
雜的文化情境下，無論是在就學、常日生活、休閒娛樂與工作。他們基於差異的光譜
而不斷進行文化協商，在這些協商過程，時間、世代、空間與傳播都是斷裂而拒絕被
一統的（Hall, 2000：227）。Gilroy 也在黑人認同中注意到這樣的問題，而發現到非
洲中心主義：一種經由黑人文化認同的本質論所運作的分離主義觀點（見 Paul Gilroy,
1993, The Black Atlantic: Modernity and Double Consciousness, London: Verso, 1993, p.
122.）；對 Gilroy 而言，族群是認同建構的無窮境的過程，同時，無論經由多元文化
主義或是分離主義的文化具體化，都似乎在這個過程中試圖放下無法接受的阻礙。由
此可見，多元文化主義的觀點被這些後現代情境下所發展出來的新理論嚴重挑戰，無
論如何，多元文化主義也在被挑戰的過程中不斷發展、轉變與協商。「多樣性的多元
文化主義」（diverse multiculturalisms）被用來描述後現代社會中新的「分裂的典範」

化主義主張新的相對主義（relativism）、為不同的真理背書、重視分裂的真實、對大論述進行挑戰、強調反歐洲中心的多重中心論（polycentrism），並承認多重的、非本質性的自我認同。因此，多元文化主義逐漸走往更為寬廣的多樣性。如 Iris Marion Young 擁護建立一個異質性的公共空間（heterogeneous public）來取代傳統同質性的公共領域，以提供每個人都可以確保因來自不同的地理區域、性別、族群或是職業所帶來的個人差異（Young, 1990：116）。Hall 也認同這樣的主張，呼籲建立「經由差異而來的認同政治」，他指出：

> 我們每個人都從不同的種類、不同的對立中被建構出來，這些因素
> 可能影響我們如何從不同的邊緣位置或是次級團體去定位自己，因
> 此，沒有什麼相同的方式可以用來對待我們。　　（Hall, 1991：57）

這樣的呼籲與訴求，不斷地在不同的社會運動（如美國的非裔、拉丁裔、

（fragmented paradigm）。我們到底應該如何來認知後現代情境下的多元文化主義？Paina Werbner 提供了一些回應。首先，她認為沒有反種族主義的多元文化主義，或是沒有多元文化主義的反種族主義，都無法反抗壓迫的力量。進一步來看，多元文化主義的目標不只在於使得各種少數民族得有發言的聲音，也在於保護他們得以避免排斥或是攻擊。批判性的多元文化主義可以認知到，族群有權利去要求來自歷史性的種族歧視的賠償。第二個回應則立基於 Bhabha 的理論，它不斷提醒我們，許多國家都面臨了內在的差異（internal difference），多重離散的後殖民焦點都導致了單一國家或是使得超國家論述被打斷或分裂，而尋求一個「文化的去中心化……並否認立基於國家政治體制下具有統一性格的霸權文化。」第三，多數民主制需要更多的考量；個人權可以用來對抗國家而被保護，成為落實正義的統括性原則。然而，新的平衡點需要被建立於個人與公民權的社會面向之間，以及普遍主義與特殊主義之間。對 Werbner 而言，多元文化主義不只是一種理論，更是實際的政治。有許多的多元文化主義被政治領域中的集體行動所運用，這些行動包括地方層級、國家層級與超國家層級，也連結了種族主義、移民、族群、多重認同、宗教、地方政治、教育、優惠原則與公民權等等議題（見 Paina Werbner, 1997, 'Afterword: Writing Multiculturalism and Politics in the New Eurpoe', in Tariq Modood and Paina Werbner (eds.), The Politics of Multiculturalism in the New Europe: Racism, Identity and Community London: Zed Books, 1997, pp. 262-264）。

亞裔的人權運動；澳洲的原住民運動；加拿大魁北克的分離運動；英國的蘇格蘭獨立運動等，以及性別、同志運動等）、學術領域中被提出，多元文化主義逐漸成為國家政策與公民權研究中重要的概念。Hall 與 Held 就認為，歐洲社會概念下的公民權往往以文化同質性的人口，以及單一的民族國家為前提；然而，較為恰當的看法應該是，相信所有公民都應該去擴大自由、權利與解放的可能（Hall & Held, 1990：187）。Isin 與 Wood 強調，後現代主義與全球化已經揭露了傳統公民權嚴重的限制，不只在於傳統公民權過度強調政治與國族的認同，也在於它無法完全包容後現代裡的分裂型認同（Isin & Wood, 1999：155）。

　　Kymlicka 與 Norman 指出，公民權並不單指與一套權利義務有關的身分，更是傳達出一種隸屬於特殊政治社群成員的團體認同。他們認為，「公民權就如同共同享有的認同」的觀點，這個共享的認同整合了社會中不同的團體，並提供了國家性統合的來源。這個整合的過程立基於「共同的文化」之上，也被視為一種共同的擁有與財產（Kymlicka & Norman, 1995：302）。值得注意的是，仍有許多團體感受到，他們是被排除於這個「共同的文化」之外的；被排除的原因，不只在於他們的社經地位，也在於他們的社會文化認同（或者說他們的差異性），並沒有被社會所承認。這些團體，例如族群上的少數、女性或是同性戀等等，就必須經由社會運動來訴求他們的認同與特殊權利；因此，在理論的層次上，這些問題也與公民權建構的論辯息息相關。

　　這樣的背景剛好提供了文化公民權發展的可能。文化公民權所關注的議題是，文化系譜如何經由教育、宗教、語言、習俗、文化作品、甚至媒體等等而持續的發展與維持，當中包含了複雜的文化差異、文化再現、文化詮釋、文化接近性等問題。Toby Miller 即指出，文化公民權論述的出現，可被視為對應過去數十年來大規模超越階級的跨國移民風潮，以及文化勞工新國際分配（new international division of cultural labor, NIDCL）所催生出來的巨型跨國文化產業、或新媒體科技的結果（Miller, 2002: 231），兩者都與全球化有高度連結。對於前者而言，跨國移民風潮使得不同層級的政府開始面對境內移民團體所訴求的各種文化權益；對於後者而言，在全球化的媒體情境下，自我的定位、文化認同、差異的再現、誰有權力先接近或掌控這些傳播科技等相關議題，都促成了文化公民權相關論述的出現。

三、文化公民權的理論化

學者指出文化公民權的概念約出現在 1980 年代晚期的文化人類學或是文化研究的討論中（Benmayor, 2003）。文化公民權開始發展時側重於「人們建構有關於權利的價值與信念的方式，及文化歸屬上的實踐」（Silvestrini, 1997：44）；相較於過去的公民權概念，文化公民權描述「對於某些不被國家力量所保障的社群，或是被基本權利所否認的文化與社會權利的訴求」（Inter-University Program for Latino Research, Culture Studies Working Group, 1988：2）。目前對於文化公民權的討論多半從 Renato Rosaldo 的研究開始[3]（Delgado-Moreira, 2000；Stevenson, 2001；Benmayor, 2003）。Rosaldo 指出，新社會運動所強調差異的政治，將性別、階級、族群、生態、性傾向的團體視

---

3 Renato Rosaldo 的研究主要來自於美國拉丁裔爭取文化公民權的相關運動。就 William V. Flores 與 Rina Benmayor 指出，自 1990 年代早期，「文化公民權」包含了一系列的社會實踐、訴求與計畫，以獲取拉丁裔民眾在美國建立獨特的社會空間，目的則在於建立拉丁裔的共識、追求其社會與政治的發展。相關的計畫包括了聖荷西（San Jose）、洛杉磯、聖安東尼（San Antonio）等地的社區計畫，Cannyery Strike 的婦女運動，以及對於拉丁非法移民相關權益保障研究等等，經由這些計畫與活動，協助美國拉丁裔建立族群認同、爭取完整的公民權、以及成為這個社會中活躍的成員。因此，他們將「文化公民權」運動定義為一個美國拉丁裔如何不斷介入美國社會、發展特殊拉丁文化形式與認同、以及豐富整個美國社會的對話過程（Flores & Benmayor, 1997）。

為「公民」來考量；但這只是公民權中「量」的轉變，Rosaldo 認為「質」的影響——文化權的出現，才是改變公共資源的重新分配，以及公民權認知的新因素。在公民權「質」的部分的擴充方面：首先，他認為公民在「享有充分的民主與參與的成員權時，也有維持差異的權利（the right to be different）」；而差異的落實則與文化領域有高度相關。因此，文化公民權最基本的面向在於提供「成為對於文化意義與社會暴力不斷爭辯、協商、抗爭的場域」（Rosaldo, 1997：36）；更進一步，文化公民權不只在於試圖解決「社會宰制的排斥與邊緣化，也希望尋求公民解放的定義與方向」（Ibid：37）。最終，文化公民權所帶來的文化授能（cultural empowerment）將使公民參與更加有效率、有創意，也更能夠成功的融入國家文化的範疇之中（Turner, 2001：112）。

　　Aihwa Ong 更試著強化 Rosaldo 的概念並指出，Rosaldo 注意到文化權與公民權關係中的一個面向：文化公民權成為劣勢團體對主流社會訴求文化認同與差異的權利，文化公民權的落實得以保有更完整公民權的可能；但 Ong 更指出，還有另一個面向也不應被忽略：文化公民權應該被視為文化實踐與信仰的一環，在公民與國家及其霸權形式，既矛盾又競爭的關係及不斷的協商中產生。文化公民權是在民族國家與市民社會的權力網絡中，一個「雙重的自我製造與再製的過程」：一方面，作為一個「公民」，其主體倚賴著權力關係的提交與實踐的過程而被定位與型塑生成；另一方面，公民的態度應在民族國家甚或更大的外在世界中，及不斷變動的權力領域裡自我生成（Ong, 1999：264）。因此，文化公民權既是被定位的，也是公民意識自我形成的重要部分。

　　相較於 Rosaldo 以美國拉丁裔的經驗來構築文化公民權的理論，Tony Bennet 與其同事 Colin Mercer，從澳洲的聯邦文化制度與政策[4]出發，側重於

---

4 澳洲因多移民與原住民問題而發展出具有特色的文化政策，Castles 以澳洲的發展經

政府應該自公民權中去保障民眾文化能力的重要性（Miller, 2002：232）。對於Bennett而言，文化為一系列可供生活運用的工具，而非只是表述自我（Ibid：233）。文化能力是什麼？Colin Mercer 指出理解文化能力的四個取向：

1. 資源取向：幫助我們理解無論是日常生活或是在特定工業部門之中文化所扮演的經濟角色；

2. 社會再建構取向：幫助我們認知在社會組織形構過程中，文化所扮演在認知層次或是工具層次的角色；

3. 政治取向：幫助我們理解在建構、維持、挑戰權力關係中文化的角色；

4. 認知與表達取向：幫助我們理解在形成基本或是個人價值體系，或是這些在體系中認同、生活方式等等形式間文化的角色（Mercer, 2002：1）。

Will Kymlicka 則提供我們另一種觀點來思索文化公民權：從政治的自由主義立場出發，連接公民權的概念與當代的多元文化政治。Kymlicka 的貢獻在於，在 1990 年代之前對於公民權的討論，即便在於社群主義的派別中（如 Etzioni and Putnam），也很少將公民權與族群、種族之類的觀念做連結，直至

驗指出，多元文化公民權是隸屬於每一個人的「完整的公民權」；多元文化公民權不只對移民者或是少數族群是重要的，對於其他社會上較為弱勢的團體，如女性、原住民、殘障人士等等，多元文化權也是不可或缺的。他指出澳洲的文化政策中多元文化公民權被運作的方式如下：（1）以公民權的平等性為出發點，確認社會上所有成員都被正視為公民，並在法律之前享有相同而平等的地位；（2）認知到正規的權利平等不只導致公平的尊重、資源、機會或是福利；也應確認多元文化公民權必須接受差異是合法的，而不是殘缺或是偏差。（3）建立團體代表與參與的機制，以確保少數文化與利益可完全的參與與發展。（4）根據不同民眾的需要來提供法律或是服務來克服基於性別、殘障，或是族群來源所造成的障礙（Castles, 1997：124-5）。在這樣的公民權模式的多元文化主義裡，Castles 指出多元文化主義已經被定義為「一套權利與自由的系統，並連結對於國家所承諾的義務，接受法律與憲法的責任、也接受了一些基本原則，如：容忍與平等，英語作為國際語言，以及兩性平權之類的價值」（Ibid：126）。因此，多元文化主義不只於文化多元或是少數團體權利的問題，也攸關於民主國家中所有公民權利的問題。在這樣的架構之上，澳洲政府持續在文化政策上發展對於文化公民權的保障，並進入了對於文化能力保障的討論。

Kymlicka 在公民權層面提出多元文化團體（特別是種族與族群的需求），希望在民主政體的前提下處理文化多樣性的問題（Kymlicka, 2000）。

　　此外，Nick Stevenson 所編的《文化與公民權》（Culture and Citizenship）也企圖在理解公民權的過程中，為文化找到一個合適的位置，並進一步構築文化公民權的概念。相較於 Kymlicka 這一派的看法，Stevenson 所要處理的問題是相當不同的。首先，文化在於《文化與公民權》之中被理解的方式，就不止於 Kymlicka 所關注的，只是特定族群文化或是差異的呈現，而更為強調文化的資源、或是不同政體的文化前提。再者，即使兩派觀點都強調文化認同的重要性，相較於 Kymlicka 對於認同與文化族群密切連結的態度，Stevenson 這本書中對於文化與認同之間的連結態度較為不明確，也更不認為認同是由特定形式的主體所操作。最後則可看出，在文化公民權理論的建構上，相較於 Kymlicka 將文化公民權的內涵轉向少數族群權（minority rights），Stevenson 則是重視超越族群或是國家邊界的文化權（cultural rights）的落實與保障。

　　雖然這些學者都試圖建構文化公民權的理論，但側重的層面不同，指涉的範圍也有差距，Rosaldo 與 Kymlicka 較為側重文化在公民權「範圍」中的拓展問題，即哪些團體在哪些文化權利上可能被忽略與排斥，必須經由政府政策加以保障與提供；Aihwa Ong、Benett、Mercer 偏向於公民權「深度」的問題，即文化如何強化公民主體與意識，或是提升文化能力，進而形成深化公民權的意義；而 Stevenson 所編的書，討論的是文化在公民權的「內涵」問題，即在公民身分下應該保障的文化權利是哪些的問題。不同學者的見解比較如下表。

表 1：公民權相關理論的比較

文化權的理論建構	代表學者	基本關切點
公民權範圍的拓展	Renato Rosaldo Will Kymlicka	文化授能與拓展公民權量與質的改變； 文化與少數族群權的關係。
公民權的深化	Aihwa Ong Tony Benett Colin Mercer	文化如何深化公民主體與意識文化能 力的提升與保障；
文化權內涵的發展	Nick Stevenson	各種文化權的內涵是什麼？如何落實 文化權？

資料來源：作者整理

　　從這三個角度來看，可以看出文化公民權目前的理論化方向：公民權概念的拓展、公民權的深化以及公民權文化內涵的確認。接下來，本文將持續這三個角度來剖析如何在文化政策的層面上建構與落實文化公民權的概念。

四、公民權概念的拓展

　　Renato Rosaldo 與 Will Kymlicka 對於文化公民權理論的影響，較側重於多元文化團體如何經由文化公民權的訴求與落實，以保有更為完整的公民權，因此，在很多面向上，與多元文化主義的訴求接近（但其他學者對於文化公民權的概念，則可能完全與多元文化主義不同），也從多元文化理論中得到許多的啟發。

　　生活於加拿大的 Kymlicka，從魁北克獨立運動與語言政策的爭議，[5] 以及對

---

5 魁北克法語區經由一系列的政策，例如嚴格規定對於小孩上英語學校的限制（大部分

加拿大原住民問題的觀察，建議以多元文化公民權（multicultural citizenship）來提供民眾完整的公民權；Kymlicka 所提出的多元文化公民權內涵包括了自治權（selfgovernment rights）、多重族群權（polyethnic rights）與特殊代表權（special representation rights）（Kymlicka, 1995：26-33）。

對 Kymlicka 而言，自治權的訴求意味著政治權力由少數民族的成員所掌控，並且對應於他們歷史性的家園或是領土。值得注意的是，這些回應並不是暫時用來解除目前世界上所存在對於少數民族壓迫的方法，而是應該永久存在的權利（Ibid：30）。多族群權則是用來協助少數族群或是少數宗教團體來展現其文化特殊性，以及避免被主導族群阻擾他們在經濟與政治上的成功。對於多族群權的訴求包涵許多的面向，例如對於少數族群文化實踐的公共補助等等（Ibid：31）。特殊代表權也在西方社會逐漸受到重視（尤其是在許多國家，立法或民意代表機關幾乎為中產階級的白人男性所主導）。越來越多的代議制度希望容納更多的族群或是少數民族、女性、殘障或是經濟上的弱勢階級；因此，更多的國家希望提供特殊代表權給一些特定團體，如女性或是原住民等等（Ibid：32）。

孩子應上法語學校）；超過 50 人以上的公司必須使用法語為共同語言；商業性的文件簽署也必須使用法語等等，曾引起許多的討論，而著名的學者 Charles Taylor 則以魁北克的例子指出，上述政策顯然違反自由主義的原則：對第一個原則來看，保存法語作為一個集體性的目標，已經凌駕於個人的自由權之上——他們無法自由選擇是否要支持法語的保存，以及如何定義什麼才是對於魁北克人是好的事情。其次，這些政策也違反了「平等對待」原則，例如普同主義（universalism）；根據自由主義的理論，每個人都應被視為相同的，即使來自於不同的種族或是性別，同時，自由主義也相信，差異的政治將導致歧視。因此，Taylor 認為，像魁北克這樣的政策與訴求，呈現了對於「承認的政治」的需求：他們需要被承認為一個特殊的團體，而不只是加拿大的公民。而且，不只是魁北克人，其他如非裔美人、亞裔美人、印地安人或是回教徒、女性等等，都需要被「承認」。因此，個人的認同與政治的落實之間的關係的確需要重新被考慮。Charles Taylor,' The Politics of Recognition', in Amy Gutmann（eds.）, Multiculturalism: Examining the Politics of Recognition.（New Jersey: Princeton University Press, 1994）, pp. 53-4.

同時，加拿大的文化政策也展現一個走向多元文化公民權的發展趨勢。
Juteau 描述這個過程為「對公民權水平與垂直的拓展」。在水平面向的拓展包
括了將公民權地位的獲得與拓展到新的人口上，如奴隸、女性、沒有財產者、
或是移民等；而垂直面向的拓展則牽涉到公民權概念中社會與政治構成的制度
化：公民權越來越走向多重與多層的概念（Juteau, 1997：97）。一個新概念的
多元文化政策逐漸展開，它主要立基於三個原則之上：多元文化主義是加拿大
公民權中的一個主要特色；每一個加拿大人都有自由去選擇、享受、提升與分
享他們的文化遺產；而聯邦政府有責任經由部門與行政體系去提升多元文化主
義的落實與發展（Ibid：106）。加拿大的經驗顯示，政策已經超越文化的承
認範疇，而擁抱一個更有建設性的方式來與經濟、政治與社會的各種不平等搏
鬥。公民權的體制化不再只是對於文化多元主義的承認，也包括了使用多重的
結構性多元主義，使得少數族群可以更進一步地去掌控自己的機制，讓國家整
體包容性可以更進一步（Ibid：110）。

關於公民權概念拓展的相關討論，始終是文化公民權理論中重要的一環，
相關的討論與多元文化主義爭取的權利有些許的類似；但從公民權的落實部分
開始，就與多元文化主義有較明顯的差距。

五、文化與公民權的深化

第二個文化公民權建構的方向在於，如何經由文化來深化公民權的落實與
主體的意識；因此，藉由文化政策作為提升民眾文化能力，以更有效落實公民
權，則成為許多學者關注的議題。

例如，Jostein Gripsrud 對於 20 世紀百年內的文化政策研究即指出，對 20
世紀初期的西方民主國家而言，國家介入或是提倡文化事務的目的與合法性在
於促進公民政治權的落實，以達成國家整合的結果。就當時看來，政治權無法

充分地落實與民眾的教育文化水平低落有關，例如文盲的比例仍高、通俗文化
產品的粗俗，如黃色報業（yellow press）的出現等等。換言之，為了使國家內
每一個成員（開始只有男性、後來拓展為男女都享有政治權）具有民主的素養
與足夠的知識行使市民權與政治權，文化政策具有教育功能，並與通俗文化對
抗的任務（Gripsrud, 2000：198）。換言之，西方民主國家經歷一段由文化政
策來落實政治權，並深化公民主體的過程。

此外，Jude Bloomfield 與 Franco Bianchini 分析西歐社會中文化政策如何
改善公民權時指出，在 1960 年代之前，文化仍被定義為傳統的高級文化，因
此，文化政策的主要目的在於提升民主與社會權的保障；到了在第二個階段（約
在 1960 到 1980 年間），新的公民權概念：「參與式公民權」的概念在許多國
家被提出（如英國的社區媒體運動、德國的「Soziokultur 運動」與義大利的青
年運動），希望建構一個共同的公民空間與地方認同，賦予殘障人士與不同弱
勢團體更多發聲的機會，以及提供他們更多機會去組成自我意識的社群與公共
領域。在這樣的思考下，文化的定義更為廣泛，包括電子音樂、錄影帶、攝影
或漫畫等等都被視為可以作為新公民權發揚的管道；文化政策也試著重新去
定義地方與公民社會的關係，而重建新的公民認同（Bloomfield and Bianchini,
2001：111）。

隨著歐盟的成立，文化公民權更成為新的「歐洲公民成員」的重要支
柱。Maurice Roche 的分析即指出新的歐洲公民權的建構與文化權的密切連結
（Roche, 2001：74）。首先，一個公共文化必須被用來作為集體認同與公民權
的基礎（Ibid：79）。其次，文化與公民權的關係應被視為落實公民權的基本
考量（Ibid：81）。第三，為了強化文化與公民權的連結被當作一種「公共的
政治文化」，文化更需要被提升成為歐盟政策的主要議題（Ibid：85）。

歐盟為了建立公共的文化與落實公民權，施行了一連串的文化計畫，如歐

洲文化之都的推動、歐洲古蹟的重整，並將媒體（如無國界媒體政策）、體育運動（如：“sport for all” 政策）以及觀光也包括在其中。其中 John Urry 特別提出，在歐洲文化公民權的建構之中，觀光旅遊在文化的實踐與認同的轉型過程，都扮演了重要的角色。因此，「旅遊權」（the right to travel）也應成為文化公民權中的一部分（Urry, 1995：165）。

這些分析與個案顯示出一些重要的經驗：文化公民權已經成為文化政策中重要的議題之一，特別是參與式的公民權與公民社會相關的問題；同時，文化也在公民權概念的建構中，成為不可被忽略的一部分。但文化公民權實際的內涵可能是什麼？顯然也是值得被繼續探索的。

六、文化權內涵的發展

文化公民權確立了公民身分中文化權已經不可或缺的面向，但文化權的內涵是什麼？仍有混淆不清之處。事實上，在文化公民權的概念被提出前，在國際層次上文化權的內涵已有多年的討論，只是在國家層面的部分仍很缺乏；但真正可以保障與落實文化權的層次，卻往往必須經由國家政策的面向來落實。因此，近期文化公民權的發展，逐漸由國際（全球化）的層次，轉向不同國家內文化權利的保障，唯一例外的則為歐盟。

在國際層次上，對於文化權的討論，從 1948 年聯合國《世界人權宣言》（Universal Declaration of Human Rights, UDHR）中開始發展。該宣言第 27 條宣示：

> 每個人都有權利自由地參與社群的文化生活，享受藝術以及分享科學的進步與其帶來的好處。

　　「國際經濟、社會與文化權協約」（the International Covenant on Economic, Social and Cultural Rights, ICESCR, 1966）的第 15 章也提出重要主張，來保障每個人參與文化生活的權利、享受科學進步的權利，以及創造文化藝術產品的權利等等（Fisher et al, 1994：43）。

　　在 1992 年，協約在重修第 15 章時，開始定義文化權的內涵：

> 尊重每個人的文化、真誠與本質；平等的近用權與尊重非歧視原則；
> 參與主流文化與少數文化的創造與享受的機會；不可缺少的創造活
> 動的自由，如：表達自由權、智慧財產權；保障與發展可參與的文化，
> 包括有關於主流或是少數文化方面的國家與國際的文化交流。
>
> （Ibid：143）

　　UNESCO 也認知到，文化權還在低度發展的階段，因此，文化權的定義與內涵還需要更進一步的去加以釐清；因此，UNESCO 提供了許多的會議、行動計劃、活動或是法規來改善對於文化權的理解。在 1991 年 UNESCO 的瑞士國際委員會（the Swiss National Commission），即仔細審查文化權在理論與實際的運用上所具有的不同意涵（Singh, 1998：149-50）。之後，UNESCO 又成立了一個工作團體來起擬一份對於文化權的宣言，這個草案在 1997 年完成。在這份草案中，確認對於文化權的認知與經驗，在文化認同的維護與促進，文化差異的培養，以及文化間的對話上都扮演了關鍵性的角色。

　　目前，大約有 50 多種的文化權被 UNESCO 的文化與發展合作辦公室（Culture and Development Co-ordination Office）歸納為 11 種範疇，並被提出討論，包括文化認同的尊重、被認可為一個文化社群的權利、參與文化生活、教育與訓練、資訊權、接近文化遺產權、保護研究、創意活動、智慧財產權與

文化政策參與權等等。Prott 也認可 11 種不同項目的文化權,包括了表達自由;教育權;父母為子女教育選擇權;參與社群的文化生活權;保護藝術、文學與科學作品權;文化發展權;文化認同權;少數族群對其認同、傳統、語言及文化遺產的尊重權;民族擁有其藝術、歷史與文化財產的權利;民族有抗拒外來文化加諸其上的權利;公平享受人類共同文化遺產的權利(Prott, 1992:96-7)。但值得注意的是,這些相關權利多半在國際的文化組織中被認可,同時,涵蓋的範圍也超出了文化的層面,與政治、教育等議題都有密切的關係。這也顯示出,文化權益的保障往往必須建立於其他權利之上。

相較於早期文化權多半在國際文化組織被認可,隨著文化公民權概念的提出,強調在國家層次的個人文化授能的問題,確認國際法上文化權的概念,得以在國家層次上被落實。Turner 指出,文化公民權的提升意味著如何更有效率、更成功與更有創意的參與國家文化,例如近用教育機構、較為適合的語言的擁有、文化認同權等等。因此,博物館、古蹟、傳統節慶活動就形成主要的領域,來協助公民得以積極發展多種認同的可能(Turner, 2001:12)。除此之外,大眾傳播或是文化消費也逐漸成為文化公民權討論的重要領域,因為文化公民權也意味著文化生產的意義控制與所有權的問題,包括了公民權的參與可如何經由文化商品的生產、流通與消費而傳達出來(Ibid:20)。文化公民權提供了一個新的視角,檢視文化藝術消費中長期存在的階級品味差異、象徵符號鬥爭、文化不平等的問題。

長期以來,文化權概念的發展多半在於國際組織的層次,隨著文化公民權的提出,國家層次的落實逐漸重要起來,然而,文化政策應當保障哪些文化權?可能在不同的國家會有不同的做法。觀察目前國家層次的文化政策中,較為重要的文化權包括:文化認同權、文化生活接近權、文化發展權、文化再現權等等。

表 2：文化權內涵的比較

UNESCO	文化認同的尊重、被認可為一個文化社群的權利、參與文化生活、教育與訓練、資訊權、接近文化遺產權、保護研究、創意活動、智慧財產權與文化政策參與權
Prrott	表達自由；教育權；父母為子女教育選擇權；參與社群的文化生活權；保護藝術、文學與科學作品權；文化發展權；文化認同權；少數族群對其認同、傳統、語言及文化遺產的尊重權；民族擁有其藝術、歷史與文化財產的權利；民族有抗拒外來文化加諸其上的權利；公平享受人類共同文化遺產的權利。
文化公民權	文化認同權、文化生活接近權、文化發展權、文化再現權等；並關注文化生產、流通與消費的問題；檢視文化階級與品味的不平等。

資料來源：作者整理

七、文化公民權在臺灣的發展

　　自 2004 年 7 月，文建會提出《文化公民權宣言》，[6] 宣示文化公民權為臺灣文化政策的重要方向之一，這當然不意味著，在此之前臺灣的文化政策跟文

6「文化公民權宣言」內容如下：
　一、我們認為，今天的臺灣人民，不能只滿足於基本人權、政治參與權和經濟平等權的訴求，應該進一步提升為對文化公民權的新主張。
　二、我們呼籲，中央和地方政府有責任提供足夠的文化藝術資源，滿足各地公民共享文化的權利。
　三、我們呼籲，全體公民對於文化藝術活動、資源、資產與發展，應共同承擔起參與支持、維護與推動的責任。
　四、我們認為，每一個公民在文化藝術與審美資質的提升，乃是建立文化公民權的基本條件。
　五、我們主張，國家社會共同體的認同，應從傳統的血緣、地域與族群指標，轉化提升為對文化藝術與審美活動的共識和認知。
　六、我們最終的理想，乃在於建立一個基於文化與審美認知的公民共同體社會。

化公民權完全不相關，或是在這之後，臺灣民眾的「文化公民權」就一定會受到保障。以臺灣的相關法案來觀察，《憲法》第 162 到 166 條，及憲法增修條文第 10 條第 10 項至第 12 項，對於教育文化事業、科學、文化工作者的生活保障，國民文化提升、古蹟維護及原住民文化保存等都有相關規定，亦對於民眾的文化權有不同面向的保護。

在文化政策方面，無論在臺灣或是其他國家，文化政策的發展一定有脈絡可循，不同政策之間也多少會有相關性與延續性。在進入《文化公民權宣言》之前，兩個不同的文化政策：社區總體營造與多元文化政策其實都與文化公民權的發展相關。

社區總體營造作為一種官方政策，最早由第三屆文建會主委申學庸在 1993 年國民黨中常會首度指出社區與文化的重要性。她於 1994 年正式提出「以文化建設進行社區總體營造」的施政理念，其主要目標在於喚起社區共同體意識，經由社區的自主能力，共同經營產業文化，文化事務的發展，地方文化團體社區組織運作，整體文化空間及重要公共建設的整合等等（黃煌雄等，2001：9）。因此，共同善（common good）與公共事務的參與，在社造的概念中有重要的位置，例如「參與式的設計」這個概念（于國華，2002：66）。參照 1960 與 70 年代的西方社會的經建，社區運動所發展出對抗中央政府的都市計劃，而開始強調社區參與的重要性。社區居民們經由社區參與及環境改善來建構他們的公民社會（于國華，2002：67）。「積極參與→公民社會→民主政治」這個過程，成為社造實際運作的重要概念（于國華，2002：70）。例如「大家來寫村史」計劃，一方面企圖尋求居民共同參與村史的建構與撰寫，來強化對社區的共同認同；一方面經由村史的討論來表達對於社區的希望，加強大家共同參與公共事務的意願。因此，就公共參與這個部分而言，許多個案顯示出，社區的居民經由成人學習計劃、文化活動、自然保育、空間再建構等計

劃，學習公共事務的參與及民主的教育（黃煌雄等，2001：42-6）。因此，社區總體營造與公民權深化之間的關係是密切而明顯的，公民在社區活動中進行其「文化實踐」，與國家進行著矛盾的協商關係，透過社區的「文化實踐」，公民也不斷進行自我意識的製造與再製。

　　社區總體營造的確提供了臺灣社會發展成為公民社會的機會與方式，然而，這種立基於共和式的與社區主義式的公民觀點並非沒有問題。如夏特吉（Partha Chatterjee）指出，傳統的公民社會實為過於簡化的「資產階級的建構」。事實上，許多社群與團體是被排除於公民權與公民社會之外的；因此，他們與國家的紛爭並不是發生在公民社會，而是發生於夏特吉所稱的「政治社會」之中（王智明 譯，2000）。若以夏特吉的觀點來看，臺灣的確也存在許多社群，雖與國家間有著紛爭，卻不是在公民權的概念下可以理解的。例如1995年臺北的廢公娼事件，[7]因為娼妓並非公民權之一，使得公娼本身在公民社會無法得到認可，所以公娼與國家的鬥爭事件就超出公民社會的領域之外。另外類似的還有同志運動等等，對於這個部分，社區總體營造並沒有提出特定的看法，因為社造所理解的社群比較傾向地域性的；除了公民社會之外，只有傳統社會的存在。

　　再者，在社區運動中，經常被批評的一點，就是忽略了社區當中差異的政治，而只重視社區共同認同的建立（馮建三，1995：54）；即使在臺灣實際運

---

7 廢公娼事件緣由：在民國30、40年代萬華一代只有私娼，但如同今日非法業者般有著相當多的亂象，加上當時大量單身男性國民政府遷臺，在有需要的情況下，民國48年臺灣省制定《臺灣省娼妓管理辦法》，並於臺北市升格後實施《臺北市娼妓管理辦法》，法規中明文規定公娼的管理及施行辦法，業者與娼妓間採三七分帳，並規定從娼者每兩週必須進行健康檢查乙次，所有公娼由當地管區派出所管理。但民國84年陳水扁當選臺北市長後，大力執行「掃黃」，在議員的質詢何以一手「掃黃」、一手核發公娼牌照下，從87年2月分開始策劃，在公娼在9月1日接到市府正式通知，9月4日公告廢娼令，於9月6日強制執行，這引發了128位公娼的抗爭行動開始，形成「廢公娼」事件。

作社造的經驗也出現過類似的問題；例如在臺灣社造最為成功的宜蘭縣，之中的「玉田弄獅」的經驗，就曾被批判弄獅在被建構為社區集體認同的同時，也擠壓了社區其他認同的可能，再現出弄獅所代表的父權，隱含了社區內的階級，性別與種族的不平等面向（慕思勉，1998）；學者也進一步指出，地域性社群，例如家庭、鄰里、學校或教會等等的回歸，並無法解決弱勢族群的問題，例如女性、原住民、同性戀等等，在爭取其作為社群成員應有的平等與合法性地位，而進行的抗爭，正是在挑戰與推翻其原有社群所賦予的定位與角色，社群的歸屬與認同並無法解決這些問題（陳俊宏，1994）；反而更進一步地促使許多女性主義者，對於社區運動的主張，認為根本是權威取向的顯現。

如同 Iris Young 的批判指出，個人生活的多元性使得個人呈現的是一種割裂的生活經驗，其需求是多元而歧異的，以一種共同善來作為成員認同的唯一條件，將不可避免的造成個人差異的被壓迫與宰制，因而提出一種受壓迫或宰制的經驗，形成受壓迫族群的族群意識作為族群之間的認同，並且不同於社群論者所主張的單一隸屬關係（Young, 1990：46）。社群論主張以由語言文化因素所形成的社群單位作為認同基礎，以共同善作為社群的共同目的，並無法滿足目前個體多元需求的可能性。

除了社區總體營造之外，另一個與文化公民權相關的政策則為多元文化主義。相較於社區總體營造作為一個明確的文化政策，多元文化主義在臺灣比較接近一種政策價值或目的，或是族群政策的範疇，主要在於確保少數族群（特別是臺灣原住民與客家族群）的權益，負責的單位也是族群委員會而非文建會。[8] 然而，多元文化主義的確強化了少數族群文化權的保障，如教育權、語

---

8 從臺灣原住民發展與落實文化權的經驗來看，也顯示出文化權利的保障不只是文化政策面向所能全部涵括的，事實上，也與其他政策有相當的影響，如：言論自由（政治權）、教育權、智慧財產權（經濟權）等，都已超越文化政策的範疇。

言權、文化發展權、文化接近權、文化認同權等等（Wang, 2004）。以文化認同權為例，過去的同化政策限制原住民文化認同的自由，1980 年代一連串的原住民運動多半與原住民爭取自我認同有關聯，迫使政府在 90 年代開始經由文化政策的制定來回應這些訴求，如 1995 年《憲法》中將「山胞」改為「原住民」的政策即為回應過去的「正名運動」；1999 年實施的恢復原住民傳統姓名辦法；以及 2000 年的《原住民身分認定法》等，都開始對於文化認同權提供更多保障。

另一個值得注意的是文化再現權。[9] 以原住民為例，首先，原住民再現所遇到的第一個問題是「不見」（invisibility）；例如原住民在教科書的再現是非常有限的。[10] 其次的問題則是原住民議題的污名化與簡化，如孔文吉（Kung, Wen-Chi）針對臺灣報紙所做的分析顯示，大部分的原住民新聞仍著重於豐年祭與傳統的儀式，或是社會議題：如酗酒或貧窮的報導（Kung, 2000：210）。而誤導性再現的原因與原住民無法接近大眾媒體，只能被動地以漢人的標準來報導有很大的關係（Ibid：342），只有少數的原住民得以在大眾媒體工作以呈現他們自己的觀點。為了強化少數族群的再現權，目前在公共電視已經有以原住民為主體的《原住民新聞雜誌》，原住民電視台也於 2005 年 7 月開播，希望藉由不同的大眾媒體來改善過去對於原住民的誤導。

另外一個多元文化政策的主要方向則為客家政策。為了維護客家族群的

---

9 文化再現權在《聯合國原住民宣言草案》的第 16 條被提出，宣示原住民族有權去維護文化、傳統、歷史、志向的多樣性與尊嚴，並將它們適當的反映在所有形式的教育或是公共資訊上；國家需要使用各種有效的方式來消除偏見、歧視以促進社會對於原住民文化更多的包容、了解與改善原住民與主體社會的關係。

10 根據 2001 年婦女新知針對臺灣教科書的調查報告顯示，在不同的國小與國中的國文教科書中，有兩個版本完全沒有提到原住民，有一個版本有 1% 的內容提到原住民——這已經是最高的比例。在社會科學部分，最多提到原住民的版本中，有 5.0% 內容與原住民有關，但大部分的版本只有 0.7% 到 2.3% 的比例，見自立晚報，2001 年 3 月 28 日的報導。

語言權、文化生活參與權、文化認同權等等，行政院客家委員會自 2003 年 7
月 1 日起設立客家電視頻道，使得客家族群首度擁有電視傳播媒體的發聲權，
對於傳承、推廣客家語言文化、增進客家文化自我認同及族群文化之交流互
動，具有重要的結構功能。2003 年 12 月 3 日訂頒《行政院客家委員會推動客
語生活學校補助作業要點》，2003 年核定補助 63 所學校、2004 年核定 124 所
學校辦理客語生活學校計畫，約有 9 萬師生共同參與。2003 年 10 月 29 日訂
頒《行政院客家委員會客語生活鄉鎮市實施補助作業要點》，2004 年共核定
5 個鄉鎮實施，宣導客家鄉親由家庭到學校、社區，大家一起說客語；另為促
進客語重返公共領域，2003 年 6 月 18 日訂頒《行政院客家委員會推行客語無
障礙環境補助作業要點》，2003 年共核定補助 16 個單位、2004 年核定補助
32 個單位實施客語無障礙環境計畫，促進客語重返公共領域。依據行政院客
委會 2004 年專案委託「93 年度臺灣客家民眾客語使用狀況調查研究」顯示，
2004 年能聽懂客語整體的比例為 82.2%，較 2003 年上升 4.5%，說客語比例為
67.9%，較 2003 年上升 2.7%。[11]

　　但相較於加拿大的多元文化公民權概念，將多元文化權深入為每個人應有
的權利，臺灣發展的多元文化主義較為側重族群權益，並沒有在每一個人的
「個人層次」上被強調。換句話說，即使不是原住民或客家族群，不同的個體
仍可能在性別、性傾向、階級、年齡（兒童或老人）層面需要受到多元文化權
的保障，但這些需求仍未在臺灣的多元文化主義架構下被考量。[12]

　　在文化公民權宣言之前，臺灣的文化政策已經關注到公民權的問題，如社

---

11 上述資料為客家委員會所提供。
12 我們可自臺灣相關的多元文化政策中檢視發現，「多元」的意涵目前包括：四大族
　群與外籍人士，如外籍勞工與東南亞、大陸新娘等，但卻缺乏對於女性、同志，甚
　至老人或是兒童相關的文化政策。

區總體營造企圖深化臺灣公民權的落實，以及從多元文化政策中拓展與確認某些文化權的內涵。這兩個的方向政策，對於臺灣文化公民權的建構奠下了基礎。隨著 2004 年 7 月文建會提出了《文化公民權宣言》，對於臺灣發展文化公民權有了更具體的宣示。

八、臺灣文化公民權的建構：深化、範圍與內涵

《文化公民權宣言》於 2004 年 7 月正式的提出，宣告著文化公民權成為文化政策推行的重要方向之一。2005 年文建會針對文化公民權運動的不同的層次進行說明，包括：經由社區總體營造來推動「文化公民」；將文化藝術納入政府對於人民應保障之權利範疇；強調國民對於文化藝術事務的參與和責任；對於原住民、客家族群等的關心與重視；最後則是共同公共文化（共同體）的建立（陳其南、劉正輝，2005：80）。同樣的，本文以公民權範圍的拓展、深化公民權及文化權的內涵三個角度來分析這個宣言與相關政策的發展。

首先，文化權在宣言中被視為公民權中的一環，隨著政治權、經濟權或社會權之後受到討論與保障。這是臺灣公民權發展的新進展，也是深化公民權的一個方向，特別在於公民認同的部分。宣言中強調「國家社會共同體，應從傳統的血緣、地域與族群指標，轉化提升為對文化藝術與審美活動的共識與認知」（第 5 條）；「最終的理想，乃在於建立一個基於文化與審美認知的公民共同體社會」（第 6 條），將公民的認同建立於文化藝術之上，接近 Ong 的觀點：文化公民權可經由文化實踐，重構公民的意識與認同（Ong, 1999）。但相較於 Ong 的觀點，Ong 更為強調公民的主體性，在一次次「文化雙重的自我製造與再製的過程」中建構，顯示公民主體是一種在公民主動性上，不斷建構的動態過程。而文化公民權宣言將公民認同描繪的較為靜態，公民主動性的部分

也較為薄弱。

另外一個深化公民權的方向在於文化能力，如第 4 條「每一個公民在文化藝術與審美資質的提升，乃是建立文化公民權的基本條件」。陳其南進一步闡述，在向一個公民社會的願景邁進時，一個新的願景即為公民「文化質能」的提升，其內涵包括：文化藝術的欣賞與創作能力、營造生活的氛圍、空間的審美觀與環境美化、生命的價值與意義的探索等等（陳其南，2004a）。對於陳其南而言，經由文化質能的提升，改善視覺環境的生活品味以及健全藝文生態，才能使臺灣社會進入具備美感與倫理的社會建構（陳其南，2004b）。

由於文化往往是一個無所不包的概念，因此，究竟什麼是文化質能或是文化能力也顯得複雜起來。從文建會對於文化公民與公民美學的論述出發，發現其文化能力較為側重於藝文與環境這兩個方向，其他的如大眾媒體等等，就比較不明顯。相較於 Mercer 等人所定義的文化能力，包括了資源、社會、政治、認知與表達取向等等，強調公民應具備各種理解價值體系、認同形式、生活方式、權力關係、次文化或團體差異等等的文化能力，以作為深化公民權的基礎，文化公民權論述中對於文化能力的闡述還是比較狹隘的。

其次，在公民權範圍的拓展部分，文化公民權宣言及其相關論述，立基於之前的「多元文化臺灣」，繼續強調多元文化的重要，雖然在文化公民權的宣言中，並沒有對於多元文化的部分多做著墨，但在推動文化公民權概念的相關會議，如「多元族群與文化發展會議」與「文化公民嘉年華活動」中，對於多元文化則有較多的討論，如行政院在多元族群與文化發展會議所提出六項行動綱領，及十三項措施確實評估，落實推動。特別是十三項推動措施，[13] 對於多元文化的比重甚重。包括：於新憲法中，增訂「多元族群」專章，宣示保障弱

---

13 包括於新憲法中增訂「多元族群」專章，宣示保障弱勢族群地位，發揚多元族群文

勢族群地位，發揚多元族群文化，保障原住民族、客家人和河洛人，原住民、新住民、外籍新移民確獲尊重的發展權益，以及實踐多元文化，重建多元族群公共領域。鼓勵公民參與和傳承各族群文化藝術活動發展，讓傳統的血緣、地域等族群認同，轉化提升為對文化藝術與審美活動的共識和認知，進一步形成國家一體的共同體意識，使臺灣為全球多元文化國家典範（康俐雯，2004）。

　　該次的多元族群與文化發展會議，除了臺灣主要的基礎「四大族群論述」的文化差異外，還加入外籍新移民的考量，這是過去文化政策較少正式宣示保障的部分。因此，新的文化公民權的概念，除了接連臺灣過去多元文化政策所推展的文化權利（如原住民、客家族群的語言權、文化認同權等等）之外，比較明顯的拓展則在於外籍新移民的部分，這也是臺灣近幾年來主要的文化差異的來源之一。

　　最後，臺灣所建構文化公民權的內涵可能是什麼？宣言指出「中央和地方政府有責任提供足夠的文化藝術資源，滿足各地公民共享文化的權利」（第2條）；及第三條「全體公民對於文化藝術活動、資源、資產與發展，應共同承擔起參與及支持、維護與推動的責任。」強調「民眾不但應享有的文化權利，也應該盡到文化的義務」（陳其南，2004a）的雙面性。此外，陳其南則不斷強調「公民有權利亦有義務參與文化活動」，或「公民文化權的第一層意義是政府如何滿足人民的文化權，即保障每個國民都有接觸文化資源的機會，第二層意義就是民眾必須參與活動、參與藝術創作是人民的權利，也是義務」（陳其南，2004a）。在這些論述中，文化權利與義務指涉的內涵有時相同有時不

化，保障原住民族、客家人和河洛人，原住民、新住民、外籍新移民確獲尊重的發展權益，以及實踐多元文化，重建多元族群公共領域。鼓勵公民參與和傳承各族群文化藝術活動發展，讓傳統的血緣、地域等族群認同，轉化提升為對文化藝術與審美活動的共識和認知，進一步形成國家一體的共同體意識，使臺灣為全球多元文化國家典範。

同。在文化權利的享有方面，指涉了幾種不同的面向，如：文化藝術活動的參與、文化資源的接觸、文化資產與藝術的發展等。在文化義務的部分則有文化藝術活動的參與、文化資源、資產的支持與維護、文化發展的推動等。這些面向可區分為兩種權利：第一種為文化生活參與權，包括文化藝術活動的參與及文化資源的接觸；第二種為文化發展權，包括文化資源、資產的維護與文化發展的推動。

　　此外，文建會也提出「文化公民權」運動，主要關心三個訴求：每個公民的文化主張與生活方式必須被尊重；每個公民都應該分享與維護社會上的文化藝術資源；同時，每個公民都有責任提升自己的文化藝術素養（丁榮生，2004）。第一個訴求強調了公民文化「差異的權利」（the right to be different）。差異的權利有時被提出為一種文化權，有時被分割為幾種不同的權利，因為差異的權利往往經由許多不同的權利來確保，例如文化認同權、文化再現權等。文化認同權重視團體的差異性應被社會所認知，進而保障每一團體認同的權利。認同的面向往往複雜而多元，包括語言文字、文化藝術、宗教祭典、名字、教育等等都是文化認同權應保障的範疇。此外，文化再現權也是很重要的，如果一個社會的主體文化不斷運用公共資訊來羞辱某一弱勢團體，無論是族群還是性別／性傾向的弱勢，都無法使得這個弱勢感受到「被尊重」，或擁有「差異的權利」。

　　這些權利有許多曾在之前的政策被提出，但直至文化公民權的論述才正式宣示了政府對於文化權的責任（不只對於少數族群，而是全面的公民）。文化權的內涵雖然並沒有被明確定義，但經由本文分析則大略包括了文化生活的參與權、文化發展權、文化認同權與文化再現權等不同面向。

九、從臺灣經驗看文化公民權的建構與意涵

　　臺灣文化公民權的發展脈絡可溯及社區總體營造，另與多元文化政策也有密切的關係，若以「文化公民權」宣言的相關論述，與之前的社區總體營造政策及多元文化政策相較，則有些相同或衝突之處。

　　就文化公民權與社區總體營造比較，同樣側重公民權落實、深化公民權以及建構公民權作為臺灣社會「共同的認同」。在社區總體營造的政策中，社區活動成為落實、深化公民權的中介，但在文化公民權的宣言中，則以文化藝術作為認同的基礎。從表面上看來，這似乎是衝突之處，但若深究社區活動的內涵，多半以文化形式為主，則可看出社區總體營造與文化公民權的論述有高度相似性與連貫性。

　　若與多元文化主義相較，文化公民權有些部分與多元文化主義的論述與主張相重疊。首先，文化公民權強調的公民文化權，使得不同族群可以在個人層次上宣稱文化權，如文化認同權或文化發展權，以達成整體族群文化的保存與維護；其次，文化公民權所強調的價值，如主動分享、參與、交流等等，將作為族群和諧的基礎；而在文化公民權的相關措施上，亦相當重視族群文化的面向，如行政院所提出 13 項措施、多元族群與文化發展會議、多元族群嘉年華會以及多元族群影像展的舉辦等等。

　　此外，文化公民權的建構對於整體臺灣公民權的發展帶來怎樣的影響？首先，在公民權的範圍部分，外籍移民被納入公民權關心的範疇，儘管在法律地位上，外籍移民的權利義務仍與臺灣公民有所差距，但在文化政策層面，外籍移民的文化需求已被政府認同。其次，文化公民權深化了公民認同與文化能力，強調將公民的認同建立於文化藝術之上，公民權可經由文化中實踐，並將文化藝術的欣賞能力視為公民資格認定的標準與基礎。最後，文化公民權確認了公民應具有的文化權內涵，包括：文化生活參與權、文化認同權、文化發展

權與文化再現權等，對於臺灣整體公民權的保障有較周延的思考。

　　但值得注意的是，相較於歐美社會所發展的文化公民權的概念，臺灣文化公民權的概念、發展與建構仍有落差。例如對於公民認同的描繪較為靜態，較為忽略公民主動性的部分；以及所定義的文化能力，較為側重文化藝術層面，忽略文化能力應包括了資源、社會、政治、認知與表達取向等等，以及公民應具備各種理解價值體系、認同形式、生活方式、權力關係、次文化或團體差異等等的文化能力（如 Colin Mercer 所指出的），較為可惜。特別在於資源的分配與提供方面，政府並沒有提出太多的政策來落實，使得文化公民權的發展受到限制。另外，文化權的內涵也有待在文化政策中更為明確的指認與落實，提供更多民眾相關權利的保障。相對於文化公民權相關理論所關注的文化生產的意義控制與所有權的問題，以及檢視文化藝術消費中長期存在的階級品味差異、象徵符號鬥爭、文化不平等的企圖，在臺灣的文化公民權概念都是比較缺乏的。

表 3：臺灣與歐美文化公民權概念的比較

	臺灣文化公民權的概念	歐美文化公民權的概念
公民認同的描繪	較為靜態，忽略公民主動性的部分。	強調公民主動性、不斷建構的動態過程。
文化能力的定義	側重文化藝術層面、忽略資源、社會認知與表達的取向、權力關係等。	重視資源的分配與提供；強調社會、政治、認知與表達的取向；以及價值體系、權力關係與次文化的差異。
文化權的內涵	重視強調文化生活參與權；文化發展權。	文化認同權、文化生活接近權、文化發展權、文化再現權等；並關注文化生產、流通與消費的問題；檢視文化階級與品味的不平等。

資料來源：作者整理

十、臺灣發展文化公民權的困境與挑戰

　　雖然文化公民權的宣言於 2004 年提出，至今（2006）僅有兩年的時間，就此來評估文化公民權發展的成敗與否，或嫌太短。但社區總體營造與多元文化政策的施行已有 10 年，藉此共同來剖析臺灣發展文化公民權所面臨的社會結構問題，應屬允當。

　　首先，臺灣發展文化公民權第一個結構性的問題在於，相較於已經進入文化公民權階段的歐美社會，臺灣的公民意識與公民社會並不是那麼健全。這又可分為兩個面向分析。第一、作為一個公民社會，臺灣的社會結構不算完整。如同顧忠華所指出，臺灣公民社會的建構首先缺乏立基於言論自由的「公共領域」（顧忠華，2004：159），整個媒體市場成為適應世俗的民意市場，最終變成不擇手段的營利工具（顧忠華，2004：160）。再者，臺灣社會的第三部門雖然已經蓬勃發展，但是否能被詮釋為公民社會的實質成長？對此，顧忠華仍持保留態度（顧忠華，2004：172）。此外，作為一個臺灣的民眾，對於自我「公民意識」的自覺性較為薄弱；除了傳統中國社會「公民意識」不彰外，存在於臺灣社會的統獨論述、政黨競爭、以及投票式民主等因素的影響，強化成員的私性、敵意、被動與消極，將「公民」進一步化為「選民」，甚至成為「鄉親化」（錢永祥，2004：141）。這些結構性因素都限制了文化公民權的發展。

　　由於公民意識的低落與主動性的缺乏，導致許多的文化政策（包括社區總體營造），都是由官方宣導與培育（如文化公民權也並非由公民主動要求），因此，臺灣民眾對於文化政策或是文化批判與檢視的能力相對缺乏，導致官方主導文化走向的可能。例如，在文化公民權的案例中，我們可以看到，官方定義的文化藝術仍然偏向菁英文化，要「提升」的文化能力也集中於菁英文化的部分；相較於一般民眾較常接觸的文化形式，如大眾媒體、宗教儀式活動等等，卻是文化政策常常忽略的部分。最終可能的結果是，文化公民權鼓勵所有成員

努力提升自身的文化能力，雖進一步鞏固了菁英文化的地位，卻忽略了每個民眾文化資本的差異、文化藝術品味的不平等、符號鬥爭等問題。這些在歐美社會被認為是文化公民權最重要的價值，卻可能在臺灣社會消失不見。

　　文化公民權的宣言與概念，強化了對於差異性族群的文化保障，同時也強調共同性的建構；一方面要認可文化差異，一方面要克服可能造成的分歧。如何達成這樣的目標，與臺灣社會族群的發展有密切的關係。例如人口占多數的閩南（福佬）族群，逐漸感受到原住民與客家文化在政府的支持下蓬勃發展；相較之下，多少有落寞的感受，甚至不滿的情緒等等。[14] 是而如何在兩者之間取得平衡，除了是文化政策需要努力的方向外，亦牽涉到臺灣社會要如何更加地包容差異、消弭族群衝突等方面的重要課題。

　　相較於歐美社會文化公民權的發展，來自於多種不同文化差異的挑戰，如加拿大魁北克的法裔、美國的拉丁裔、或是澳洲的原住民等，臺灣版的「文化公民權宣言」則較側重於強調文化藝術與審美價值的推展，對於多元文化差異的考量較為不足。這方面的缺乏，可能是由於臺灣發展族群等相關委員會，成為推動多元文化權益的主力，而使得文建會在這方面的角色變為薄弱。因此，臺灣對於文化公民權的思考與推動，也需要納入相關族群政策（如原住民事務委員會、客家委員會），才能對於多元文化差異有更全面的理解與落實；不能單靠文建會來主導可能。再者，隨著文建會主任委員的更替，[15] 文化公民權是否仍為文建會的重要施政方向之一，值得觀察。

　　從文化公民權的理論建構，到臺灣實際發展文化公民權的概念，可以看出言中許多落差與衝突的部分，一方面來自於理論與實際的落差，一方面則可能

---

14 作者曾在幾個研討會中碰到過這樣的情緒，有些人抱怨，認為目前最不受到重視的就是閩南文化等等。

15 2006 年文建會主委陳其南卸任，改由邱坤良接任。

來自不同的社會脈絡、所導致對於文化公民權詮釋的差異。然而，文化公民權
概念的建構，突顯出在社會治理與公民權利型塑的過程中，文化逐漸占有重要
的地位；因此，文化研究者應該更為關注，包含在公共機制與私人生活之間，
或是在國家與跨國機構的層次上，關於公共文化、習性、品味或進一步影響公
民社會的建構等問題。對於公民權研究者而言，自也應注意，當面臨政治社群
中有關成員、歸屬、倫理、權利與義務，以及合法的定義出誰應該被納入以及
誰應該被排除於某個政治社群之外的問題時，文化面向的重要性也在不斷的提
升中。

參考文獻

一、中文部分

丁榮生，2004 年 10 月 12 日，〈發揮文化公民權，創造美的社會〉。《中國
　　時報》，藝文版。

于國華，2002，《「社區總體營造」理念的探討：全球化趨勢下的一種地方文
　　化運動》。國立臺北藝術大學傳統藝術研究所碩士論文。

陳其南，2004a，〈邁向一個審美的公民社會〉。《傳統藝術月刊》，第 44 期，
　　2006 年 6 月 20 日取自 http://www.cca.gov.tw/cforum/related/1110_1.htm。

　　＿＿＿，2004b，〈公民美學運動在臺灣〉。《書香遠傳》15：4-5。

陳其南、劉正輝，2005，〈文化公民權之理念與實踐〉。《國家政策季刊》4（3）：
　　77-88。

陳俊宏，1994，《理解當代自由主義與社群主義之論爭：以公民資格為焦點》。
　　東吳大學政治學研究所碩士論文。

王智明譯，2000，〈社群在東方〉（Chatterjee, Partha 原著）。頁 37-60 ，收錄於陳光興（主編），《政治社會：現代性、國家暴力與後殖民民主》。臺北：巨流。

康俐雯，2004 年 10 月 19 日，〈新憲法將增訂多元族群專章：族群與文化發展會議圓滿落幕推動三項具體措施〉。《自由時報》，藝文版。

黃煌雄、郭石吉、林時機，2001，《社區總體營造總體檢調查報告書》。臺北：遠流。

馮建三，1995，〈資本動員下的地方媒體〉。《當代》114：52-67。

慕思勉，1998，《臺灣的異質地方：90 年代地方或社區博物館的觀察》。國立臺灣大學建築與城鄉研究所碩士論文。

錢永祥，2004，〈公共領域在臺灣：一頁論述史的解讀與借鑑〉。頁 111-146，載於李丁讚（主編），《公共領域在臺灣：困境與契機》。臺北：桂冠圖書。

顧忠華，2004，〈公共領域的社會基礎〉。頁 147-176，載於李丁讚（主編），《公共領域在臺灣：困境與契機》。臺北：桂冠圖書。

二、英文部分

Benmayor, R., 2003, July, *Narrating cultural citizenship: Oral histories of first generation college students of Mexican origin*, Paper presented at California State University Monterey Bay Inside Out Conference, University of Queensland, Ipswich, Australia.

Bennett, T., 1992, "Putting policy into cultural studies". In Grossberg, L., Nelson, C, and Treicher, P. (Ed.), *Cultural Studies*, pp. 22-37, London: Routledge.

_____, 1995, *The Birth of museum: history, theory, politics*. London and New York: Routledge.

Bloomfield, J., & Bianchini, F., 2001, "Cultural citizenship and urban governance in western Europe". In Nick Stevenson (Ed.), *Culture & Citizenship*, pp. 99-123, London: Sage.

Delgado-Moreira, J. M., 2000, *Multicultural citizenship of the European Union*. Aldershot: Ashgate Publishing limited.

Cunningham, S., 1992, *Framing culture: Criticism and policy in Australia.* Sydney: Allen & Unwin.

Inter-University Program for Latino Research, Culture Studies Working Group, 1988, *Draft concept paper on cultural citizenship*, Unpublished. University of Notre Dame, USA.

Fisher, R., Groombridge, B., Hausermann, J., and Mitchell, R. (Eds.), 1994, *Round table on human rights and cultural policies in a changing Europe: the Rights to participate in cultural life.* Helsinki: Helsinki University Press.

Flew, T., 1998, "Government, citizenship and cultural policy: expertise and participation in Australian media policy". *European Journal of Cultural Policy*, 4(2): 311-327.

Gilroy, P., 1993, *Small acts: Thoughts on the politics of black culture.* London: Serpents Tail.

Gripsrud, J., 2000, "Learning for experience: Cultural policies and cultural democracy in the 20th century". *European Journal of Cultural Policy*, 7(2): 197-209.

Hall, Stuart, 1991, "Old and new identities, old and new ethnicities". In Anthony D. King, (Ed.) *Culture, globalization and the world-system*, pp.41-68, New York: State of University of New York.

_____, 2000, "The multicultural question". In Barnor Hesse (Ed.), *Un/Settled Multiculturalism: Diasporas, Entanglements, Transruptions*, pp. 209-241, London: Zen Books.

Hall, S., & Held, D., 1990, "Citizens and citizenship". In Stuart Hall and Martin Jacques (Ed.), *New Times: the Changing Face of Politics in the 1990s*, pp. 173-188, London: Lawrence & Wishart in Association with Marxism Today.

Isin, E. F., and Turner, B. S., 2002, "An introduction". In Engin F. Isin and Bryan S Turner (Ed.), *Handbook of Citizenship Studies*, pp. 1-10, London: Sage.

Isin, E. F. & Wood, P. K., 1999, *Citizenship & identity.* London: Sage Publications.

Juteau, D., 1997, "Beyond multiculturalist citizenship: The challenge of pluralism in Canada". In Bader Veit (Ed.) *Citizenship and exclusion*, 96-112, London: Macmillan Press Ltd.

Kung, W.-C., 2000, *Indigenous people and the press: A study of Taiwan.* Taipei: Hanlu Publisher.

Kymlicka, W., 1995, *Multicultural citizenship: A liberal theory of minority right.* Oxford: Oxford University Press.

Kymlicka, W., & Norman, W., 1995, "Return of the citizen: A Survey of recent work on citizenship". In Ronald Beiner (Ed.), *Theorizing Citizenship*, pp. 283-322, New York: State University of New York Press.

Kymlicka, W., 2000, "Introduction: Citizenship in cultural diverse societies: issues, contexts, concept". In Kymlicka, Will and Wayne Newman (Ed.), *Citizenship in Diverse Societies*, pp.1-44, Oxford: Oxford University Press.

McGuigan, J., 1996, *Culture and the public sphere.* London: Routledge.

Mercer, C., 2002, *Towards cultural citizenship: Tools for cultural policy and development.* Stockholm: the Bank of Sweden Tercentenary Foundation.

Miller, T., 2002, "Cultural Citizenship" in Engin F. Isin and Bryan S Turner (eds) *Handbook of Citizenship Studies*, pp. 231-244, London: Sage.

Myredyth, D. & Mison, J., 2001, *Citizenship and cultural policy.* London, Thousand Oaks, Calif.: SAGE.

Ong, A., 1999, "Cultural citizenship as subject making: Immigrants negotiate racial and cultural boundaries in the United States". In Rodolfo D. Torres, Louis F. Miron and Jonathan Xavier Inda (Ed.), *Race, Identity and Citizenship: A Reader*, pp.262-294, Oxford: Blackwell.

Prott, L. V., 1992, "Cultural rights as people's rights in international law". In James Crawford (Ed.), *The Rights of Peoples*, pp. 93-106, Oxford: Clarendon Press.

Roche, M., 2001, "Citizenship, Popular and Europe". In Nick Stevenson (Ed.), *Culture & Citizenship*, pp.74-98, London: Sage.

Rosaldo, R., 1997, "Cultural citizenship, inequality, and multiculturalism". In William V. Flores & Rina Benmayor (Ed.) *Latino Cultural Citizenship*, pp. 27-38, Boston: Beacon Press.

Silvestrini, B. G., 1997, "The world we enter when claiming rights: Latinos and their quests for culture". In William V. Flores & Rina Benmayor (Eds.) *Latino Cultural Citizenship*, pp.39-56, Boston: Beacon Press.

Singh, K., 1998, "UNESCO and cultural rights". In Halina Nie"c (Eds.) *Cultural Rights and Wrong: A Connection of Essays in Commemoration of the 50 the Anniversary of the Universal Declaration of Human Rights*, pp.146-160, Paris: UNESCO.

Stevenson, N., 2001, "Culture and citizenship: An introduction". In Nick Stevenson (Eds.), *Culture & Citizenship* (1-10). London: Sage.

Turner, S. B., 2001, "Outline of a general theory of cultural citizenship". In Nick Stevenson (Eds.), *Culture & Citizenship*, pp. 11-32, London: Sage.

Urry, J., 1995, *Consuming Place*. London: Routledge.

Vertovec, S., 1998, "Multi-multiculturalisms". In Marco Martiniello (Eds.), *Multicultural Policies and the State: A Comparison of Two European Societies*, pp. 25-34, Utrecht: European Research Centre on Migration and Ethnic Relations.

Wang, L.-J., 2004, "Multiculturalism in Taiwan: Contradictions and challenges in cultural policy". *International Journal of Cultural Policy*, 10(3): 301-318.

Werbner, P., 1997, "Afterword: Writing multiculturalism and politics in the new Eurpoe". In Tariq Modood and Paina Werbner (Ed.), *The Politics of Multiculturalism in the New Europe: Racism, Identity and Community*, pp. 261-267, London: Zed Books.

Young, I. M., 1990, *Justice and the politics of difference*. New Jersey: Princeton University Press.

臺灣客家族群文化權的經驗性調查研究 *

王俐容

一、前言

　　自 1990 年代以來,西方民族國家已經經歷了一連串的「權利革命」(rights revolution),不斷地在各種新的權利訴求中,思索著歸屬與排斥的問題(Isin & Turner, 2002:1),例如:原住民權(aboriginal rights)、女性權(women's rights)、同志權(sexual rights for gays and lesbians),到動物權、語言權等。這些新權利的生成與建構,往往連結著對於公民權(citizenship,或稱之為公民身分)的概念與認知。在 1990 年代,公民權研究開始側重於哪些新的權利訴求是可能或是需要在公民身分下被考量,以及這些權利可能帶來的危險或是承諾等等。無論在社會、經濟或是文化面向上的新訴求,都對於公民權利的範圍、內涵或是深度,帶來新的定義與重構。

　　在這些不同的權利概念當中,其中一個不算新奇,卻始終無法受到重視的權利概念:文化權,也隨著跨國移民與文化穿越國界的情況不斷增加,多元文化主義的興起,而變得日漸重要。「文化權」包括:語言權、教育權、媒體接

---

* 本文原刊登於《客家公共事務學報》,2011,3 期,頁 33-66。因收錄於本專書,略做增刪,謹此說明。作者王俐容現任國立中央大學客家語文暨社會科學學系特聘教授。

近使用權等等，不斷成為訴求多元文化主義的核心概念，這樣的呼籲與訴求，也不斷地在不同的社會運動（如美國的非裔、拉丁裔、亞裔的人權運動；澳洲的原住民運動；加拿大魁北克的分離運動；英國的蘇格蘭獨立運動等，以及性別、同志運動等）、學術領域中被提出，多元文化主義逐漸成為國家政策與公民權研究中重要的概念。Hall 與 Held（1990：187）就認為，歐洲社會概念下的公民權往往以文化同質性的人口及單一的民族國家為前提；然而，較為恰當的看法應該是，相信所有公民都應該去擴大自由、權利與解放的可能。Isin 與 Wood（1999：155）強調，後現代主義與全球化已經揭露了傳統公民權嚴重的限制，不只在於傳統公民權過度強調政治與國族的認同，也在於它無法完全包容後現代裡的分裂型認同。

Kymlicka 與 Norman 指出（1995：302），公民權並不單指與一套權利義務有關的身分，更是傳達出一種隸屬於特殊政治社群成員的團體認同。他們認為，「公民權就如同共同享有的認同」的觀點，這個共享的認同整合了社會中不同的團體，並提供了國家性統合的來源。這個整合的過程立基於「共同的文化」之上，也被視為一種共同的擁有與財產。值得注意的是，仍有許多團體感受到，他們是被排除於這個「共同的文化」之外的；被排除的原因，不只在於他們的社經地位，也在於他們的社會文化認同（或者說差異性），並沒有被社會所承認。這些團體，例如族群上的少數、女性或是同性戀等等，就必須經由社會運動來訴求他們的認同與特殊權利；因此，在理論的層次上，這些問題也與公民權建構的論辯息息相關。這樣的背景剛好提供了文化權發展的可能；相關議題包括，文化系譜如何經由教育、宗教、語言、習俗、文化作品、甚至媒體等等而持續的發展與維持，當中包含了複雜的文化差異、文化再現、文化詮釋、文化接近性等問題。

在這樣的學術背景之下，回到臺灣社會的發展脈絡，我們可以發現，長期

以來受到忽略的「文化權」概念，也在族群平等的大旗下開始被注意，特別是
在臺灣的原住民運動與客家運動中，「文化權」的訴求：如保障文化傳承、振
興族群文化、推廣族群語言、習俗等等，也逐漸成為訴求的核心。

　　此外，以臺灣客家族群為例，在 1988 年客家母語運動之前，客家族群是
臺灣看不見的族群，不具有公共領域所承認的「集體」身分，更得不到政府資
源的挹注。隨著客家運動的發展、客家意識的興起與客家研究的開發，客家議
題逐漸被當作一種新的公共議題，更轉變成新的公共政策：包括成立客家委員
會、客家電視台、在大學裡成立客家學院、客家學研究、普及客語教育等等。
而隨著客家委員會成立後，提出了各種振興客家文化的相關政策，如：「客家
語言復甦與永續成長第一期六年計畫」、「客家文化振興第一期六年計畫」、
「客語傳播發展六年計畫」、「客家特色文化加值經濟發展四年計畫」、「促
進客家知識體系發展六年計畫」、「客家社會力振興六年計畫」等等，都與促
進客家族群的文化權利有密切關聯。其中的「客家文化振興計畫」中即指出此
計畫目的在於「活化客家文化設施，聯絡客家情誼，進行客家文化交流、展示
客家文物，提供客家文藝團體展演的場所，透過客家文化論壇的舉行，推動館
際效流、策略聯盟，輔導其活化經營，辦理藝文活動，成為客家文化傳播據點。
客家文化資源之調查、蒐集、整理、數位化保存及推廣。透過現代化網路科技，
將客家相關文物數位化典藏，進行不受時限制的客家文化學習、研究、教育及
推廣等工作。扶植客家文化團隊、紀錄客家文化風貌、發揚客家傳統技藝、舉
辦跨縣市客家文化交流，連結客家文化發展網絡，提振客家人自我認同度。」
隨著客家文化政策的不斷提出，目前臺灣客家族群的文化權利發展的如何？應
該用什麼角度與方式來評估文化權的落實與否與政策的有效性？

二、文獻探討

（一）族群權的發展

　　對於不同族群、宗教與語言團體的保護一直是國際法長久關注的問題。在 16、17 世紀的時代，國家體系的出現伴隨著對於族群權利的關注（Thornberry, 1991），然而，當大部分國家在 18 世紀進入了「民族國家」的建構過程中，族群權利開始受到限制與壓抑。直到 1970 年代之後，許多學者開始察覺，對於少數族群議題的關注可以強化人權的保障，經由發展語言的存在、認同，以及參與文化、社會、經濟生活的原則中來落實。

　　然而，對於少數族群權的範圍與實質內涵卻有不同的觀點。Thornberry（1991）從生存權、認同權、不被歧視權與原住民族權來分析國際法中少數族群權的發展；首先，生存權被視為少數族群最基本的權利；其次，認同權的功能在於避免「文化滅種」（cultural genocide）的可能。而同時，認同權也涵蓋了三種不同權利：文化權、宗教權與語言權。第三，「不被歧視權」則提供少數族群的尊嚴權。Thornberry 強調少數族群團體希望維持他們獨有的文化、語言，宗教與不被歧視的需要，以便平等地整合進入更大的主體社會。而從 Thornberry 所提出的族群權中，可以分出兩種不同權利類型：第一種是基本權，包括生存權與不被歧視權；第二種則是特殊權，例如認同權。

　　Pogge（1997）則是使用「團體權」這個語彙來分析三種不同的族群權利。第一種是團體適當權，經由這些權利，團體可以被視為「團體」，並經由特殊的決策機制來落實團體權；第二則為團體特殊權，例如非裔美人可以有某些大學入學許可的優惠考量；最後則為團體統計權，用來保護或提升團體成員的焦點身分。除此之外，Pogge 也在理論與實際落實的層次上，將團體權公式化。首先，應考量兩個部分：第一，由於西方社會對於契約自由與結社自由有很強

烈的承諾，這種承諾可用來合理化與保障團體權；其次，每個民主社會也會經由團體特殊權來強化政治參與。因此，Pogge 認為應該區分「基本權」如各種自由平等權，與「特殊權」兩種，才能真正落實族群團體的權利。

Kymlicka（2000）也強化類似的觀點。根據 Kymlicka，少數族群權有兩種共同的特色。首先，他們超過了一般個人公民權中所含括共同市民權、政治權等這些用來捍衛自由民主制度的設計。其次，他們附屬於認可與包容獨特認同與文化團體的需要。而這兩種特色都可以在多元文化公民權的意涵中發現。

從這些關於族群權的討論，可以發現族群權逐漸發展成為公民權中的一個部分。族群權賦予少數團體兩種身分：一種為國家中的公民身分；一種是特殊團體的成員身分。也因此，族群權必須在基本權——他們應具有與其他團體在政治、經濟、社會與文化領域上相同的地位；並在各種自由權，如言論自由、信仰自由、集會結社自由等受到充分的保障。而在特殊權的方面，少數族群更應享有集體認同權、自治權、自決權、特殊團體代表權與文化權等等來保護特殊團體的身分與權利。

（二）文化權的內涵

在國際層次上，當代對於文化權的討論從 1948 年聯合國的《世界人權宣言》（Universal Declaration of Human Rights, UDHR）中開始發展。在第 27 條中它宣示：

1. 人人有權自由參加社會的文化生活，享受藝術，並分享科學進步及其產生的福利。

2. 人人對由於他所創作的任何科學、文學或美術作品而產生的精神和物質的利益，有享受保護的權利。

《經濟、社會與文化權協約》（the International Covenant on Economic, Social and Cultural Rights ,ICESCR, 1966）的第 15 章也提出重要主張，來保障

每個人參與文化生活的權利、享受科學進步的權利，以及創造文化藝術產品的權利等等（Fisher et al, 1994：43）。內容如下：

1. 本公約締約各國承認人人有權：

（1）參加文化生活；

（2）享受科學進步及其應用所產生的利益；

（3）對其本人的任何科學、文學或藝術作品所產生的精神上和物質上的利益，享受被保護之利。

2. 本公約締約各國為充分實現這一權利而採取的步驟應包括為保存、發展和傳播科學和文化所必需的步驟。

3. 本公約締約各國承擔尊重進行科學研究和創造性活動所不可缺少的自由。

4. 本公約締約各國認識到鼓勵和發展科學與文化方面的國際接觸和合作的好處。

在 1992 年，協約在重修第 15 章時，開始定義文化權的內涵：尊重每個人的文化、真誠與本質；平等的近用權與尊重非歧視原則；參與主流文化與少數文化的創造與享受的機會；不可缺少的創造活動的自由，如：表達自由權、智慧財產權；保障與發展可參與的文化，包括有關於主流或是少數文化方面的國家與國際的文化交流（Fisher et al. 1994：143）。

除了在國際宣言中宣示文化權的重要與意義性之外，聯合國教科文組織（United Nations Educational, Scientific and Cultural Organisation, UNESCO）對於文化權的發展與保護扮演了重要的角色。許多教科文組織的宣言均與文化權的呼籲相關，並逐漸勾勒出不同概念與內涵的文化權利的出現（Singh, 1998）。

目前，大約有 50 多種的文化權被 UNESCO 的文化與發展合作辦公室

（Culture and Development Co-ordination Office）歸納為 11 種範疇被提出討論。
[1] Nie'c（1998）提出一般性的文化權包括了文化認同的尊重、被認可為一個文化社群的權利、參與文化生活、教育與訓練、資訊權、接近文化遺產權、保護研究、創意活動、智慧財產權與文化政策參與權等。Prott（1992：96-97）也認可 11 種不同項目的文化權，包括了表達自由；教育權；父母為子女教育選擇權；參與社群的文化生活權；保護藝術、文學與科學作品權；文化發展權；文化認同權；少數族群對其認同、傳統、語言及文化遺產的尊重權；民族擁有其藝術、歷史與文化財產的權利；民族有抗拒外來文化加諸其上的權利；公平享受人類共同文化遺產的權利。

　　從族群的角度來看文化權，可以發現族群有兩種不同的文化權利：一種是普及性，即與其他族群共同擁有的權利；另一種是差異性，即族群保有其文化差異、特殊文化認同、文化發展，以及接觸自己少數文化的權利。隨著族群權與文化權的發展，當代少數族群的文化權也成為文化政策的重要議題。

（三）客家文化權的討論

　　目前臺灣客家文化權的討論側重於語言權與再現權的討論。其中，語言權一直是客家族群相當在意的問題。研究顯示，在臺北只有3%的人口使用客語，遠低於其人口的比例（黃宣範，1995）。長期以來，客語被當作家庭私領域使用的語言，而每一代的客語人口約以 22.4 至 26.4% 的比例流失。因此，客家

---

1 11 種範疇包括：Rights to physical and cultural survival, Rights to association and identification with cultural community, Rights to and respect for cultural identity, Rights to physical and intangible heritages, Rights to religious belief and practice, Rights to freedom of opinion, expression and information, Rights to choice of education and training, Rights to participation in elaboration of cultural policies, Rights to participation in cultural life and rights to create, Rights to choice of endogenous development, and Rights to people's own physical and cultural environment. (Nie 'c, 1998)

族群語言保存以及語言權的振興，的確是一個重要的任務。客委會成立後，主要政策有：

1. 客語教育的推動

由教育部負責規劃的鄉土教育為主，每週母語教育兩個小時，在客家村落施以客語教育。而客委會位居輔導地位，將成立客語教育推動委員會，負責提供教材編寫，提供客家觀點，客語師資的培訓，促進客語文字化，進行客家語言研究等工作。另外也將獎助幼稚園客語的實驗教學，奠定母語的基礎。

2. 客語公共化

客語的流失與它僅是一種家庭內使用的語言而不是公共語言，有很大的關係。長期國語政策的結果，雖沒有完全抹煞客語生存空間，但也有效讓大家學習到在公共場所不應該講客語。因此，如何去除客語私領域的色彩，而成為公共領域也可以接受的語言，是大家希望努力的方向，例如在公共場所提供客語播音，會議中提供客語翻譯，政府部門的機構也提供客語服務人員等等。在2002年，客委會已經通過「行政體系客語服務」，希望民眾可以在行政體系中自由的使用客語。

客委會成立後，對於客語媒體提出許多計劃。首先，客委會提出「客語傳播發展六年計劃」，如推廣電視媒體傳播：補助電視台製作客家節目，預計到達每週14個小時；委製各類型客家節目提供電視台播出；購置國內外著名影片以客語配音；補助民間客家電視台的成立與經營。推廣廣播媒體傳播。推廣電影媒體傳播等；再者，客家電視台、客家廣播電台的成立也對於客家族群的語言權有很重要的影響，近幾年來引起了許多學者的討論（姜如珮，2004；鍾皓如，2004）。

過去，客家族群因為兩個理由而被當作臺灣社會的隱形人，連帶使客家族群的再現權也曾受到限制。首先，客家人有意無意習慣掩飾自己族群身分，使

得其他族群較難在日常生活中「發現」客家人的存在。其次，集體性的客家族群或是客家文化被大眾媒體或是歷史所忽視。但這並不意味著，客家人不希望他們被「看見」；相反地，客家族群對於他們被呈現的形象相當地敏感。因此，許多客家研究雖然沒有直接而明確提出「客家再現」這個詞語，但經由客家音樂、建築、民俗、文學或歷史來說明「什麼是客家？」或是「什麼是客家精神？」之類的問題，多少都與「客家意象」有高度相關，例如早在 1991 年出版的《徘徊於族群現實之間》（徐正光，1991）、1993 年的《臺灣客家人新論》（臺灣客家公共事務協會，1993），1998 年的《新的客家人》（臺灣客家公共事務協會，1998）的論文中，都有許多這類的研究。

　　臺灣關於客家再現的研究，也從各種角度出發剖析，而呈現出多元豐富的面貌，例如從文學或書寫裡看客家意象與再現（張典婉，2001）；從族群建構與論述看客家意象與再現（蕭新煌，2002）；從族群互動看客家意象與再現（莊英章，2001）；從大眾媒體，如廣播或是電視媒體來看客家意象與再現（林彥亨，2003；姜如珮，2004）；或是從日常厘語來看客家意象與再現（王雯君、張維安，2005；張維安，2005），都幫助客家或是非客家族群更進一步理解客家再現的多元樣貌。

　　相關研究也指出，客家族群的再現權已經受到相當的重視，經過這幾年來客家社會文化復興的影響，已經比較平等與合理，但依然不斷複製將社會原有的刻板印象：傳統的、鄉愁的、農村的、刻苦耐勞、勤儉、政治的（王雯君、張維安，2005）。張維安（2005）也指出，客家意象與再現仍常牽涉到一些刻板印象，即使在客家人心中，也可能靠著這樣的印象來互動與生活，難以逃脫這樣的限制。因此，客家族群的再現問題值得更深入地分析與探究。

　　經由以上的文獻探討，顯示出隨著多元文化主義與文化公民權的發展，無論在國際人權與宣言的推動或在各國文化的發展，皆可看出對文化權的重視與

強調，已經成為文化政策的重點。臺灣雖然也提倡多元文化政策，並實際推動了客家族群文化政策，但從相關研究文獻看來，族群文化權利仍受到許多的限制，在認同、文化參與、文化發展等相關權利上都面臨許多的挑戰；而真正能夠理解客家族群實際文化權落實情形的調查研究也嚴重不足。因此，本研究希望能在客家族群的個案研究上，深入理解相關的問題，並提出評估與建議。

三、研究方法

（一）客家文化工作者座談

本研究進行兩次客家文化工作者的座談會，以深入了解目前客家文化權的發展情形，舉辦時間及與會者名單如下（見表1及表2）：

表1：第一次客家族群文化權利落實與發展座談會與談者名單

編號	服務機構	與談時間
A1	搖籃工作室	2009 年 9 月 10 日（週四）上午 10：00-12：00
A2	九座寮文化協會	同上
A3	礱間工作室	同上
A4	中壢文史工作室	同上
A5	桃澗堡辦公室	同上
A6	大堀溪文化協會	同上
A7	石觀音愛鄉會	同上
A8	新屋庄文史工作室	同上

資料來源：本研究整理

表2：第二次客家族群文化權利落實與發展座談會與談者名單

編號	服務機構	與談時間
B1	中華日報記者，客家文化觀察者	2009年10月16日（週五） 下午2：00-4：00
B2	客家詩人	同上
B3	幼幼客家出版發行人	同上
B4	客家文化工作者	同上
B5	合成八音團團長	同上
B6	忠義堂理事長	同上
B7	客家運動參與者	同上

資料來源：本研究整理

座談會討論綱要如下：

1. 客家族群接近與參與客家文化的狀況，如語言使用、節慶參與、表演或視覺藝術活動的情形？

2. 客家族群對於客家文化認同的程度與表現？

3. 客家文史工作室或是藝文人士目前對於客家文化發展的影響與角色？

4. 對於客家文化未來發展的看法？問題？政策建議？整體對於客家文化權利發展的建議與看法。

（二）電訪調查

　　本次電話訪問調查由國科會計畫經費支付，委託全國意向顧問股份有限公司執行，執行時間共7天，從2010年4月21日到4月27日，採CATI電話訪問，樣本依2008年各縣市客家人口基本調查比例配置，抽樣誤差正負3.34%。並依各地區配額進行卡方檢定，檢定結果 $p = 0.402 > 0.050$（$x2 = 2.933$）與母體之間並無顯著差異，不需進行加權分析。本次調查共接觸37264個電話號

碼，成功訪問 866 個有效樣本。參酌 AAPOR 之定義，本次調查之訪問成功率（Cooperation Rate）為 88.46%；拒訪率（Refusal Rate）為 0.40%；接觸率（Contact Rate）為 6.38%。

電話調查的問卷如附錄，主要集中於幾個點：族群認同情形、客語語言使用情形、文化參與的情形（參加程度與阻礙）、對於客家文化發展，以及政府對於客家文化的支持程度等，希望掌握對於客家族群的文化認同權、語言使用權、文化參與權、文化發展權的實際發展情形。

四、研究發現與討論

以下討論客家族群文化權利的落實概況，主要來自兩次相關座談會的資料，與電話民調的結果。第一次會議以客家社區文化工作者為主，第二次以客家藝文人士為主，會議議程與參與人員（參照表 1 與表 2），經討論後將客家族群文化權的發展分為：文化認同權、語言權、文化參與權、文化發展權等幾個面向來探討。

（一）文化認同權

強調族群文化認同的權利是否受到保障，主要呈現在客家族群是否願意表達自己的身分、使用自己的語言等，但這些表現與客家族群感受外在對他的觀感有密切關係。如果客家族群感受到外在對於客家並不是太友善，就會自己「隱形」起來。特別在於過去，客家族群隱形的情況較多，但現在已經改善：

> 客家人很隱性，你不講他也不說自己是客家人，你講了他就會說自己是客家人……我所接觸的人都會和我講客家話，他們覺得我是道地的客家人。那也很放心跟我講，也覺得我不會看不起他們。很多

客家人就怕被別人看不起，這幾年這種心理慢慢變得淡薄了。（B4）
我不得不說客委會成立以後，做了一些什麼花花綠綠的東西，讓客家這兩個字突顯出來，事實上就是這樣突顯了客家人。（A8）

因此，多數的客家社區文化工作者與藝術家都肯定，客委會成立後，種種施政有利於客家文化認同權的落實與提升。但這樣的情況還是有些隱憂及不足之處：

我去參加一些活動、甚至是演講，客家很多企業家很努力的做生意，像臺北也有客家的扶輪社，雖然這些企業家之間有聯繫客家情感，但是就沒時間也沒心力去推動客家族群文化。因為客家人是單打獨鬥型的，自己走自己的！對客家文化的歷史政治有 90% 是逐漸冷漠的。（B2）

客委會成立到現在，客家族群很明顯就是有一個隱性到顯性的成長趨勢，其實那成長幅度還蠻大的。但是隨著這幾年來政治情勢的轉變，客家人尤其是語言來表現自己是客家人就有明顯的成長趨勢。這可以反映出一個事實，就是客家族群的自信受政治的影響太大。這有一個重點就是任何一個族群理論上應該是自己影響自信，而不是政治影響文化。從客家民族的角度來講，我們自己的反省來講，我覺得我們自己在客家社會對於這麼多年來政府所做的客家的努力，他所投下的資源相對來講是不成比例，也就是客家人自己的反省跟自覺明顯還不夠。一般來講還是比較被動的去敢於承認自己是客家人，你說要完全有自信敢於承認自己是客家人，我覺得這個距離還相當的遙遠。尤其很明顯的，客家跟政治，在客家社會裡面是跟政治劃上等號的。（A1）

　　這樣的觀點呈現出，許多人憂心客家族群認同過度倚賴政府的態度，而沒有其自主性，對於客家族群未來的發展不一定是好事。

　　表3為臺灣地區客家民眾族群認同情形分布，在全體樣本中除未回答者外，單純認為自己是客家人者有680人（占78.5%）；認為自己是客家人亦是福佬人者有130位（占15.1%）；認為自己是客家人與大陸各省市人者有28位（占3.2%）；認為自己是客家人與華僑客家人者有6位（占0.7%）。這呈現出客家族群的客家認同已經相當地高，而多重的客家認同也逐漸出現。

表3：臺灣地區客家民眾族群認同情形

	人數	百分比	有效百分比	累積百分比
有效的客家人	680	78.5	78.5	78.5
福佬（閩南）人	130	15.1	15.1	93.6
大陸各省市人	28	3.2	3.2	96.8
華僑客家人	6	.7	.7	97.5
未回答	21	2.5	2.5	100.0
總和	866	100.0	100.0	

資料來源：本研究整理

　　同時，座談會中也有學者指出，過於強調單一特性的客家族群認同不一定符合臺灣的族群現況，臺灣的族群認同目前逐漸走向多重與混淆：

> 我其實不是客家人，我是「番仔」，我是平埔族，我是苗栗道卡斯族，那我走到41歲才知道原來自己不是客家人，因為課本沒有教我，我的父母親，我的祖父母這些不斷的用各種方式來掩飾自己，那今天的客家人跟我們當初差不多，只是沒有我們那麼嚴重的自卑。所以我擁有客家與道卡斯的認同。（A6）

一個理想化的那種認同政治，本來就是可以很多重的認同。比如說
我是女性，我又是客家人，就像潘老師他可以是平埔族，他也可以
是閩南人，他也是客家人，而且他每一種語言他都會之外，他可以
靈活運用。所以講到說理想，這樣一個多元的文化，你必須互相承
認互相連接的。（A2）

　　因此，在當代認同傾向多元與混雜的同時，喚醒客家族群認同更深入的一
種目的，在於強化族群差異的尊重與相互欣賞的平等局面，承認更豐富的文化
多樣性。

（二）語言權

　　從還我母語之後，客家語言的流失與傳承成為主要客家族群核心關注的問
題。本研究電訪調查顯示，在家庭中客家族群主要以國語溝通，約有 50.7%；
以客語為主要溝通占 45.5%；以閩南語為主要溝通占 3.8%。如表 4。

表 4：家庭主要溝通語言：請問你家中主要用哪幾種語言交談？（可複選）

	人數	百分比	有效百分比	累積百分比
客語	394	45.5	45.5	45.5
國語（普通話）	439	50.7	50.7	96.2
福佬話（閩南語）	33	3.8	3.8	100.0
總和	866	100.0	100.0	

資料來源：本研究整理

　　這個結果與客委會的調查相當接近，客委會 2008 年調查顯示出，客家族
群與子女交談使用全部客語及多數講客語的比例為 33.3%；少數講或幾乎不講
占 46%；約一半一半者占 20.7%（行政院客家委員會，2008：124）。而此調

查雖然45%的比例並不算太低，但許多客家文化工作者指出家庭中客語傳承的困難：

> 我兒子還不到兩歲，因為我太太也是客家人，所以我就想說試看看教兒子說客家話，白天我的爸爸媽媽在帶我的小孩，我媽媽從頭到尾都和他講客家話、教他講客家話。我爸爸也很贊成。但是我後來注意到——他沒有完全教他講客家話！我爸爸不是完全對客家沒自信的人啊！很有自信啊！但是他對我兒子，很習慣客家話說說又講國語了。我頂多會認為說這是一個氛圍的問題！在外面和其他人講國語，回到家不和自己孫子講國語就不習慣了。（A5）

> 我爸爸媽媽開始會和孫子講客家話，說著就會聽到我媽媽和他們講國語，我就問我媽說為什麼要和他們講國語呢？她說我說了一輩子的客家話，也會想要學講國語啊！對我媽媽來說，從文化權力角度來看，她可以學別的語言。所以我們說文化權的民族問題，有一個很重要的就是說，我們教小孩他可以很自然的從文化語言來轉換，在這麼多不同、不一樣的族群中如果可以自由進出的說不同的語言，這就是一個理想嘛！（A2）

因此，客家語言與客家文化緊密的連結，正如許多客家文化工作者強調：

> 客家語言經常永遠是一個很主要的話題，我遇到過幾個從事客家運動文化者，他所說的那種觀念，客家語言消失，客家文化就會跟著消失。假使，這是以真實來說，我們大家不用做客家人了，大家都一直是那種很悲觀的想法，客家話消失，客家文化就會跟著消失。

去國小、國中，整天給你上課好了，客家話就會救得起來嗎？除非有兩個理由、變化、條件進來，第一個條件就是，客家話變得跟英文一樣，變得很重要。第二個，我們開始回去，不是跟自己的小孩說客語，要努力的生育，生育超過河洛人，有一天我們變成河洛人，客家話我們就不用煩惱，我們自然就會想到它。（A5）

每一種語言有它們長期累積下來得精緻的東西，那個精緻的東西，我認為是值得留下去的。也只有那個東西留下去，也才能讓我們的族群去感應，彼此的尊重。那個東西如果流失了，大概尊重也沒有了。（A6）

近幾年來政府也投注相當多的資源在此，客家社區與文化工作者如何評估客家族群語言權的問題？首先客家文化與社區工作者關注到，由於客語師資的不足，導致語言教學面臨相當的困境：

目前那些養成的客語師資，他本身對於地方的辭性養成還不夠，他只是把客語的認證當作是一種工具、一種證照。這樣的認證成為一種工具化的時候充滿一個危機，它只會加速客家文化的消失。它對於客家文化沒有任何正面的幫助！到最後這些話會變成一種場面語言。譬如說今天一些長官來的時候，大概講幾句客家話就這樣子而已，到最後客語演講比賽，我看過很多場的客語演講比賽，我想這樣的比賽應該從頭到尾，從校長致詞、來賓致詞，只有一個空間能聽到客家話——就是小朋友上台的那五分鐘！很荒謬對不對？就這樣子而已啊！（A1）

我比較著重在客家語言的根深和客家語言的推動，事實上。教師的

> 培訓是一個很大的問題，現在普及的老師來講的話，有兩個方向可
> 以來認證，我覺得這個太過於膚淺，他必須要有很深很深的基礎概
> 念的人，才能有辦法，我想這個東西都值得我們去省思，教育很重
> 要。（A8）

再者，則是使用的環境受到限制，導致日常生活使用客語的機會減少，難
以普及：

> 客家方面語言，愈都市裡面，表演場所裡面都跟現在一樣用國語，
> 慢慢地客語族群走到鄉下去，比較遍遠的鄉下，而且比較小型化的
> 團體表演活動，愈大型的可能別的族群進來，使用客語的機會減少。
> （B2）
> 對於語言使用方面比較暢通的地區可能是比較鄉下，人口密度比較
> 低的地方，在苗栗、新竹縣它的情況會比桃園縣、好。（B7）
> 新坡地區客家人其實比河洛人，人數上應該是要多，可是整個街上
> 講的都是這個河洛話。很久以來，我們這個地區就是一個同化的型
> 態，那有一些家庭已經到了就是連河洛話也不會講，那就是說幾乎
> 就是普通話完全取代。那可見如果是混居的區域，當然強勢語言會
> 強、那弱勢語言會更弱，這非常明顯。（A6）

第三，則是對於語言深度不足的擔憂，許多客語的使用偏向日常化，精緻
度與深度遠不如前：

> 對於語言方面流失的情形很嚴重，這個是實際，那對於用客家語言

來演講那種精緻度大到不如從前這個也是，你真的用純正的、非常道地的客家話來演講真的會打動人心，而且自己也會融入在裡面。（B4）

我們的母語基礎教育停了差不多四、五十年以上，我這一代從三年級到五年級對說客家話，但是對語言的了解就是說輸給以前老一輩的已逝去的人，甚至於說六年級以下對客家族群語言的認識更低。這個是我很怕的，現在所有記憶裡面就是山歌、八音，八音變成廟會裡面才看得到。（B2）

我簡單講一句台詞「何事悲來最斷腸、好花吹落善人亡、人生三萬六千日、不及南柯一夢長」。這樣的客語深蘊之美，很擔心將要流失了。（B5）

　　從研究調查與焦點座談的資料來分析，目前政府政策對於客語的影響在於制度的建立，如客語認證、校園客語課程推廣、教材的編寫等，但對於客家族群日常生活部分，如家庭中客語的使用等，則沒有明顯的改善，如客委會2004年與2008年的調查結果相較起來，與子女交談、與社區鄰里交談的客語使用部分，都有減少的趨勢（行政院客家委員會，2008：124）。

（三）文化參與權

　　客家族群目前在日常生活中與客家文化接近與參與的情形為何？本研究調查客家族群文化接近與參與的狀況。根據電訪調查，多數的客家人是顯示過去1年內未曾出席藝文活動（占66.5%），而曾經出席／欣賞客家歌謠者更是全部藝文活動中比例最低者（占0.5%）。（參見表5）相較之下，客家族群較多參與的活動為文化節慶，頗符合目前客委會大力推廣節慶活動的文化政策。

表 5：過去 1 年內曾經出席／欣賞藝文活動情形分布

藝文活動	是否出席	人數	百分比
歌仔戲	否	826	95.4
	是	40	4.6
布袋戲／傀儡戲	否	852	98.3
	是	14	1.7
交響樂	否	832	96.0
	是	34	4.0
音樂舞台劇或小歌劇	否	809	93.4
	是	57	6.6
話劇、默劇、兒童劇	否	856	98.8
	是	10	1.2
平劇／國劇／京劇	否	811	93.7
	是	55	6.3
流行音樂演唱會	否	811	93.7
	是	55	6.3
藝術文化展覽會／節慶或 手工藝展覽會／節慶	否	691	79.8
	是	175	20.2
舞蹈表演（如芭蕾舞、現 代舞、中國傳統民俗舞）	否	807	93.2
	是	59	6.8
客家歌謠	否	862	99.5
	是	4	.5
其他	否	852	98.4
	是	14	1.6
都沒參加	否	298	34.5
	是	568	65.5

資料來源：本研究整理

　　隨著客家節慶的增加，許多人觀察到客家族群藉由節慶接觸客家文化經驗的機會也增加：

　　平鎮市連續幾年辦踩街活動，一開始是只有老人家在玩，最近幾年開始有年輕朋友，要他們半推半就的請他們參與，慢慢的四、五年來的結果，已經獲得一個相當好的迴響。（B4）

　　但也有人認為，一些節慶不斷重複的結果，導致參與的熱情下降：

　　最近中元節剛過就是客家節慶，我坦白話講去年殺 6 條豬、今年殺 12 條豬，可是那參與風是直線下降！以前是人山人海整個新街人封住，豬羊從新街一直排排到監理站，今年就沒有這樣！（A4）

　　本調查顯示出，過去 1 年內客家族群曾經參與藝文活動的比率為33.5%（未參加者為 66.5%），相較於之前研考會的調查，不分族群的藝文活動參與率為36.8%，兩者差距不大，但有略低於平均值的情形。相較於原住民族群，客家族群的文化參與較受到限制。表 6 為「不同種族」對於其過去 1 年內是否出席藝文活動的差異與影響。其中「不分族群」與「客家族群」過去 1 年以「沒有」出席藝文活動較多，各占了 63.2% 與 66.5%，但「原住民」卻有不同的看法。原住民過去一年則以「有」出席藝文活動較多，占了 55.6%，與不分族群和客家族群有些落差。由此可知，不同的族群對於其過去 1 年內是否出席藝文活動有顯著的差異，且根據卡方檢定（參見表 7），不同的種族對於其過去 1 年內是否出席藝文活動有顯著的影響。

表 6：過去 1 年內是否曾參與藝文活動交叉表（以族群劃分）

			過去一年內是否曾參與藝文活動			總和
			有	無	未回答	
族群	原住民	個數	278	219	3	500
		在族群之內的 %	55.6%	43.8%	.6%	100%
		在過去 1 年內是否曾參與藝文活動之內的 %	28.7%	14.8%	100%	20.4%
		整體的 %	11.3%	8.9%	.1%	20.4%
	客家人	個數	290	576	0	866
		在族群之內的 %	33.5%	66.5%	.0%	100.0%
		在過去 1 年內是否曾參與藝文活動之內的 %	30.0%	38.9%	.0%	35.3%
		整體的 %	11.8%	23.5%	.0%	35.3%
不分族群		個數	399	685	0	1084
		在族群之內的 %	36.8%	63.2%	.0%	100.0%
		在過去 1 年內是否曾參與藝文活動之內的 %	41.3%	46.3%	.0%	44.2%
		整體的 %	16.3%	28.0%	.0%	44.2%
總和		個數	967	1480	3	2450
		在族群之內的 %	39.5%	60.4%	.1%	100.0%
		在過去 1 年內是否曾參與藝文活動之內的 %	100.0%	100.0%	100.0%	100.0%
		整體的 %	39.5%	60.4%	.1%	100.0%

資料來源：本研究整理

表 7：過去 1 年內是否曾參與藝文活動卡方檢定

	數值	自由度	漸近顯著性（雙尾）
Pearson 卡方	84.022[a]	4	.000
概似比	80.828	4	.000
線性對線性的關連	3.533	1	.060
有效觀察值的個數	2450		

資料來源：本研究整理

　　探討客家民眾無法出席藝文活動的原因，其調查結果顯示（參見表 8）多數的客家民眾無法出席／欣賞藝文活動之原因以沒有多餘時間參加居多，有495 人（占 57.2%），其次為居住地區少有活動舉辦有 309 人（占 35.7%），再其次為必須照顧家庭成員（小孩或老人等）與表演場所／位置不方便者均有223 人（占 25.7%）。

表 8：無法出席／欣賞藝文活動原因分布

藝文活動	是否想出席	人數	百分比
門票銷售一空，來不及購買	否	800	92.4
	是	66	7.6
門票太貴	否	695	80.2
	是	171	19.8
居住地區少有活動舉辦	否	557	64.3
	是	309	35.7
沒有多餘時間參加	否	371	42.8
	是	495	57.2

表 8：無法出席／欣賞藝文活動原因分布（續）

藝文活動	是否想出席	人數	百分比
沒有人一起參加	否	732	84.5
	是	134	15.5
必須照顧家庭成員 （小孩或老人等）	否	643	74.3
	是	223	25.7

資料來源：本研究整理

對於藝文活動接觸方便性的調查結果顯示，對於客家民眾而言，藝文活動展演過於集中都會區的問題，的確造成他們參與的限制。表 9 為臺灣地區客家民是參與藝文活動展演地點便利性與接觸方便性情形分布，在全體樣本中除未回答者外，在展演地點方便性部分，以回答不太嚴重者居多，有 276 人（占 31.8%），其次為回答還算嚴重者有 273 人（占 31.6%），然而若僅將其分為嚴重與不嚴重二部分，回答非常嚴重與還算嚴重者占五成左右，顯示對於受訪民眾而言，展演地點集中在交通便利或都會區的情況是嚴重的；在接觸方便性的部分，以回答不太方便者居多，有 330 人（占 38.1%），其次為回答還算方便者有 260 人（占 30%），然而若僅將其分為方便與不方便二部分，回答不方便者與不太方便者占五成左右，顯示對於受訪民眾而言，藝術活動接觸性的情況是較不方便的。

表 9：展演地點便利性與接觸方便性分布

地點便利性	人數	百分比	接觸方便性	人數	百分比
非常嚴重	159	18.3	非常方便	73	8.4
還算嚴重	273	31.6	還算方便	260	30.0
普通	66	7.6	普通	32	3.7
不太嚴重	276	31.8	不太方便	330	38.1

表 9：展演地點便利性與接觸方便性分布（續）

地點便利性	人數	百分比	接觸方便性	人數	百分比
非常不嚴重	25	2.9	非常不方便	136	15.7
未回答	67	7.7	未回答	36	4.1

資料來源：本研究整理

　　整體而言，客家民眾認為接觸客家文化活動並不是太方便，認為非常方便與方便的共占 38.4%，普通為 3.7%，不方便與非常不方便共 53.8%。顯示客家民眾的文化參與仍受到限制（參見表 10）。

表 10：客家民眾接觸客家文化活動的便利性

	人數	百分比	累積百分比
非常方便	73	8.4	8.4
還算方便	260	30.0	38.4
普通	32	3.7	42.1
不太方便	330	38.1	80.2
非常不方便	136	15.7	95.9
未回答	36	4.1	100.0
總和	866	100.0	

資料來源：本研究整理

　　除了文化參與外，更重要的問題在於，如何藉由客家文化活動來增加與深化客家經驗，進而強化客家族群的認同感：

　　記得小時候我祖母我爸媽在乘涼的時候還會講一些甚麼月光光這些。那現在我們已經沒有跟下一代這樣講這些，那他們的客家經驗

是什麼？除了我們自己來講客家話，來唱客家的山歌，來唱客家的小調、客家的戲劇，也讓下一代，年輕的一代也有那種體驗。假設現在年輕的一代，他們的客家經驗只有嘉年華會、踩街，我覺得那個是很貧乏的，那個不夠，你要他再談客家的經驗，客家的評論，我覺得那是很貧乏，他根本說不上什麼是客家的，就是根部流失了。（A7）

因此，更進一步要思考的，目前政府所推行的客家文化活動雖然增加了客家文化接近的機會，但如何深化客家經驗，連結客家價值？還是只將客家文化符號化？消費化？

一開始客委會就仙女散花、桐花祭、搞了很多 logo。他們早期會用這個 logo 去打那也是一個手段啦！也是以各媒體的運作。既然桐花的 logo 被客家族群搶來了，滿山滿地遍地開花，問題是開了一次，第二次、第三次繼續這樣開，第四次、第五次就不新鮮了。這個要再往前走，不走就是老掉了。（B4）

像客家文化節或桐花祭的時候，桐花是一個過渡的！它就是為了要突顯客家，在這段時間內讓客家的能見度提高，所以我們願意去支持，等於桐花是客家的一個產業。但實際上來講，桐花在臺灣整個經濟發展裡頭，它不只是客家人所有、花布也是、甚至神豬也是如此，這種東西都是一個階段性的過程。那回到一個常態社會，在迎接下一個客家社會的時候，我覺得這些都要正常化。（A1）

這樣的憂心顯示出，過度強調單一的客家意象，可能導致客家想像貧乏與

不足，忽略客家文化的豐富性，以及過度強化經濟性，忽略客家族群歷史與社會發展多方面向的意義性：

> 能夠把油桐的產業據為己有，變為客家的一個文化符碼，聚集那麼多的旅遊業啊、經濟效應，難道除了這些就沒有了嗎？不要說把這個東西當作工具性的利用，那文化在哪裡？今天客家人跟桐花的產業有多密切的關係，然後這密切的關係裡頭產生了多少勞動力、分工，還有採樟業等等，這種東西沒有好好處理，然後一面就是以經濟導向。（A2）

　　因此，目前客家族群的再現權已從以往的污名，走向新的桐花意象，這樣的發展提升了客家族群的能見度，卻面臨單一化的危險。如何使客家再現更為多樣豐富，將是下一階段的考驗。

（四）文化發展權

　　未來客家文化的發展將決定客家民眾文化權是否持續的重要關鍵。文化發展權也是國際協約中重要的文化權之一。客委會成立後，的確帶來許多的貢獻，但下一代客家族群如何與當代臺灣社會接軌？臺灣社會與文化如何定位客家文化的位置？都將影響未來客家文化的發展：

> 客家文化要到一個深化的階段！今天不是說臺灣在一個真空的環境下把閩南切開來、客家切開來、原住民切開來，我們都是生活在一起的！應該從其他族群的視角來看看我們客家怎麼樣？我們不是說一個個人主義式的！一個個人主義式的族群共同體，在這裡共同提升再發展！我覺得這是一種面臨現實帶希望的一種發展。（A2）

　　因此，不同領域的文化工作者從自己的崗位出發，提出對於客家文化未來發展的建議與憂心，首先，客家史料與文物的保存及收藏刻不容緩：

　　相關的主掌客家的資源，我希望要從長計議。不然我們的文化、語言各方面一定會很流失，到時候很多客家園區，我跟你講那個風一吹進去到時候大家人都跑光光了。你沒有東西讓人看嘛！（B6）
　　所以說這個東西，史料的建檔，我覺得非常的重要，我講了很多年，史料的建檔，不是三兩天就可以做的，像研究資料很多都找不到。（A4）

　　另外，在競爭激烈的文化事業，人口屬於較少數的客家族群，面臨不利的局面，也需要特別關注：

　　客家人占 17%，大概五個不到一個嘛？今天我是耕耘語言的部分，說我做菜包、像經營麥當勞，這就沒有分族群了。我做客家語言的部分，那就有族群的限定。我今天要出版這個、或是經營客語的東西，我是拿出五塊錢去賺那一塊錢未到的生意，那我還有四塊是要馬上貼現的，我出版，客委會有沒有補助？有補助！但是杯水車薪。（B3）

　　客家人才的培育也是重要課題，例如傳統音樂與戲曲：

　　這個客家的文化，就是我們客家八音團是非常代表性的一種文化。說實在的，這十年的斷層非常的嚴重！現在老師傅不要說吹嗩吶，

叫他走路都有困難的老態龍鍾了！而且他吹嗩吶上氣接不到下氣。

我是建議政府，如果對文化有重視的話，我希望要找國小六年級到

高中畢業這一段學生的區塊來給我們授課，否則政府補助再多錢，

明年又要我重新再來，我是白費這個心血，這是簡單的對這個區塊

的建言。（B5）

　　在民眾調查的部分，表 11 為臺灣地區客家民眾認為政府對客家藝文活動支持程度情形分布，在全體樣本中除未回答者外，有近五成民眾認為政府對客家藝文活動還算支持，若再加上認為政府對客家亦為活動為非常支持之兩成民眾，有將近七成之民眾認為政府對於客家藝文活動是抱持著支持的態度。

表 11：政府對客家藝文活動支持程度情形分布

支持程度	人數	百分比
非常支持	174	20.1
還算支持	421	48.6
普通	38	4.4
不太支持	144	16.6
非常不支持	40	4.6
未回答	49	5.7
合計	866	100.0

資料來源：本研究整理

　　表 12 為臺灣地區客家民眾認為政府對客家藝文活動支持方式情形分布，在全體樣本中除未回答者外，民眾認為政府對客家藝文活動最有效的支持方式並無呈現一定趨勢，顯示民眾並沒有認為政府採取何種支持方式對客家藝文活動而言是最有效的。

表 12：政府對客家藝文活動支持方式

支持方式	人數	百分比
補助表演經費	84	9.7
培育藝文人才	85	9.8
辦理各種藝文競賽	70	8.1
補助藝文團體運作的經費	91	10.5
鼓勵企業贊助藝文活動	83	9.5
多舉辦客家藝文活動	83	9.6
增加傳統客家藝文活動	52	6.0
其他	128	14.8
未回答	191	22.0
合計	866	100.0

資料來源：本研究整理

　　從以上的研究資料顯示出，政府成立客委會後，對於客家文化的發展與扶植成果，受到客家民眾的肯定。特別在於客家在當代臺灣的族群意象與認同提升上有明顯的成效。如同 Thornberry（1991）所言，除了生存權是少數族群基本的權利外，認同權也是避免文化滅種的重要關鍵。臺灣客家族群在客委會政策的支持下，認同權受到保障，但在文化參與及語言權的部分還有很大改善的空間。

　　因此，如何在日常生活中強化客家意義，即真正接觸及參與客家文化生活、使用客語、活化客家文化與傳統，讓文化發展權得以落實，才能強化與保障客家民眾的文化權。

五、結論

　　本研究透過文獻蒐集、理論整理、深度訪談與客家文化座談會的舉辦，對於目前臺灣客家族群文化權利的落實有初步的理解與認知，結論如下：

（一）從憲法對於多元文化保障的法源出發，客委會成立並開始許多客家政策的制定與立法，均有助於客家文化權利的落實。客家基本法草案未來也可能提供更多相關保障的可能。

（二）目前客家政策較著重於象徵意義的建構，對於客家族群的日常生活實踐與文化事務的關聯，以及更細緻地去思考常民生活的文化意義都較為缺乏，導致文化權與日常生活的疏離，不利於相關權利的落實與發展。另外，客委會成立後，客家文化認同較為蓬勃，但憂心其自主意識的喪失，過度依賴政府與政治的影響。

（三）語言權利為客家族群最關心之事，目前客語教學仍遭遇許多問題，下一代語言傳承還是需要家庭的協助與支持。另外深度客語的使用迅速流失，也是相關學者所擔憂。

（四）客家相關節慶與符號象徵意義逐漸廣為臺灣社會所接受，有利於客家族群認同感的提升，但另一方面也逐漸流於商品化、消費化或單一化，對於客家展現多元豐富的面貌形成限制，也可能造成客家文化經驗的貧乏。長期而言，客家族群文化如何與當代生活接軌？新一代與客家文化的關係？客家藝術人才的培育等議題，都需要更深化地思考，以強化客家文化發展與相關權利的落實。

　　因此，當臺灣已經於 2009 年 12 月簽署《經濟、社會與文化權協約》後，更須重視如何經由文化政策來落實少數族群的文化權利。因此，當我們再度思考 ICESCR 的第 15 章時：

　　尊重每個人的文化、真誠與本質；平等的近用權與尊重非歧視原則；

　　參與主流文化與少數文化的創造與享受的機會；不可缺少的創造活

　　動的自由，如：表達自由權、智慧財產權；保障與發展可參與的文化，

　　包括有關於主流或是少數文化方面的國家與國際的文化交流。

　　如何創造一個平等、尊重差異、創造與表達自由、非歧視的環境，是保障客家文化權的基本要素，也是普及性的權利；接下來協助客家文化發展、語言保存、強化接觸自己族群文化的參與等，則是特殊性的權利保障。以上兩者必須兼具，發展才能充分保障客家民眾的文化權。

附錄 1：「臺灣地區客家民眾參與藝文活動」之電話調查問卷

一、藝文活動參與情形調查

1. 除了中小學校內部學生表演，請問過去 12 個月內，您曾出席（欣賞）哪些
   藝文活動（★可複選）
   （1）歌仔戲
   （2）布袋戲／傀儡戲
   （3）交響樂
   （4）音樂舞台劇或小歌劇
   （5）話劇、默劇、兒童劇
   （6）平劇／國劇／京劇
   （7）流行音樂演唱會
   （8）藝術文化展覽會／節慶或手工藝展覽會／節慶
   （9）舞蹈表演（如芭蕾舞、現代舞、中國傳統民俗舞）
   （10）其他＿＿＿＿＿＿＿＿＿＿＿＿＿＿＿（★請說明）

   1-2. 請問此一藝文活動為免費還是需要入場費用？（★可複選）
      （1）免費
      （2）付費

   1-3. 請問您過去 12 個月參加的需要入場費用的藝文活動，平均的門票費用
      大約是多少錢？
      （1）500 元以下
      （2）500-1,000 元
      （3）1,001-2,000 元
      （4）2,000 元以上

2. 除了中小學校內部學生表演，請問過去（不限時間）您曾出席（欣賞）過幾
   次客家相關藝文活動（客家節慶、音樂表演、戲劇、博物館或藝廊、古蹟、
   文學閱讀皆可）？

（1）不曾參加過

（2）1-3 次

（3）4-8 次

（4）9 次以上

（5）不知道

二、參與藝術文化活動的偏好與障礙

2. 如果能依您個人喜好出席（欣賞）藝文活動，請問哪些藝文活動會是您想要
比現在的出席（欣賞）頻率更常出席的？（★可複選）

（1）歌仔戲

（2）布袋戲／傀儡戲

（3）交響樂

（4）音樂舞台劇或小歌劇

（5）話劇、默劇、兒童劇

（6）平劇／國劇／京劇

（7）流行音樂演唱會

（8）藝術文化展覽會／節慶或手工藝展覽會／節慶

（9）舞蹈表演（如芭蕾舞、現代舞、中國傳統民俗舞）

（10）其他＿＿＿＿＿＿＿＿＿＿＿＿＿＿＿＿＿＿（★請說明）

3. 您是否曾因為某些原因，而無法出席（欣賞）喜歡的藝文活動？（★可複選）

（1）門票銷售一空，來不及購買

（2）門票太貴

（3）居住地區少有活動舉辦

（4）沒有多餘時間參加

（5）沒有人一起參加

（6）必須照顧家庭成員（小孩或老人等）

（7）自己有健康上的問題

（8）（表演場所）位置不方便

（9）表演或展覽的品質不佳

（10）其他＿＿＿＿＿＿＿＿＿＿＿＿＿＿＿＿＿＿（★請說明）

4. 您是否同意藝文活動的票價，會影響你出席（欣賞）的意願？

（1）非常同意

（2）同意

（3）普通

（4）不同意

（5）非常不同意

（6）不知道

5. 您是否同意藝文活動的辦理或展演大多集中在交通便利或都會地區？

（1）非常同意

（2）同意

（3）普通

（4）不同意

（5）非常不同意

（6）不知道

6. 您是否同意在目前的生活中難以接觸到客家文化藝術活動？

（1）非常同意

（2）同意

（3）普通

（4）不同意

（5）非常不同意

（6）不知道

三、藝術社會化

7. 請問您是 6-17 歲孩童的父親、母親或監護人嗎？

（1）是（續答 9-1）

（2）否（跳答 10）

7-1. 請問過去 12 個月內，您曾帶這些孩童中的任一人參訪藝術博物館或藝廊嗎？

（1）有
（2）沒有

7-2. 除了中小學校的表演外，請問過去 12 個月內，您曾帶這些孩童中的任
　　 一人欣賞任何舞台劇、音樂劇、歌劇、舞蹈或古典音樂表演嗎？
　　 （1）有
　　 （2）沒有

8. 請問您的父母或家中其他成人，過去 12 個月曾出席（欣賞）傳統戲曲（如
　 歌仔戲、布袋戲或傀儡戲）？
　 （1）經常
　 （2）偶爾
　 （3）從未
　 （4）不知道

9. 請問您的父母或家中其他成人，過去 12 個月曾出席（欣賞）藝術博物館或
　 藝廊展覽嗎？
　 （1）經常
　 （2）偶爾
　 （3）從未
　 （4）不知道

10. 請問您的父母或家中其他成人，過去 12 個月曾參觀古蹟或歷史建築嗎？
　　 （1）經常
　　 （2）偶爾
　　 （3）從未
　　 （4）不知道

四、對於政府藝文政策的評價
11. 您認為政府對於辦理藝文活動的支持情形是如何？

（1）非常支持

（2）支持

（3）普通

（4）不支持

（5）非常不支持

（6）不知道

（99）拒答

12. 您認爲政府對於藝文活動最有效的支持方式是什麼？（★單選題）

（1）補助表演經費

（2）培育藝文人才

（3）辦理各種藝文競賽

（4）補助藝文團體運作的經費

（5）鼓勵企業贊助藝文活動

（6）其他＿＿＿＿＿＿＿＿＿＿＿＿＿＿（★請說明）

（6）不知道

13. 您認爲政府提高社會大眾出席（欣賞）藝文活動意願的方法有哪些？（★可複選）

（1）補助出席（欣賞）藝文活動的經費

（2）辦理免費出席（欣賞）的藝文活動

（3）於社區辦理藝文活動

（4）於偏遠地區辦理藝文活動

（5）辦理免費的藝文課程或講座

（6）其他＿＿＿＿＿＿＿＿＿＿＿＿＿＿（★請說明）

（7）不知道

14. 您認爲政府對於客家文化藝術的支持情形是如何？

（1）非常支持

（2）支持

（3）普通

（4）不支持

（5）非常不支持

（6）不知道

（99）拒答

15. 您認為政府對於客家文化藝術發展最有效的支持方式是什麼？（★單選題）

（1）補助表演經費

（2）培育藝文人才

（3）辦理各種藝文競賽

（4）補助藝文團體運作的經費

（5）鼓勵企業贊助藝文活動

（6）其他＿＿＿＿＿＿＿＿＿＿＿＿＿＿＿＿（★請說明）

（7）不知道

16. 您是否同意目前臺灣客家文化藝術發展已經相當蓬勃？

（1）非常同意

（2）同意

（3）普通

（4）不同意

（5）非常不同意

（6）不知道

五、客家族群認同

17. 請問您認為具備什麼條件才算是一個「客家人」？

（1）須具有客家人血統

（2）必須會講客語

（3）必須了解客家文化

（4）必須喜歡自己是客家人

（5）朋友當中必須要有客家人

（6）必須居住在客家村

（7）只要自認是客家人就是客家人

（8）其他

（99）拒答

六、個人背景與家庭特徵

18. 請問您的年齡？
　　（1）20-29 歲
　　（2）30-39 歲
　　（3）40-49 歲
　　（4）50-59 歲
　　（5）60 歲（含）以上
　　（99）拒答

19. 請問您的教育程度為何？
　　（1）國中或以下
　　（2）高中、高職
　　（3）專科
　　（4）大學
　　（5）研究所以上
　　（99）拒答

20. 請問您的父親教育程度？
　　（1）國中或以下
　　（2）高中、高職
　　（3）專科
　　（4）大學
　　（5）研究所以上
　　（99）拒答

21. 請問您的母親教育程度？
　　（1）國中或以下
　　（2）高中、高職
　　（3）專科
　　（4）大學
　　（5）研究所以上
　　（99）拒答

22. 請問您目前的職業？
    （1）軍公教人員
    （2）民營公司員工
    （3）公司、商店或執業場所負責人
    （4）領有專業證照的人員
    （5）參加職業工會的人員
    （6）農漁民
    （7）學生
    （8）家庭主婦
    （9）無業
    （10）退休人員
    （11）其他＿＿＿＿＿＿＿＿＿＿＿＿＿＿＿（★請說明）
    （99）拒答

23. 請問您的家庭平均一個月總收入（包括薪資、租金、投資所得、退休金等）大概多少？
    （1）3 萬元以下
    （2）3 萬 5 萬元以下
    （3）5 萬自 7 萬元以下
    （4）7 萬 -9 萬元以下
    （5）9 萬 -11 萬元以下
    （6）11 萬元以上
    （7）無收入
    （99）拒答

24. 性別：（1）男（2）女

＊＊＊我們的訪問就到這裡為止，謝謝您接受我們的訪問＊＊＊

參考文獻

一、中文部分

王雯君、張維安，2005，〈客家意象：解構「嫁夫莫嫁客家郎」〉。《思與言》43（2）：43-76。

行政院客家委員會，2008，《行政院客家委員會委託研究報告：97 年度全國客家人口基礎資料調查研究》。臺北：行政院客家委員會。

林彥亨，2003，《客家意象之型塑：臺灣客家廣播之文化再現》。國立清華大學人類學研究所碩士論文。

姜如珮，2004，《臺灣電視中之客家意象：公共電視「客家新聞雜誌」之個案研究》。文化大學新聞學研究所碩士論文。

徐正光編，1991，《徘徊於族群和現實之間》。臺北：正中書局。

張典婉，2001，《臺灣文學中客家女性角色與社會發展》。世新大學社會發展研究所碩士論文。

張維安，2005，〈導論：客家意象、客家學、客家研究〉。《思與言》43（2）：1-10。

莊英章，2001，〈客家族群歷史與社會變遷的區域性比較研究：族群互動、認同與文化實作〉。《客家文化通訊》4：17-22。

黃宣範，1995，《語言、社會與族群意識：臺灣語言社會學的研究》。臺北：文鶴。

臺灣客家公共事務協會編，1993，《臺灣客家人新論》。臺北：臺原。

　　　　，1998，《新的客家人》。臺北：臺原。

蕭新煌，2002，〈臺灣民主轉型中的族群意識變化〉。《香港社會學學報》3：19-50。

鍾皓如，2004，《論電視新聞中客家「義民」之建構》。國立臺南藝術學院音像藝術管理研究所碩士論文。

二、英文部分

Fisher, R. Brian Groombridge, B Hausermann, J., & Mitchell, R. (Eds.), 1994, *Human Rights and Cultural Policies in a Changing Europe: the Rights to Participate in Cultural Life.* Helsinki: Helsinki University Press.

Hall, S. & Held, D., 1990, "Citizens and Citizenship". in S. Hall and M. Jacques (Eds.), *New Times: the Changing Face of Politics in the 1990s*, pp.173-88. London: Lawrence & Wishart in Association with Marxism Today.

Isin, E. F. & Turner, B. S., 2002, "An Introduction". in E. F. Isin, & B. S. Turner (Eds), *Handbook of Citizenship Studies*, pp.1-10. London: Sage.

Isin, E. F. & Wood, P. K., 1999, *Citizenship & Identity.* London: Sage Publications.

Kymlicka, W., 1995, *Multicultural Citizenship: A Liberal Theory of Minority Right.* Oxford: Oxford University Press.

Kymlicka, W. & Newman, W., 1995, "Return of the Citizen: A Survey of Recent Work on Citizenship". in R. Beiner (Eds.), *Theorizing Citizenship*, pp. 283-322. New York: State University of New York Press.

Nie'c, H. (Ed.), 1998, *Cultural rights and wrong: A connection of essays in commemoration of the 50 the anniversary of the universal declaration of human rights.* Paris: UNESCO.

Pogge, T. W., 1997, "Group rights and ethnicity". In W. Kymlicka & I. Shapiro (Eds.), *Ethnicity and group rights*, pp.187-221. New York: New York University Press.

Prott, L. V., 1992, "Cultural rights as people's rights in international law". In J. Crawford (Ed.), *The rights of peoples*, pp.93-106. Oxford: Clarendon.

Singh, K., 1998, "UNESCO and cultural rights". In H. Nie'c (Ed.), *Cultural rights and wrong: A connection of essays in commemoration of the 50 the anniversary of the universal declaration of human rights*, pp.146-160. Paris: UNESCO.

Thornberry, P., 1991, *International Law and the rights of minorities.* Oxford: Oxford University Press.

文化國與文化公民權 *

許育典

一、前言

　　長期以來，由於政府大力將各種資源投入經濟的發展，經濟的成長率持續達到傲人的宣示結果，臺灣在世界上創造了執政者所宣稱的「經濟奇蹟」，也造就了目前臺灣的財富迅速累積，令世界上的許多國家刮目相看的情景。但是，在此經濟物質的文化取向逐漸被重視與促進之時，人文精神文化的水準卻並沒有相對的提升。臺灣社會在近年來，普遍存在著一種重視物質享受，但精神壓抑的文化現象。也就是說，一般人民未能在學校教育或社會生活的過程中，真正培養生活的興趣嗜好，養成運動的休閒習慣，同時也可能因為沒有適當的場所去休閒娛樂，[1]只好簽六合彩、打麻將、洗三溫暖、或是更拚命地去

---

* 本文原刊登於《東吳法律學報》，2006，18卷2期，頁1-42。因收錄於本專書，略做增刪，謹此說明。作者許育典現任國立成功大學法律學系特聘教授。

1 此處尤其是指居住在鄉下地方的人民，因為執政者在城鄉規劃下的嚴重差距，使得一般居住在鄉下地方的人民，極為欠缺具有終身學習可能性的公共設施、運動的適當場所或其他合宜的休閒娛樂所在。事實上，如果我們仔細從實際生活來觀察，以筆者過去長期在不同城鄉的居住經驗，且用心關懷的瞭解到：居住在臺北市與臺南縣楠西鄉的人民，他們所分配到的教育、社區或公共生活資源，簡直可以用「一國兩制」來形容。臺北市有幾所大學、學院、專科或高中職，它們的公共設施或學校設備，都是人民平日生活的資源，這些居住於此城市的人民，自然可以較多種選擇性地規劃其休閒生活。相對於此，如果居住在鄉下地方的人民，時常因為將簽六合彩、玩四色牌或打麻將，視為其休閒娛樂，而有所謂聚賭的行為。就此而言，該負責任的可能不只是人

賺錢。但是，一個人有了金錢，不能只是在物質生活上打轉，事實上，精神文化上的出路更為重要，否則人極有可能在追求金錢的過程中，淹沒了自己的人性價值，而成為物質生活的工具。國家！國家！得（物質有錢）也國家；失（精神虛無）也國家！作為一個法律人，嘗試思索，在規範建構上是否可能有所突破，建立國家在精神文化公共設施的促進與照顧義務。在此，德國的「文化國」（Kulturstaat）憲法概念，流入本文的法學思考江河，而其流動的動力則為：文化基本權（Die kulturellen Grundrechte）作為客觀價值決定。

文化，泛指族群生活方式所型塑的全貌，範圍包括道德、信仰、知識、藝術、法律、風俗、語言、學術及價值信念等等。[2] 就此而言，簡單的「文化」二字，卻幾乎涵蓋了人類社群生活的全部，故「文化」概念實難以經由文字意義，加以創設或解釋出來，它毋寧是一個含有許多異質性概念的字句。[3] 如果我們嘗試描述「文化」是什麼，應可將其理解為社會成員一切思考與行為的所有綜合體。[4] 一般而言，基本規範原則可在國家的憲法規定中找到，「文化」的規範原則應不例外。我國憲法的「文化」規範集中在基本國策上，憲法規定在使用「文化」概念時，也呈現出「文化」字義的多樣本質，尤其是我國《憲法》規定多次將文化與教育「並列」，例如：憲法第 158 條、第 162 條、第 163 條第 2 句、增修條文第 10 條第 10 項、第 12 項規定；而憲法第 164 條及增修條

民本身而已，真正的原因大部分仍是源自於執政者的施政規劃，包括成人教育的普及實施、教育資源的平均分配以及各個社區的文化營造等等。事實上，作為一個文化國家的執政者，應該盡量朝落實城鄉的文化促進平衡，以及提供居住在鄉下地方人民的精神文化出路去設計，使每個人民盡可能地共享文化國家的文化資源。

2 請參考俞懿嫻，〈從文化哲學論現代文化教育的困境〉，收於：但昭偉／蘇永明主編，《文化、多元文化與教育》，2000 年初版，臺北：五南，頁 1-5。

3 Josef Isensee, Aussprache, Kulturauftrag im staatlichen Gemeinwesen, VVDStRL 42, Berlin / New York 1984, S. 133.

4 Vgl. Wolfgang Lipp, Drama Kultur, Berlin 1994, S. 33 ff.

文第 10 條第 10 項規定,則將文化與教育、科學「分列」。就此而言,可否直接認為我國憲法上的文化概念,並不包括教育與科學呢?答案可能是否定的,因為憲法的這兩種規範方式:前者將教育與文化「並列」,一如基本國策第五節的「教育文化」節名,緊緊地結合教育與文化成一整體,似乎將教育文化視為一結合體,此可由憲法第 158 條、第 162 條、第 163 條第 2 句的規範內容看出;而後者將教育、科學與文化「分列」,一如其排列順序所示,清楚地將教育及科學的經費歸屬於文化之下,似乎將文化視為教育與科學的概括規定,也就是教育與科學只作為文化的例示內容。

以上,對我國憲法基本國策上「文化」規範的理解,實有其憲法史上的推論,因為我國憲法基本國策的規定,大多繼受德國威瑪憲法而來。[5] 德國憲法學界對「文化」概念的探討,總出現在文化國或文化憲法(Kulturverfassung)的文獻中,[6] 比較指涉在人類精神活動領域的上位概念與集合名詞,傳統的定義上大致包括了:精神形成與傳遞的教育(Bildung)、精神追求與創作的科學(Wissenschaft)、藝術(Kunnst)及宗教(Religion)等領域。[7] 就此而言,繼受德國威瑪憲法的我國憲法基本國策規定,以文化作為教育與科學的上位概念,應不意外。在德國憲法學文獻上,論及文化國或文化憲法之處,也多以德國基本法上明文規定的教育、科學、藝術或宗教相關基本權為核心,將其功能

---

5 國內多數學者皆認為我國憲法有關基本國策的規定,是受德國威瑪憲法的影響。請參考林紀東,《中華民國憲法釋論》,臺北:大中國,1993 年,56 版,頁 361;陳新民,《中華民國憲法釋論》,臺北:三民,1999 年,3 版,頁 805。

6 Vgl. *Ottmar Jung,* Zum Kulturstaatsbegriff, Meisenheim am Glan 1976; *Peter Häberle*, Kultur- verfassungsrecht im Bundesstaat, Wien 1980; ders., Kulturstaatlichkeit und Kulturverfassungsrecht, Darmstadt 1982; *Max-Emanuel Geis*, Kulturstaat und kulturelle Freiheit, Baden-Baden 1990.

7 Vgl. *Udo Steiner*, Kulturauftrag im staatlichen Gemeinwesen, VVDStRL 42, Berlin 1984, S. 7 ff.; *Thomas Oppermann*, Kulturverwaltungsrecht, Tübingen 1969, S. 8 f.

建構的諸多保護法益，[8] 輻射到文化領域的最大可能保護。也就是說，德國憲法上對文化領域的保障，是將教育、科學、藝術或宗教等基本權，概括稱為文化基本權（kulturelle Grundrechte），經由這些文化基本權作為客觀價值決定的憲法保障，建立所謂的文化國。[9]

然而，近年來隨著人類精神活動的多元開展，例如：大眾媒體發達之後，德國學者認為媒體傳播是精神傳播的一部分，屬於文化範疇；體育交流頻繁之後，學者也認為體育交流活動也屬於文化領域；有學者甚至認為人類與大自然的關係，包括環境的保護、景觀的保護等等，都應歸屬於文化的一部分，[10] 這也逐漸擴張了文化在法律上的概念。這樣的發展，與英語系國家從個人與社會的生活關係，將文化視為社會生活方式、價值觀與行為模式的整體，而建立以保護「文化差異」（kulturelle Differenz）為核心的文化權（cultural rights），[11] 似有異曲同工之妙。也就是說，不論文化在法律上的概念如何定義或演變，憲法上所要保護的核心，都落在文化差異的多元可能開展上。其實，這也符合了「文化」本質上的多樣性概念，不至於因「文化」概念的法律形式定義，而偏廢「文化差異」的憲法實質保障。

2004 年，文建會於新任主委陳其南上任後，大力推行所謂的「文化公民權」[12] 運動，並提出「文化公民權運動宣言」，其宣言涉及文化基本權的主要

---

8 有關基本權功能建構的保護法益探討，請參考許育典，《法治國與教育行政：以人的自我實現為核心的教育法》，臺北：高等教育，2000 年 5 月，頁 39 以下。

9 Vgl. *Gabriele Britz*, Kulturelle Rechte und Verfassung: Über den rechtlichen Umgang mit kultureller Differenz, Tübingen 2000, S. 1 ff.

10 Vgl. *Dieter Grimm*, Kulturauftrag im staatlichen Gemeinwesen, VVDStRL 42, Berlin 1984, S. 46 ff.; *Bodo Pieroth / Anja Siegert*, Kulturelle Staatszielbestimmungen, RdJB 1994, S. 438 ff.

11 Vgl. G. *Britz*, Kulturelle Rechte und Verfassung, S. 2 ff.; U. Steiner, VVDStRL 42, S. 7 ff.

12 「文化公民權」一語，是現行政府推動文化權的用語，本文基於落實理論於實務的

內容如下：「一、……不能只滿足於基本人權、政治參與權和經濟平等權的訴求，應該進一步提升為對文化公民權的新主張。二、我們呼籲，中央和地方政府有責任提供足夠的文化藝術資源，滿足各地公民共享文化的權利。三、我們呼籲，全體公民對於文化藝術活動、資源、資產與發展，應共同承擔起參與支持、維護與推動的責任。……。」[13] 其中，最主要訴求的對象是國家，要求臺灣成為一個支持文化公民權的文化國。以下，本文擬從自我實現、文化基本權與文化國的探討出發，以自我實現作為文化基本權建構文化國的基礎，論證文化國作為文化基本權的客觀價值決定；再由文化國的發展與內涵、及其與法治國和社會國的關係，分析文化國作為國家目標的國家職責；最後，藉由整合德國在文化基本權與文化國上的論證，分析文化國下文化公民權在我國的可能型塑，進一步提出本文對臺灣邁向文化國家的建議。

二、自我實現、文化基本權與文化國

（一）自我實現與文化基本權

自我實現，意指自我人格的「自由」開展。也就是說，自我實現包含了兩個要素：一個是「自我開展」；另一個則是「自由」的自我開展，也就是對是否與如何自我開展的「自我決定」，亦即在自我開展中享有自我決定的自由。因此，自我實現的兩個本質要素（Wesengehaltselemente），是「自我

想法，而沿用了文建會的用語。然而，從《聯合國人權宣言》第 27 條規定可知，文化公民權是一個普世的人權，其行使主體並非限於參政權定義下的「公民」，外國人或未達「公民」年齡的我國人民，也都有權享有。因此，文建會使用的「文化公民權」用語中的「公民」，我們應將其理解為人民，才能真正落實文化權。

13 請參考李翠瑩，〈文化公民權運動──文化論壇系列：啟動「族群與文化發展會議」〉，《文化視窗》，66 期，2004 年 8 月，頁 4-5。

開展」與「自我決定」。[14] 事實上,憲法上基本權規定所保障的本質,就是要求國家提供自我開展與決定的空間,以促進人的最大可能自我實現。德國基本法的基本權目錄規定,也是以「人格的自由開展」(die freie Entfaltung der Persönlichkeit)為基本權的本質。因此,德國基本法第 2 條第 1 項規定:「每個人有人格自由開展的權利,只要他不侵犯他人的權利、不違反合憲的秩序或道德法則。」這個規定,類似我國憲法第 22 條的基本權概括條款,宣示了憲法基本權目錄規定的例示性,只要涉及自我人格自由開展的事項,皆為憲法所保障。[15]

然而,在多元社會的個人自我實現,並不可能沒有限制。因為絕對的權力(利),將導致絕對的腐敗。就此而言,可參考前述德國基本法第 2 條第 1 項規定來觀察,則自我實現至少受到他人權利、合憲秩序、道德法的限制。事實上,這些對自我實現限制的範圍,不是在防止個人侵犯他人的自我實現,就是在避免個人違反以自我實現為核心所建構的整體法秩序,或違反以自我實現的脈絡存續下來的社會累積秩序。也就是說,這些對自我實現所作的限制,基本上,也是為了社會上最大多數人的自我實現。

法建構是指法的功能建構,而其功能建構的作用出發點,在於對「法」特徵(Rechtscharakter)的掌握。「法」的德文一詞為 Recht,在此德文下開展了「法」的兩個意義:法的主觀意義(Recht im subjektiven Sinn),是作為個人的主觀公權利;法的客觀意義(Recht im objektiven Sinn),是作為國家的客觀法秩序(Rechtsordnung)。[16] 而基本權功能建構的作用方式,也因為基本

---

14 *Yue-dian Hsu*, Selbstverwirklichungsrecht im pluralistischen Kulturstaat. Zum Grundrecht auf Bildung im Grundgesetz, Tübinger Schriften zum Staatsrecht und Verwaltungsrecht, Band 54., Berlin 2000, S. 56 f.

15 請參考許育典,《宗教自由與宗教法》,臺北:元照,2005 年 5 月,頁 23 以下。

權明文規定在憲「法」上，而型塑基本權的主觀與客觀法建構，文化基本權當然也是如此。而誠如前述，自我實現作為基本權的本質，包含了「自我決定」與「自我開展」。在此，我們也可由自我實現的內涵，來初步理解基本權的法特徵：首先，為了保護人民的「自我決定」，基本權在此作為個人的主觀公權利，個人可透過基本權，向法院提起主觀的公法請求權，排除國家干涉其自我決定。其次，為了保護人民的「自我開展」，基本權在此作為國家的客觀法義務，同時也作為憲法的客觀價值決定，會拘束立法、行政與司法機關，也建立整體法秩序在立法、行政和司法組織架構下的客觀價值秩序，使國家對基本權產生保護義務。[17] 如此一來，國家權力在執行時，必須以基本權的本質——讓人民擁有最大可能自我實現的自由空間——為前提，作為指導原則。以下，即由「自我決定」與「自我開展」的思考，論述文化基本權作為主觀與客觀意義的法特徵及其建構：

（二）文化基本權的主觀權利與客觀法建構

1. 文化基本權作為主觀權利

我國憲法的基本權規定，是使國家負有義務、使人民享有權利的客觀法規範。人民的權利，亦即基本權的主觀法面向，在傳統上與發展上處於重要的地位。然而，只有當我們觀察法規範，即客觀的義務與主觀權利間的關連性時，基本權的結構才會變得清楚易懂。當某人有法律上的力量，去要求他人作為或不作為時，一個主觀權利就會呈現，這也是他的自我決定。但這個主觀權利在法邏輯上，則以下列條件為前提：主觀權利須經由一個客觀法而被論證，因主

---

16 Vgl. *Hermann Avenarius*, Die Rechtsordnung der Bundesrepublik Deutschland, Bonn 1995, S. 4 ff.

17 有關基本權作用方式的探討，請參考許育典，《教育憲法與教育改革》，臺北：五南，2005 年，頁 20 以下。

觀權利係透過客觀法來實踐，也就是在客觀法上有一個相應的他人作為或不作為的義務存在。就基本權的發展史而言，基本權已逐漸形成作為人民對抗國家的主觀權利，以維護其自我決定的最大可能。在這種情況下，可以這麼說，基本權產生了結構性的前提：基本權具有一個任務，在於確定國家與人民之間的關係，特別是去保障人民的自由。[18] 基本權能確定國家與人民間的關係，不僅透過其對國家的客觀拘束力，而且經由承認人民的主體人格，也給予每個人民一致性的權利與救濟，促進其最大可能的自我決定。

文化基本權作為主觀權利的作用，主要是傳統的防禦權功能，保障個人文化自由的最大可能自我決定，在此範圍內個人可以排除國家干涉的權利救濟。事實上，人格的自由開展正是人的自我實現的主要內涵，也是文化基本權建構的核心概念。然而，我國憲法的基本權目錄卻未規定文化基本權；但這是否意謂著我國憲法並未保障文化基本權呢？當然不是。就廣義的文化基本權而言，實際上包括了：言論自由（依釋字第613號媒體自由也從此導出）、著作自由、出版自由、學術自由、宗教自由、教育基本權及藝術自由等基本權。前六者在我國憲法上皆有明文的規定，後者（藝術自由）雖未直接明文規定，依然可由我國憲法第22條推導出來。我國憲法第22條規定：「凡人民之其他自由及權利，不妨害社會秩序公共利益者，均受憲法之保障。」這個條文是為了因應社會生活脈動的進展，使憲法可以與時俱進，成為保障人民新興基本權的開放性規定。在不妨害社會秩序公共利益之下，藝術自由仍然受到我國憲法的保障。

除了廣義的文化基本權以外，我們在此要提出一個狹義的文化基本權概念，並嘗試將其涵攝等同於文建會提出的「文化公民權」，而從我國憲法第22條推導出來。什麼是狹義的文化基本權呢？我們可從聯合國人權宣言第27

---

18 Vgl. *Hartmut Maurer*, Staatsrecht, München 1999, S. 251.

條規定來掌握此概念，其規定內容為：「每一個人有權自由參與社區的文化生活、享受藝術以及分享科學的發展及其果實。」就此而言，狹義文化基本權作為主觀權利的作用，主要是產生共享權功能的保護法益。事實上，在狹義文化基本權作為共享權的作用方式下，如果國家已提供文化藝術活動或設施時，每個人民都有參與及參觀的權利。因為此種活動或設施是由國家所舉辦或提供，則此時國家若禁止私人參與或參觀，應是屬於人民在文化上平等共享權的侵害，這種接近文化藝術的權利，是一種參與國家文化資源的平等共享權，當然也是狹義文化基本權作為主觀權利的主要作用，而這也是文建會所提出「文化公民權」的核心內涵。相對於此，如果當文化活動或設施不是國家提供，卻是由私人所舉辦或提供，則此時國家若禁止私人參與或參觀，則顯然並非平等共享的問題，而應認為是一種自由權的侵害，在此所指的接近（私人提供）文化藝術的權利，則又回到狹義文化基本權作為防禦權的問題。附帶一提的是，在國家提供文化獎助的資源時，凡符合其所列資格者，也有請求參與平等共享的權利，國家如果毫無理由地拒絕給付，也有違反文化平等共享權的問題。[19]

整體而言，廣義的文化基本權含括：言論自由／媒體自由（§11）、著作自由（§11）、出版自由（§11）、學術自由（§11）、宗教自由（§13）、教育基本權（§21）及藝術自由（§22），為我國憲法基本權目錄規定所保障；而狹義的文化基本權，則專指文化公民權的保障，就其連結聯合國人權宣言第27條規定而言，保障每個人有權自由參與並共享共同生活的文化資源，也可為我國憲法第22條的概括基本權條款所保障。

2. 文化基本權作為客觀法

國家針對重視基本權保障的客觀義務，在德國基本法第1條第3項被明文

---

19 Vgl. *P. Häberle*, Kulturverfassungsrecht im Bundesstaat, S. 60, 78.

地確定。在這種情況下，必須要澄清的是：所有的基本權都有具法拘束力的特徵（並非只是綱領原則或一般性的方針），而且整體的國家權力都負有義務去遵守。我國憲法第 171 條第 1 項也規定：「法律與憲法牴觸者無效。」這個規定不僅體現了憲法最高性，而且也奠定基本權的客觀價值決定。因為基本權目錄規定是我國憲法內容的一部分，法律不得牴觸憲法的最重要意義，就是立法者所制定的法律不得侵犯人民的基本權。當然，在法治國原則之下，行政及司法機關也都受基本權的拘束。[20] 經由基本權作為客觀價值決定的保障，使得在主觀權利法特徵上使個人盡可能自我決定的保護，可透過國家權力的最大支持，創造自我決定的自由開展最適空間，成就個人的自我開展。

德國在 50 年代有一些公法學者（尤其是 Günter Dürig），[21] 已發展出基本權作為客觀價值決定的學說，並且獲得德國聯邦憲法法院的肯定。基本上他們認為：基本權，對於整體法秩序的決定性方針具有拘束力，並且在立法、解釋與適用法律規定時，必須作為被尊重的客觀價值決定。藉此，基本權產生一個包含整體法秩序的價值秩序概念，呈現出基本權作為客觀價值秩序的一面。雖然由於基本權的不同來源（例如：自由主義的、[22] 基督教的、[23] 與社會的[24] 思想內涵），這會碰到不同的異議，但也會被憲法一致性的要求所論證。[25] 近來，在德國的法學文獻與判決中，「價值決定」的用詞被謹慎地使用。由於「價值」

---

20 請參考許育典，《教育憲法與教育改革》，頁 107 以下。

21 Vgl. *Günter Dürig*, Der Grundrechtssatz von der Menschenwürde, AöR 81 （1956），S. 136 ff.

22 例如：人身自由。

23 例如：宗教自由。

24 例如：工作權。

25 所謂憲法的一致性，係指合憲的法秩序（自由民主憲政秩序）。因此，雖然基本權的來源思想不同，價值秩序的內涵在不同思想的評價或許不同，但在憲法所要求的合憲法秩序下，基本權所型塑的客觀價值秩序即合憲的法秩序。

一語帶有主觀判斷的色彩，因此較常用客觀秩序的要素、客觀法的基本權內涵、客觀的基本權規範……諸如此類的用語來進行討論。因此，基本權對於整體憲法秩序的擴張與規範意義，應該特別加以強調：在先國家或超國家之下，只有行政，而無立法與司法相互監督的存在；但現在透過基本權的擴張意義，即透過客觀法意義去擴張到對行政、立法、司法的拘束，及經由基本權規定在憲法中的規範意義，實現基本權對於行政、立法、司法的拘束。[26] 如此一來，個人的最大可能自我開展，也經由基本權作為客觀價值決定的法特徵保護，在實證法上獲得國家權力的最大支持。

　　事實上，在戰前基本權只是主觀的公法防禦權，而基本權作為客觀價值決定的法特徵，則是二次大戰後所發展出來的基本權新功能。為什麼需要基本權作為客觀法的功能呢？因為如果基本權只是主觀的公法防禦權，當國家違反基本權時，只有人民向法院起訴時，才能對抗國家。因此，基本權作為主觀的公法防禦權，只是消極的對抗國家，但如果國家不積極的落實基本權的規定時，反而好像國家一點責任都沒有。所以，戰後基本權被認為是一種客觀價值決定，即令國家沒侵犯人民的基本權，基本權仍是客觀的憲法價值決定，一樣拘束國家的任何行為，拘束國家的行政、立法、司法機關。也就是說，即使國家沒有侵犯人民的基本權，在憲法上國家仍然負有義務，必須用各種不同的方法，盡可能地落實基本權的保障。[27]

　　在基本權作為客觀價值決定的法特徵理解之下，基本權的內涵是國家整體制度的價值基礎，也是憲法價值決定的表現。因此，基本權所要實現的，是在

---

26 Vgl. *H. Maurer*, Staatsrecht, S. 252 f.

27 Vgl. *P. Häberle*, Wertepluralismus und Wertewandel heute, München 1982; *Jan Schapp*, Grundrechte als Wertordnung, JZ 1998, S. 913 ff.; *Ralf Dreier*, Recht — Staat — Vernunft, 1. Aufl., Frankfurt/ M. 1991, S. 73 ff

於其所表現的價值及整體價值秩序。由於基本權是憲法對客觀價值秩序的表達,故在所有的法領域中都要加以保護。基本權的適用,不再只限於國家因行使公權力而產生的法律關係,原則上對私人相互間的法律關係也適用。就此而言,基本權影響了整體的法律秩序,基本權獲得法的普遍適用。在這樣的認識之下,憲法秩序與其它法秩序的區分被相對化,兩者構成了混合的一致狀態,德國學者稱這樣的法律效果為基本權的擴散作用(Ausstrahlungswirkung)。[28] 因此,基本權不僅影響實體法,也影響組織法以及程序法,立法者以及法律適用者在制度、解釋以及適用法律規範時,都必須要考慮到基本權的影響。就此而言,基本權的效力擴散到國家與社會的整體法秩序。是故,由基本權作為憲法的價值決定,可以導出憲法要求國家實現基本權規範內涵的價值,這項價值實現不只是國家的消極義務 —— 國家不應侵犯基本權的保護領域,而且還包括了國家的積極義務 —— 國家要以積極的作為來實現基本權。這裡課與國家積極義務的意義,主要是針對立法者,使基本權成為立法者形成客觀規範的準則與推動力;也就是說,基本權在此意義下並非作為主觀的請求權,其體現核心實具有客觀規範的性質。[29]

　　如此一來,即使沒有任何一個人的文化基本權受到侵害,但是文化基本權在作為客觀法的功能下,仍可形成憲法上的客觀價值決定,使國家不得違背其落實文化基本權的義務,而且應時時注意履行這個客觀法義務。當然,如果國家違反此種客觀的價值決定時,人民也不能提起訴訟而請求,因為在此沒有主

28 Vgl. *Ernst Wolfgang Böckenförde*, Grundrechte als Grundgesetznormen, Der Staat 1990, S.2.

29 Vgl. *Rudolf Smend*, Verfassung und Verfassungsrecht (1928), unverändert abgedruckt in: Staatsrechtliche Abhandlungen, Berlin 1955, S. 189 ff., 264 f.; *Herbert Krüger*, Allgemeine Staatslehre, 2. Aufl., Stuttgart 1966, S. 540 f.; *Udo Di Fabio*, Das Recht offener Staaten, Tübingen 1998, S. 75 ff.

觀的防禦權受侵害。這也是文化基本權作為主觀權利與客觀法功能下兩種法特徵的區別。而文化基本權作為客觀價值決定的作用，與自我實現及多元社會的保障最相關的是，透過許多不同文化基本權[30]的客觀法功能，所建構的憲法上的文化國保障。

　　在這些不同的文化基本權的客觀法作用方式下，國家有義務形成一個文化國，並課予立法者一個保護多元文化的立法義務，並使立法者不論是保障人民的文化自由開展，還是在平等地提供國家的文化資源使人民共享上，都能在立法時謹慎注意文化基本權的落實，而相關立法所型塑的法律拘束，也同時對行政及司法者賦予同樣的義務。藉此，給予擁有不同文化之人民有自我開展的自由空間，而且在這樣的多元文化開展的自由空間下，擁有不同文化之人民有機會去形成自我決定，使人民能在憲政國家之的文化國保障下，不受其文化差異的拘束，而真正自我實現。[31]

（三）文化國作為文化基本權的客觀價值決定

　　誠如前述，為人民而存在的國家，必須重視和保障從人的自我實現引申出的文化過程，如同德國基本法第 1 條第 1 項第 2 句（人性尊嚴）與第 2 條第 1 項（人格自由開展），以及我國憲法第 22 條推導出的人格自由開展權，共同提供的藍本所表述的那樣。這樣的一個憲法基本價值決定，再加上文化基本權作為客觀價值決定的作用，文化國成為我國憲法中為維護與保障人民自我實現，而確立國家在憲法上的客觀與多元文化任務。這其實與人和社會多元文化

---

30 「文化」本身的定義，本就易生爭議。廣義的文化則幾乎可對社會現象無所不包，一般德國學者在法學上所指之文化基本權或文化行政法之概念，多指涉在有關教育、學術、藝術、宗教及媒體等事務上。Vgl. *Karl-Peter Sommermann*, Staatsziele und Staatszielbestimmungen, Tübingen 1997, S. 230; *U. Steiner*, VVDStRL 42, S.25 f.

31 請參考許育典，〈多元文化國〉，《月旦法學教室》，6 期，2003 年 4 月，頁 36 至 39。

基礎的確認、具有創造性的多元文化過程的實現及客觀、多元文化理念的傳播密切相關。[32]

　　對於人民人格自由開展具有建構性意義的內容，不僅包括人民在主觀方面（Aspekt der Subjektivität），被賦予獨立的自我決定能力與可能，還包括人民內部主觀方面（Aspekt der Intersubjektivität），同時被賦予闡釋、接受與理解文化的能力。[33] 只要所有的國家權力，都被賦予尊重與保障人民自我實現的義務，以文化國作為持續追求最大可能的義務實現（als Optimierungsgebot），並將其視為憲法誡命而據以行動，文化國就會直接成為國家權力主體的憲法義務。也就是說，國家應盡可能維護豐富的多元文化基礎，以此來為人民提供多樣而豐富的最大自我實現機會。[34] 事實上，從國家應對人民的自我實現予以尊重的義務中，又可以引申出國家負有：在文化國作為憲法原則的最適模式意義下，為人民的自我實現建構能力，盡可能的全面開展提供條件的義務。這種文化國作為憲法原則的最適模式，也源於前述德國基本法第 1 條第 1 項第 2 句與第 2 條第 1 項，以及我國憲法第 22 條連結其他文化基本權的規定，由此產生對國家權力主體所要求的文化國憲法義務，即要求國家對現有文化儲備的維護與加強。[35]

---

32 一個自由的、多元化的社會，應對各種基本價值予以認可，而人民自我實現的維護、個性的自由開展及文化國的多元化都屬於上述價值。Vgl. D. Grimm, VVDStRL 42（1984），S. 68.

33 如果將文化定義為交流過程的集合，這種交流過程使個人在其共同體中達成同一，那麼這種交流過程就是促成人成為獨立的、不可轉換的個人的重要媒介。文化因此與人的個性不可分離的緊密相連，同時也以作為文化基本權核心的自我實現的保障為其依據。Vgl. Wolfgang Kopke, Rechtschreibreform und Verfassungsrecht, Tübingen 1995, S. 381 ff.

34 Vgl. *Rolf Gröschner*, Menschenwürde und Sepulkralkultur in der grundgesetzlichen Ordnung, Stuttgart 1995, S. 42 f.

　　從文化基本權作為客觀價值決定作用建構文化國，事實上是文化國作為憲法原則的最適模式，因為將文化國原則的學理基礎建立在人民的自我實現，在人民的文化自我決定與開展上，具有至關重要的意義。就文化領域的完善而言，這種基礎應被理解為：人透過文化的相互滲透，而自我決定與開展生活的能力，而且，文化是人民享有自由權利的基礎性要件，[36] 為維護人民的自我實現，這一要件在憲法上應予保障。如果允許國家毀損現有的文化，基本權的實現就會落空。如果我們認可國家負有憲法第 22 條連結其他文化基本權規定所產生的義務，為維護人民的自我實現，國家同樣應對人民自我實現的文化基本條件予以尊重和保護。而此項由文化基本權作為客觀價值決定所建構的文化國義務，應被視為憲法上的文化國基本原則。[37]

　　如果站在自由主義的憲法立場，從保護個人自由的前提出發，對國家機構的建立、職能與程序進行規範，就必然涉及在國家組織的條款中，如何對於國家目標的確定及其具體化。文化基本權的憲法規定條款，同時也包含了對國家文化職責的確認，這就是文化基本權作為客觀價值決定的文化國誡命（Gebot）。[38] 雖然，在我國憲法中並沒有明文規定的體現，但事實上，在憲法第 22 條連結其他文化基本權的規定中，文化國在我國憲法仍應為國家所有公權力行使的誡命。保障人民基本權的憲法價值目標，以及與其密切相連的人的自我實現，只有在文化國的多元文化前提要件之下才能獲得落實。[39] 因此，

---

35 Vgl. *R. Gröschner*, Menschenwürde und Sepulkralkultur in der grundgesetzlichen Ordnung, S. 47; auch Robert Alexy, Theorie der Grundrechte, 2. Aufl., Frankfurt/M. 1994, S. 71 ff.

36 *Rainer Wahl*, Grundrechte und Staatszielbestimmungen im Bundesstaat, AöR 112（1987）, S. 47 f.

37 *W. Kopke*, Rechtschreibreform und Verfassungsrecht, S. 384 f.

38 Vgl. *D. Grimm*, VVDStRL 42（1984）, S. 66 f.（81）.

39 例如：過去我國兵役法未容許因宗教信仰而拒服兵役，但在文化國的多元文化前提

即使憲法沒有明文規定的文化國條款，憲法仍然賦予了國家維護人民自我實現的客觀和多元的文化職責，這就是文化國的國家任務。[40] 何況，相對於德國基本法對文化國條款的付諸闕如，我國憲法在憲法增修條文第 10 條第 11 項明文規定：「國家肯定多元文化，……。」此規定完全確立了憲法將文化國作為國家目標的根本立場。然而，將兩國在文化國的憲法實踐略加比較，不得不感嘆憲法文本確非憲法實踐與否的關鍵，問題應該是：人民與國家對憲法文本的憲法認知與憲法感情。文化國作為文化基本權的客觀價值決定，實為文化憲法實踐的靈魂，憲法學者應該戮力以赴，使其成為人民與國家的堅定文化素養。

如此一來，透過廣義文化基本權的客觀法建構的文化國，將提供狹義文化基本權在客觀法律秩序的相同保障，促使國家有義務經由法秩序的保護，使每一個人有權自由參與並共享共同生活的文化資源。所以，文化國也成為文建會所提出「文化公民權」的客觀法保障，在文化國作為我國憲法誡命的要求下，中央和地方政府當然有責任及義務，提供足夠的文化藝術資源，滿足各地公民共享文化的權利。從而，落實文建會所提「文化公民權運動宣言」的內容。

要件之下，替代役制度的制定規劃，也是國家保障宗教自由而落實多元文化的一環。在多元文化國之下，國家應具體規劃落實宗教自由保障的一些制度。在此，國家必須透過其法秩序，保障人民有關宗教信仰的自由開展。也就是說，針對因信仰或良心而無法拿武器服兵役的人民，國家應積極制定或規劃相關的替代制度，使人民的宗教信仰獲得自由開展的空間。而替代役制度的制定規劃，就是國家具體落實宗教自由保障的制度。所幸，在耶和華見證人信徒的自由換取下（參考釋字第 490 號解釋），內政部已經訂定替代役制度的相關辦法，填補了我國在服兵役義務的文化國漏洞。請參考許育典，《宗教自由與宗教法》，頁 184。

40 Vgl. *Y.-d. Hsu,* Selbstverwirklichungsrecht im pluralistischen Kulturstaat. Zum Grundrecht auf Bildung im Grundgesetz, S. 180 ff.

三、德國文化國的發展、內涵及國家職責

（一）文化國的歷史發展

　　憲法是規定人民與國家之間關係的基本法規範。事實上，憲法規範的對象，主要為國家，即國家針對人民事務如何保護與運作。因此，憲法上所規定的文化事務，就意味著憲法在規範國家對人民所型塑的文化如何處理，由此產生憲法上的文化與國家關係，這也是憲法上的文化國概念輪廓。然而，文化與國家之間的關係，其實先於立憲主義而存在。這種關係的發展，自從古希臘羅馬以來，即是法律思想與國家思想討論的課題。在古希臘羅馬時，認為國家、宗教與文化是合而為一的。就此而言，國家與文化相結合而交錯的「文化國」思想，早在古希臘羅馬時即已存在。這個思想，與希臘民主及羅馬共和的源起一樣久遠。也就是說，比起近代憲法的法治國與社會國思想興起，「文化國」在國家思想上早已存在，文化與國家關係在歐洲的發展相當密切。[41]

　　然而，如同法治國一般，現代文化國同樣肇始於歷史上的啟蒙運動。與思想啟蒙所建構的獨立的、具有發展潛能的個人藍本相對應的，並非只是一個絕對地以維護法治為目標的自由國家概念。事實上，在這種自由國家概念之下，個人的教育仍只能在家庭或是其他社會團體中完成。因此，啟蒙運動時期的國家理念中，同樣包含著產生於教育領域中的文化國理念，也就是對個人自由開展的信念[42]與建構多元社會的積極要求，兩者緊密相連。只有在多元社會這

---

41 Vgl. *Werner Maihofer*, Kulturelle Aufgaben des modernen Staates, in: E. Benda/ W. Maihofer/ H.-J. Vogel （Hrsg.）, Handbuch des Verfassungsrechts der Bundesrepublik Deutschland, 2. Aufl., Berlin 1994, § 25 Rdnr. 9.

42 Vgl. *Gerd Gerhardt*, Kritik des Moralverständnisses——Entwickelt am Leitfaden einer Rekonstruktion von „Selbstverwirklichung " und „Vollkommenheit ", Bonn 1989, S. 31 ff.

一前提之下，任何置身於社會中的個人，在精神層面上的意義上才能獲得盡可能的全面發展與自我實現。[43]

19 世紀初，文化與國家首次以文化國的形式在概念上被連接起來，[44] 而兩者傳統形式上的結合也在此時開始分解。文化國獲得了標誌性的意義，始於國家法的實證主義理念盛行時期，在這種理念之下，國家被賦予了新的職責，即新的「文化目標」。[45] 而「文化國」概念首次出現在憲法條款中是二戰之後，更確切地說，是在 1946 年制定的巴伐利亞憲法中。[46] 在這之後，1976 年葡萄牙憲法也在類似意義上使用了「文化民主」[47] 一詞。「文化國」一詞同樣出現在義大利文和西班牙文中，但在這些語言中的具體含義，卻並非如其作為法學概念被準確定義的那樣。[48] 當一個國家承擔了為其人民而資助文化事務的職責時，文化國的範疇在概念上就與不斷演變的文化概念本身緊密相連，而文化概念正如人的發展可能的多樣性一樣，呈現出開放的樣態。[49]

---

43 對人性尊嚴與人的自我實現、自我開展、自我決定以其他方面的基本權保護的關注、民主的政治過程以及在公共場合中的意見表達自由，都屬於自由國家的核心理念。這些理念正如在有關憲法著作中一樣，也同樣詳盡地呈現在德國基本法和文化國概念中。Vgl. Karl-Peter Sommermann, Staatsziele und Staatszielbestimmungen, Tübingen 1997, S. 230.

44 Zur Begriffsgeschichte vgl. *Ottmar Jung,* Die Entwicklung des Kulturstaatsbegriffs von J. G. Fichte bis zur Gegenwart, Diss. iur., Würzburg 1973; *ders.*, Zum Kulturstaatsbegriff, Meisenheim am Glan 1976.

45 *Georg Jellinek*, Allgemeine Staatslehre, 3. Aufl., 1913 （Neudruck Kronberg i. Ts. 1976）, S. 258 ff.

46 請參考該法第 3 條第 1 項。

47 在新的德意志聯邦各邦之下，自由國被定義為「民主的，負有保護自然生存要件和文化的社會法治國」（1992 年憲法第 1 條）；類似的規定例如：布蘭登堡邦憲法第 2 條。

48 *K.-P. Sommermann*, Staatsziele und Staatszielbestimmungen, S. 232 f.

49 *Herbert Krüger,* Allgemeine Staatslehre, 2. Aufl., Stuttgart 1966, S. 808.

　　文化國始於文化發展的自然階段，在此階段面對國家的過程中，文化在國家體制下，受一種對其而言陌生的原則支配，同時作為原本自足的制度體系，文化特定的目標追求和事務邏輯開始受到國家的限制。這種轉變過程尤其體現在藝術領域，[50] 同時也逐漸出現在教育、科學甚至宗教領域。[51] 但是，教育在一定程度上並不受國家利益至上原則的支配。Rousseau 與 Pestalozzi 早在百年之前就宣告，教育的目的並非培養臣民的有用性，而在於人的自我實現。[52] 與國民教育的發展不同，宗教在文化生活領域的分化過程中，並非一種強制性的力量。確切地說，宗教更大程度上是在承受這種分化過程，因為在此過程中，宗教在精神闡釋與社會整合方面的功能逐漸受到排擠。[53] 作為精神領域的指導者，宗教退守到理性所無法解釋和人類受自身局限的領域中發揮作用。據此，宗教逐漸趨於私人化，[54] 並從公共生活領域被排擠出去。基於這種局限性，宗

---

50 在 19 世紀，對於教育與學術的資助，並不屬於國家職責。在藝術領域——除了傳統意義上的藝術之外，還包括建築、音樂、戲劇與文學——國家發揮著日趨重要的作用，這種作用首先表現為對於藝術的宮廷資助，而在此時，藝術自由原則從最初起對於人民的教育理想，就是內在和固有的。Vgl. im einzelnen *Ulrich Scheuner*, Die Kunst als Staatsaufgabe im 19. Jahrhundert, in: *E. Mai/ St. Waetzoldt*（Hrsg.）, Kunstverwaltung, Bau- und Denkmal-Politik im Kaiserreich, Berlin 1981, S. 13-46.

51 *Dieter Grimm*, Kulturauftrag im staatlichen Gemeinwesen, VVDStRL 42（1984）, S. 47.

52 Vgl. *P. Häberle*, Erziehungsziele im Verfassungsstaat, RdJB 1980, S. 368 ff.

53 這種發展趨勢事實上在中世紀就已經開始，其對於教會至關重要的轉折，是與信仰分裂同時進行的。信仰分裂使宗教從此不再被允許作為政治統治力量，並從國家所從事的世俗事務中被強制性的分離出來。但與此同時，在「誰的領土，誰的宗教」（cuius regio － eius religio）的主導之下，國家與宗教之間事實上仍存在緊密聯繫，教會在一定程度上仍承擔著一定的公共職能。但在此過程中，教會不再提升其主張。在很多情形下，逐漸強大的國家越來越多將世俗目標植入教會。Vgl. *Ernst-Wolfgang* Böckenförde, Die Entstehung des Staates als Vorgang der Säkularisation, in: *ders.*, Gesellschaft, Freiheit, Frankfurt/M. 1976, S. 42; *Niklas Luhmann*, Funktion der Religion, Frankfurt/M. 1977; *U. Scheuner*, Kirche und Staat in der neueren deutschen Entwicklung, in: *ders.*, Schriften zum Staatskirchenrecht, Berlin 1973, S. 121.

54 當文化機構以自由型態出現時，其對於「文化職責」與「文化任務」的承擔，是完全出於自我認知與理解進行的。這種自我認知可由國家單獨確定，或是直接或間

教只能在其自身體系內建構一定的獨立性。[55]

整體而言，文化國也包含在基本法的聯邦國家架構中，旨在建構多元文化秩序的組織機構規則，同樣是新的德國多元聯邦主義原則中一個至關重要的確定部分。[56] 從憲法歷史上而言，這也並非偶然。在 1871 年的帝國憲法之下以及之後的威瑪共和國時期，國家就已經開始越來越多地滲透到各邦的教育、科學和藝術領域。在當時的普魯士聯邦主義原則之下，存在大量具有帝國代表性的任務，由國家與各邦共同行使的可能。在 1933 年至 1934 年間，開始規模龐大的帝國文化行政的建制，始於帝國中普魯士機構的萌生，特別是藝術部長。但是就當時的國家而言，由於南德各邦的關係，帝國統一行政的效率，特別是在學校政策方面，卻不能被給予過高評價。[57]

另一方面，縱覽 1871 年至 1945 年這段時期，即使面對文化行政，聲勢浩大的帝國內部中央集權（Unitarisierung）的運動也並未停止。雖然，1933 年之後的統一化進程，意味著一種草率且在意識型態的夾縫中具有災難性的轉變。但是，隨著德意志帝國主導職能的不斷強化，這種統一進程不可忽視地與那些

接地提出要求。所謂「自由」型態的文化機構，是指一些並非按照國家意志所建立的機構。它們同樣也不包含在憲法中，或是根據憲法規定建立及行動。這些文化機構作為國家文化領域中的自由因素而發生作用。Vgl. *Udo Steiner,* Kulturauftrag im staatlichen Gemeinwesen, VVDStRL 42（1984），S. 25 f.

55 *D. Grimm,* VVDStRL 42（1984），S. 52.

56 Vgl. *Ernst Benda u. a.*, Probleme des Föderalismus, Tübingen 1985; *Wolfgang Loschelder*, Kommunale Selbstverwaltungsgarantie und gemeindliche Gebietsgestaltung, Berlin 1976; *Eberhard Schmidt-Aßmann*, Die kommunale Rechtsetzung im Gefüge der administrativen Handlungsformen und Rechtsquellen, München 1981; *Georg Christoph v. Unruh/ Werner Thieme/ U. Scheuner*, Die Grundlagen der kommunalen Gebietsreform, 1. Aufl., Baden-Baden 1981; *Werner Weber*, Selbstverwaltungskörperschaften in der Rechtsprechung des Bundesverfassungsgerichts, in: *Christian Starck*（Hrsg.），Bundesverfassungsgericht und Grundgesetz, Tübingen 1976, S. 331 ff.

57 *Rolf Eilers*, Die nationalsozialistische Schulpolitik, Köln 1963. 在本書中提供了不同的例子。例如：在 1934 年後帝國部長對於學術、教育與國民培養訓練的權限經常被壓縮，在南德的教育改革中僅有可能實施一些普通舉措的權力。

陳舊的、在此方面的徒勞嘗試也緊密相連。在 19 世紀更迭之際，為了國王的
利益之故，在教育架構原則問題方面的一些嘗試（中學教育的壟斷），以及在
科學資助方面的嘗試（1911 年 Kaiser-Wilhelm 團體的建立），已經被明確的
表達出來，或者體現在之後 1920 年舉行的帝國教育會議，以及在帝國議會歷
時多年制定的帝國教育法規中。從 1944 年 6 月 20 日達至頂峰的針對國家與憲
法改革的反對意見和抵抗運動中，我們可以清晰地獲知：在納粹政權的統治時
期，建構全國性的文化行政理念已經得到肯定。[58] 儘管納粹時期存在這種無可
爭辯的趨勢，但在 1949 年德國恢復聯邦體制之後，針對公共的多元文化秩序
規則的規範，特別是教育和學術領域內的文化規則，仍被憲法制定者作為獨立
的各邦權力的核心部分。[59]

　　在前述國家的組織型塑下多元文化事務的憲法與行政歷史演進圖像中，產
生了使國家與精神文化世界緊密連繫的領域，而這領域正好也在多元社會下以
多樣的方式呈現。這種精神文化世界主要涵蓋了以下三個重要領域：教育、學
術與藝術。[60] 在傳統意義上，有關國家與宗教團體關係的規定，通常會被納入
了另一範疇討論。「文化國」與「文化」[61] 的概念會發生變動。在德國基本法
的憲法釋義學上，文化國在更狹義的意義上，是被作為在多元文化領域負有職
責與任務的國家來理解。[62]

---

58 Vgl. *Thomas Oppermann*, Kulturverwaltungsrecht, Tübingen 1969, S. 551 f.

59 Vgl. BVerfGE 6, 309 ff. ; 12, 205 ff.

60 *Th. Oppermann*, Kulturverwaltungsrecht, S. 8 f.

61 「文化」的界定同樣存在問題。在當時的司法判決與學理著作中，「文化」作為法
　律概念並不僅是與非法律性的事務相連，或被定義為哲學與思想理念性的事務。對
　於文化的定義存在很大差異：大多數意見借助公法對於權能問題的限定，而使用「描
　述性的」文化概念，這一概念將傳統領域，例如：藝術、科學以及教育，特別是中
　等及高等教育涵蓋其中。但這種界定方法也存在著將特定領域排除在外的危險，例
　如：醫學及體育領域。Vgl. *Max-Emanuel Geis*, Die „Kulturhoheit der Länder ", DÖV
　1992, S. 524.

（二）文化國的內涵型塑

在德國憲法學的文化國相關文獻的研究上，涉及「文化國」領域的憲法學學理的根基，事實上並不確定和穩固。[63] 儘管「文化國」這一在基本法中並未出現的概念，在相當早的時候就已被聯邦憲法法院的判決所吸納。[64] 而眾多文獻亦涉及文化國的探討。[65] 但是，對其內涵的界定卻存在很大分歧。其中一種是將其界定為「憲法學作為文化科學」（Verfassungslehre als Kulturwissenschaft），[66] 即從文化的視角，考察法律與國家。[67] 另一種模式則是從法律的角度，探究國家與文化的關係。在後一種模式中又存在兩種分歧：一種是嘗試對客觀現狀進行事實描述與法律評價；[68] 另一種則是在確定國家目標的意義上，設定出相應標準與規範。[69] 即使將文化國理解為國家目標設定的理論，對於國家僅應保障文化的自由，[70] 抑或同時應為人民提供參與文化事務的可能，也仍然存在很大分歧。[71]

---

62 *U. Steiner,* VVDStRL 42, S. 42.

63 Vgl. *Frank Fechner*, Geistiges Eigentum und Verfassung, Tübingen 1999, S. 359 ff.

64 BVerfGE 35, 79（114）；BVerfGE 36, 321（331）；在上述的判例中，聯邦憲法法院認為基本法第 5 條第 3 項確認了：「現代國家，在國家目標的意義上亦應被理解為文化國，同時負有這方面的職責……」。

65 「文化國」首先以國家存在的正當合法性為提供「生存照顧」的前提，但何謂「生存照顧」卻並未被討論。鑑於「文化」本身的不確定性，人們甚至可以說任何國家都是文化國，因為國家本身就是文化的一個層面，正如人們可以說，任何國家都是法治國，因為任何國家都能透過法律進行治理一樣。Vgl. *Carl Schmitt*, Verfassungslehre, 3. Aufl., Berlin 1957, S. 129; *ders.*, Legalität und Legitmität, in: *ders.*, Verfassungsrechtliche Aufsätze aus den Jahren 1924-1954, Berlin 1958, S. 263, 274.

66 正如 P. Häberle 教授所寫的專論標題。

67 Vgl. *P. Häberle*, Verfassungslehre als Kulturwissenschaft, Berlin 1982.

68 Vgl. *Thomas Köstlin*, Die Kulturhoheit des Bundes, Berlin 1989, insb. S. 24 ff., S. 62 ff.

69 Vgl. die Beratungen der Vereinigung der Deutschen Staatsrechtslehrer zu dem Thema „Kulturauftrag im staatlichen Gemeinwesen" 1983 （VVDStRL 42）, mit den Referaten von U. Steiner und D. Grimm.

70 對於此類將文化國僅局限為「一種文化的法治國，作為國家，其擁有一切對於

在法學的研究範疇內，「文化」一詞經常在兩種意義上被使用：狹義的文化僅涵蓋傳統的國家文化政策範圍，即教育、科學與藝術。與此相對應的是廣義的文化，這種廣義概念借用了社會學與人類學對於文化的常規界定模式，幾乎包含了人類基於自然本性所創造的一切事物，甚至於法律與國家。[72] 在上述「文化」概念基礎上審視文化國，如果僅是從語義表達這一膚淺層面看，這一名詞似乎只是一種文字堆砌。[73] 但事實並非如此，在這一概念組合中，文化的內涵顯然要比國家更為豐富和重要。[74]

如果選擇適用廣義的文化概念，就會將文化作為一種開放的概念，且視為政治共同體多元結構的自然結果來理解。[75] 為使這種幾乎無所不包的開放文化概念，不至於衍生出「全能」（Allzuständigkeit）的國家，文化國原則上需要

文化的干涉權力，也同時保障文化自治免受第三者侵害」的觀點，已遭遇到許多批評。Vgl. *W. Maihofer*, Kulturelle Aufgaben des modernen Staates, Handbuch des Verfassungsrechts der Bundesrepublik Deutschland, § 25, Rdnr. 4.

71 *P. Häberle*（Hrsg.），Kulturstaatlichkeit und Kulturverfassungsrecht, Darmstadt 1982, S. 1, 6 ff.

72 *D. Grimm*, VVDStRL 42（1984），S. 59.

73 在此，*Gerd Roellecke* 教授提出了有趣而反諷的看法：「這種文化與國家的概念組合會產生一種混亂，即在這種情境之下，普魯士、第三帝國、德意志民主共和國與德意志聯邦共和國將無法區分。如歷史經驗所示，這種概念組合對於國家與文化都不是非常有益。『文化憲法』（Kulturverfassungsrecht）同樣處於類似的境地。如果所有的事物都被納入憲法——即那些人們可以在一般性法律中讀到的事物，憲法就不可能再存在，文化也一樣。與針對個人生活領域的工具化意義相比，憲法相對於國家似乎顯得軟弱無力。除了文化憲法之外，同樣應該存在工作、教育、家庭、金錢、交流、醫學、經濟及其他憲法。這裡只是還缺少一種憲法的憲法（Verfassungsverfassungsrecht）。因此，在論及文化國與文化憲法時，被揭示的內容遠遠少於被掩蓋的，同時大多數的話題都具有一定的危險性。」*Gerd Roellecke*, Kulturauftrag im staatlichen Gemeinwesen, DÖV 1983, S. 654.

74 *W. Kopke*, Rechtschreibreform und Verfassungsrecht, S. 386; vgl. auch *Jutta Wermke*, Von „Konsum" zu „Kultur", Z. f. P. 1998, S. 85 ff.

75 P. *Häberle*（Hrsg.），Kulturstaatlichkeit und Kulturverfassungsrecht, S. 32; *ders.*, Verfassungslehre als Kulturwissenschaft, Berlin 1982, S. 16 f.; vgl. auch *Hans Herbert v. Arnim*, Gemeinwohl und Gruppeninteressen, Frankfurt/M. 1977, S. 148 ff.

更多層面的限制。首先，從文化國原則根植於人的尊嚴這一點，就可得出：國家應將文化作為人自我實現的前提要件，而對人民的自由開展進行保護。[76] 因此，國家在文化領域的行為只能是為了人民利益，而且在實踐其文化目標時，不應將人民工具化。另外，從植根於個人尊嚴的文化國原則出發，也可以推導出另一結論：國家事實上並不具有獨立的文化型塑權力，只有為了保障人自我實現的目的，國家才具有相關的文化型塑權（Kulturgestaltungsmacht）。同時，文化型塑權也只能透過法律權限的型式被授予，正如基本法第 7 條第 1 項（國家的學校監督權）或者第 91a 條第 1 項第 1 款（聯邦協助各邦的共同體任務）規定所示。[77]

一項明文規定的文化國條款，如同「國家目標設定與立法委託」委員會在基本法修改時所建議的，將文化國條款作為對基本法第 20 條與第 28 條的補充，事實上在這種情況之下，並不具有任何的憲法意義。文化國條款在此只是填補了基本法的內容缺陷，而非法律漏洞。該委員會的基本論點是認為，其將自身的文化國條款建議，理解為「整個國家的文化委託的原則性定義」（grundsätzliche Verdeutlichung des kulturellen Auftrags des Gesamtstaats），此外並以憲法的完整性作為正當化的理由」（mit der Vollständigkeit der Verfassung rechtfertigt）。[78] 本來，在法律上有效的內容，亦應在法律文字規定有所體現。

---

76 *B. Pieroth/ A. Siegert*, RdJB 1994, S. 438 ff.; vgl. auch *P. Häberle*, Kulturpolitk in der Stadt - ein Verfassungsauftrag, Heidelberg 1979; *ders.*, Kulturverfassungsrecht im Bundesstaat, Wien 1980; *ders.*, Feiertagsgarantien als kulturelle Identitätselemente des Verfassungsstaates, Berlin 1987; *ders.*, Der Sonntag als Verfassungsprinzip, Berlin 1988; *ders.*, Das Menschenbild im Verfassungsstaat, Berlin 1988; *ders.*, Europäische Rechtskultur, Baden-Baden 1994.

77 *W. Kopke*, Rechtschreibreform und Verfassungsrecht, S. 387.

78 Bericht der Sachverständigenkommission „Staatszielbestimmungen/Gesetzgebungsaufträge", 1983, S. 97 ff., das Zitat S. 112, das Argument der Vollständigkeit der Verfassung, S. 122.

　　然而，這裡鑒於憲法有關文化國的規定漏洞，而宣稱認為應予修改的建議，事實上肯定可以經由憲法解釋加強並達到其效果，尤其是透過文化基本權的解釋將更具效用。[79]

　　除此之外，經由各邦憲法的規定，也將一項重要的內容引入了基本法，藉著各邦憲法所規定的文化事務，除經濟和社會行為外，將憲法的視野拓展到人類的生活領域。基本法已經在其基本權個人主義基礎上，將自我開展的個人加以關照。基本法的這種個人觀照觀點，是以具備言論、良心、宗教和世界觀導向的個人自我決定為基礎。[80] 基本法中規定的大多數基本權，使具有獨立性的個人，都能夠以基本法所保障的自由開始實現自我。然而，在社會化的過程中，確保個人成為和保持一個自由的、能夠自我決定的人的前提要件，仍舊必須回溯到基本法中的基本權。在文化基本權的保障上，透過及借助多元化的教育，[81] 或是促使人民學會多元文化的生活，才能使個人認知其生活世界的意義，並理解其意義的價值導向（Wertorientierungen）。而這些都是個人享有基本權必須先獲得的前提，以便個人可以真正行使其他的基本權。[82]

　　事實上，各邦憲法對文化領域的事務已作了基礎性的規定，而且對基本法中的重要問題進行了補充。但是，聯邦憲法中的規定內容是否能夠為各邦提供實質性的憲法權利，主要倚賴於所涉及的「文化」，其本質是否與多元化和差異性原則相適宜。這些思考能夠推展普及至「文化」的整個範圍。在多元化和

---

79 *D. Grimm*, VVDStRL 42（1984）, S. 67.

80 Vgl. *Martin Heckel*, Zur Errichtung theologischer Fakultäten und Studiengänge im Spannungsfeld von Kulturverfassungsrecht und Staatskirchenrecht, in: *R. Bartlsperger/ D. Ehlers/ W. Hofmann/ D. Pirson*（Hrsg.）, Rechtsstaat Kirche Sinnverantwortung, Festschrift für Klaus Obermayer zum 70. Geburtstag, München 1986, S. 181 ff.

81 Vgl. *Thilo Ramm*, Bildung, Erziehung und Ausbildung als Gegenstand von Grundrechten, in: *H. Avenarius/ H. Engelhardt/ H. Heussner / F. v. Zezschwitz*（Hrsg.）, Festschrift für Erwin Stein zum 80. Geburtstag, Bad Homburg vor der Höhe 1983, S. 239 ff.

82 *R. Wahl*, AöR 112（1987）, S. 47; vgl. auch J. *Isensee*, JZ 1999, S. 275 ff.

差異性原則之下，由個人、社會、宗教或是世界觀所塑造的意識型態與價值取向，對國家同樣具有指引作用。[83]

「自由的、世俗化的國家其本身亦不能擔保國家賴以存立的前提要件。」（"Der freiheitliche, säkularisierte Staat lebt von Voraussetzungen, die er selbst nicht garantieren kann."）。[84] 在這種自由文化的前提要件之下，自由的文化雖繫國家存立，卻非國家自身所能全然保障。值得強調的是，文化作為世界觀與價值取向的化身，對於意識型態的基礎性建構具有重要意義。這一點同樣適用於，在新時代之下個人所面對的：多元世界觀、意識型態、價值取向與宗教信仰的多元表象。對於個人而言，這一點與其個性養成之多元化的文化基礎相關，同時也是其享有和實現絕大多數基本權的前提要件。因此，個人的生命價值應當在多元文化的背景下建構。[85]

國家文化職責的履行，必須以文化基本權的保護為準。文化基本權保障個人的精神開展過程，以及其特定的自我表達模式，藉此使得人與人的文化溝通（die kulturelle Kommunikation）呈現開放的樣態，並在文化國之下以多元化的形式產生文化溝通。[86]

（三）文化國、法治國與社會國

近代以來，受到美國獨立與法國大革命的影響，文化脫離國家的思想逐漸形成。當時的美國獨立運動與法國大革命，主要是對專制的反動，以自由法治國為訴求，要求個人權利絕對保障，個人權利的行使，只要沒有侵害他人自

---

83 Vgl. *R. Wahl*, AöR 112（1987），S. 47 ff.; auch *Helmut Klages/ Peter Schäfer*, Organisation kommunaler Kulturverwaltung, Speyer 1983.

84 *E.-W. Böckenförde*, Die Entstehung des Staates als Vorgang der Säkularisation, S. 60.

85 *R. Wahl*, AöR 112（1987），S. 48.

86 *D. Grimm*, VVDStRL 42（1984），S. 81.

由，皆屬私人的事務，國家不應干涉。在自由法治國的思想下，宗教首先脫離國家，造成國家的世俗化；之後，文化逐漸從國家脫離出來，文化變成私人事務，產生文化的自治（Autonomie）概念。就此而言，國家不應干預文化事務，國家以具強制力的法規管制文化事務，即不符合文化自治的概念。因此，國家對於文化事務，唯一可以做的，就是節制國家的每一種文化活動。就此而言，在 19 世紀初的美國，若提到由國家設立歌劇院、博物館、圖書館等營造物的想法，或由國家提供藝術獎助的作法，是完全難以想像的，因文化自治也導致文化與國家分離。[87]

相對於美國的文化與國家分離發展，歐洲在法國大革命後，雖也有文化脫離國家的理論提出，但實際上文化卻未曾與國家分離。甚至，20 世紀初的歐洲，更強調國家維護文化的任務，這樣思想背景的形成：首先，是因為文化變成私人事務後，文化遺產可任由私人買賣而自由處置，如此一來，造成了文化遺產的流失與破壞，國家為了挽救文化遺產，只得透過國家公權力加以保護；[88] 其次，為了文化能免於受到私人或社會力量的侵害，而落實文化自治的維護，國家也有介入文化事務的必要，在此可透過國家協助，獲得文化自治的確保；[89] 再者，20 世紀後自由法治國逐漸發展為社會法治國，在社會法治國的法律與國家思想下，認為國家除了維持社會秩序的任務外，還有照顧「人民生活」的義務。[90] 這裡國家所要照顧的「人民生活」，在「物質」生活之外，

---

87 Vgl. *W. Maihofer,* Handbuch des Verfassungsrechts der Bundesrepublik Deutschland, § 25 Rdnr. 10 ff.

88 Vgl. *D. Grimm*, VVDStRL 42, S. 46 ff., 53 f.

89 Vgl. *Ernst Rudolf Huber*, Zur Problematik des Kulturstaats, in: *P. Häberle* （Hrsg.）, Kulturstaatlichkeit und Kulturverfassungsrecht, S. 122 ff.

90 Vgl. *Hans-Ulrich Evers*, Kulturauftrag im staatlichen Gemeinwesen, NJW 1983, S. 2161 ff.

也包括了「精神」生活。而社會國的國家照顧義務，比較指涉在「物質」生活上；至於國家對人民「精神」生活的照顧，則主要是文化國所要掌握的基本內涵。[91]

　　然而，這樣的憲法上文化國概念，[92] 必須面臨文化國與法治國如何調和的問題，也就是一方面由法治國出發確保文化自治，另一方面則須從文化國出發照顧文化事務。這涉及到國家的文化發展最高政策，例如：國家是否可採行主導式的文化政策、或須採放任自由式的文化政策、法治國屬性是否可容納文化國的概念，這些憲政國家基本原則屬國家發展的上位概念，應於此處釐清。這裡的釐清關鍵角色，其實是二次大戰以後的「社會國」演變。也就是說，法治國從自由法治國發展到社會法治國，代表的就是國家對社會的態度，從「自由放任」（自由法治國）到「照顧負責」（社會法治國）。[93] 而誠如前述，社會法治國就是要求國家照顧人民生活，其中文化國涉及的是精神生活的照顧。因此，在一個自由民主法治憲政主義下的文化國，一方面國家要維持傳統的自由法治國，採比較放任自由式的文化政策，即國家對文化的自由開展保持距離而中立；另一方面國家要落實社會法治國所型塑的文化國內涵，故應積極創造使文化得以自由開展的多元文化空間，在各生活領域建立一種對文化友善並照顧的法秩序，國家因此也產生調和文化社群間不平等的義務，從而避免主流文化社群在文化差異上壓迫非主流文化社群。[94]

---

91 Vgl. *Peter Gullo*, Religions- und Ethikunterricht im Kulturstaat, Berlin 2003, S. 150 ff.

92 根據德國學者 D. Grimm 的歸納，自古到今國家與文化的關係可歸納為四類：（一）國家與文化分立，例如：早先的美國，也稱為「二元模式」；（二）國家為了文化目的外的其他利益照顧文化，例如：啟蒙的專制主義或自由主義，也稱為「功利主義模式」；（三）國家為了文化本身目的照顧文化，例如：普魯士的改革時期，也稱為「文化國模式」；（四）國家依照政治定律操縱文化，例如：納粹主義，也稱為「指揮模式」。我們現在對憲法上文化國概念的瞭解，應建立在「文化國模式」上。Vgl. *D. Grimm*, VVDStRL 42, S. 46 ff., 58.

93 Vgl. *O. Jung*, Zum Kulturstaatsbegriff, S. 50 ff.

　　在這樣的文化國與社會國及法治國發展的交錯下，足見國家與文化將型塑出相當複雜的關係，德國學者 E. R. Huber 對此關係有以下的一些描述，可以作為我們參考：1. 文化應獨立於國家：文化首先需確立的是文化的自主性。沒有任何一種制度或組織得操縱文化，文化國並不是指國家得操縱或指導文化，只有當一個國家有反對操縱文化的想法時，才配稱得上是一個文化國。2. 國家應為文化服務：文化應獨立於國家，只是為了使文化自主而自由地去發展，並非國家完全不能介入文化事務，因為文化也可能受到來自私人與社會力量的侵害，而需要國家的保護。所以，文化國是指尊重文化的自主性，國家應作為文化的保姆，積極為文化服務，獎助文化的發展，並保護文化免於受到私人與社會力量的侵害。3. 文化具有型塑國家的力量：當國家在行使其文化高權，為文化服務時，實已將文化帶入國家的領域，開啟文化影響國家的管道。在國家為文化服務時，國家為僕人，文化為主人，最後國家與文化同一，文化支配國家。基於主人與僕人，統治者與被統治者互相影響的道理，在國家形成文化時，文化也在塑造國家。所以，憲政國家、法治國家、社會國家，也都是文化思想影響下的產物，且這些文化思想是在社會共同體內自主型塑的。4. 國家是文化的產物：文化國是以文化立國的國家，國家在此應以文化產物自我定位，其政治存在的形式是由共同體文化所型塑的國家。達到盡善盡美階段的文化國，不僅應使文化獨立於國家，應為文化服務，而且成為文化的產物——國家就是文化。[95] 在 Huber 的論述中，可以瞭解文化與國家之間的交互影響，這也

---

94 請參考許育典，《文化憲法與文化國》，臺北：元照，2006 年，頁 30。

95 E. R. Huber 的論點中，有一點認為國家具有完全任意的文化型塑權，這是本文承上論述所不能苟同的，所以在此並未引用。本文認為只有為了保障人自我實現的目的，國家才具有相關的文化型塑權，就此而言，文化型塑權也只能透過法律（人民）授權而規定。以上歸納整理，請參考 E. R. Huber, Zur Problematik des Kulturstaats, in: P. Häberle（Hrsg.）, Kulturstaatlichkeit und Kulturverfassungsrecht, S. 122 ff.（125 ff.）.

是文化國為何應以多元文化開展為其核心保障的原因。

　　整體而言，文化國概念既然從自由民主法治的憲政國家而生，憲法上文化國的型塑就應合於自由民主法治的憲政秩序。其實，文化國與民主、法治國或社會國都是國家所追求的國家目標，只是就我國憲法第 1 條與德國基本法第 20 條規定而言，不論是在憲法解釋或憲法實務上，民主、法治國或社會國不僅只是國家目標，而且還是憲法上的基本原則，是合憲秩序建構的基準。因此，在我國憲法規定下所建構的文化國概念，應指符合自由民主法治的文化國家。也就是說，國家在文化國的要求之下，雖然可介入人民在社會生活的文化事務，但必須建立在自由民主法治國家的憲政基礎上；亦即，在自由民主法治的憲政國家合憲秩序下，去努力實現文化國的國家目標。所以，在談國家保障與照顧文化事務時，須同時確立文化自治的原則（自由、民主）與文化基本權（自由、法治）的保障，因為文化具有自由、多樣與開放等發展特性，人為刻意的塑造，反而會阻礙文化開展，這是國家追求文化國家目標應特別注意的。[96]

（四）文化國作為國家目標的國家職責

　　我國憲法增修條文第 10 條第 11 項規定：「國家肯定多元文化，……。」多元文化國成為憲法規定的國家目標。而憲法上的所有國家目標條款規定，對所有國家權力應具法律上的拘束力。在此規定下，多元文化國作為我國憲法的國家目標，比純粹照顧人民精神生活的文化國更具實質意義，因為它不僅包含了文化國的傳統憲法保障內涵，而且在現代多元社會的快速變遷下，也開啟憲法保障人的自由多元而開放的形象，促成人在合憲秩序下最大自我實現

96 Vgl. *P. Häberle*, Vom Kulturstaat zum Kulturverfassungsrecht, in: *ders.*（Hrsg.），Kulturstaatlichkeit und Kulturverfassungsrecht, S. 34 ff.

的可能。因此，所有國家權力在運作時，皆有積極促進與維護多元文化的義務。就此而言，臺灣作為一個現代憲政國家，為了實踐多元文化國的國家目標，實現一個開放而多元的社會，需要國家及其社會成員建立一個最低標準的共識，以包容多樣文化社群的文化差異，而形成文化國的憲法原則建構，也就是國家的中立性原則（Das Neutralitätsprinzip）與國家的寬容原則（Das Toleranzprinzip）。藉由這兩個原則的維護，國家須對不同文化社群形成的多樣性文化，予以寬容、尊重與平等對待，使人民不因其文化差異而影響其人格開展，人在合憲秩序下的最大自我實現才有可能。[97]

1. 國家的中立性原則

文化國的建構，乃指為了保護多元社會中的文化差異，國家作成文化事務的決定時，其依據準則須具有多樣性、平等性與開放性。因此，文化國的首要原則，是國家對有關文化事務作成決定時的中立性原則，亦即國家對於文化事務提供環境或促進開展等作成決定時，不能以國家本身或某種特定文化取向為目的，應本持國家本身多元而平等開放的準則，而以各個文化事務之自我理解的開展為目的。[98] 對於多樣文化社群的文化差異而言，國家的中立性原則有其重大意義。以臺灣為例，威權年代的國家功能極度擴張而偏頗，文化上強力宣揚大漢沙文主義，宗教上有一貫道遭到查禁，甚至個人外表造型也要受到管束；[99] 但在解嚴之後的民主法治憲政國家追求過程，定於一尊的國家威權逐漸

97 Vgl. *Y.-d. Hsu*, Selbstverwirklichungsrecht im pluralistischen Kulturstaat. Zum Grundrecht auf Bildung im Grundgesetz, S. 211 ff.; *Ernst-Joachim Lampe*, Was ist Rechtspluralismus?, in: E.-J. Lampe（Hrsg.）, Rechtsgleichheit und Rechtspluralismus, Baden-Baden 1995, S. 8 ff.

98 Vgl. *Klaus Schlaich*, Neutralität als verfassungsrechtliches Prinzip, vornehmlich im Kulturverfassungs- und Staatskirchenrecht, Tübingen 1972, S. 259.

99 例如：中小學校園文化普遍存在男性不得留長髮的統一管制。

消逝，原本蒼白貧血的社會面貌變得五彩繽紛，顯見國家的中立性原則對多元文化的實質助益。

整體而言，國家的中立性（Die staatliche Neutralität）意謂著，國家在自由多元而開放的社會中，對其多元存在且互具競爭性之各式各樣文化事務的開展、接受或支持（Parteinahme），應自我節制。在此意義下，國家必須作為「所有國民的家園」（als " Heimstatt aller Bürger "），[100] 不受特定文化社群（尤其是多數族群的主流文化）的影響，而促進多元文化的最大可能自由開展。由此觀之，文化國的國家中立性原則具有兩種不同形式的體現：[101]

首先，國家的中立性是指，國家不能對人民有關文化事務的認同加以侵犯的誡命（Gebot）。國家的中立性，乃相對於人民在文化價值觀上的多元性，而對國家加以限制。這樣的限制包含了對國家的一個雙重的認同禁止（ein doppeltes Identifikationsverbot）：第一，從團體或機構的觀點來看，國家不允許只認同某個特定的文化族群。第二，從內容或思想的觀點來看，國家不允許只認同某種特定的文化內容。[102] 此雙重的認同禁止表示出，國家無權去贊同或反對一個文化認知，亦即人民對此等涉及內在意識之文化世界觀的文化事務，並未對國家授權或予以委託（Kein Mandat）。在這個意義上，國家的中立性乃消極體現於國家──對此等文化事務認同──的「保持距離中立性」（Die distanzierende Neutralität des Staates）。[103]

---

100 BVerfGE 19, 206, 216.

101 Vgl. *Martin Heckel*, Das Kreuz im öffentlichen Raum. Zum Kruzifix-Beschluß des Bundesverfassungsgerichts, DVBl. 1996, S. 472 ff.

102 在此意謂著一個特定的信仰國或世界觀國的禁止（Verbot des Glaubens/ oder Weltanschauungsstaates），請參考 *Axel Frhr. von Campenhausen*, Der heutige Verfassungsstaat und die Religion, in: *J. Listl/ D. Pirson* （Hrsg.）, Handbuch des Staatskirchenrechts der Bundesrepublik Deutschland, 2. Aufl., Bd. I, Berlin 1994, § 2, S. 47, 77.

　　其次，國家的中立性是指，國家對於人民處在不同文化世界觀的權力角逐之間，負有使人民獲得自由開展空間的保護任務。在此，則透過國家的法秩序，保障人民有關文化事務的自由開展，使個人在真正探求內心自我的精神與道德人格之開展過程中，自由去選擇與決定其文化世界觀。而且，國家因此也產生調和文化社群間不平等的義務，從而避免主流文化社群在文化差異上壓迫非主流文化社群。在這個意義上，國家的中立性乃積極體現於國家——經由其法秩序保護人民自由開展其文化世界觀的——「擴展中立性」（Die übergreifende Neutralität des Staates）。[104] 因此，國家固然須對不同文化保持距離的中立，但並非聽任文化領域發展為一種無政府的狀態，在主流與非主流文化社群所生文化差異的壓迫上，國家應履行其積極保護文化差異的義務，例如：國家應對種族歧視、排斥外來人口文化等問題，應積極保護非主流的種族與外來人口文化，而非只舉出中立牌子而輕鬆掉頭。[105]

　　整體而言，國家中立性原則的這兩種不同形式體現，「保持距離中立性」是由法治國出發確保文化自治，「擴展中立性」則從文化國出發照顧文化事務。

---

103 我國在國家保持距離中立性的實踐上，相對西方世界因政教難分離而多有紛爭，一直沒有發生較大的衝突問題。直到內政部通過紀念日及節日實施辦法修正草案，將佛陀誕辰紀念日農曆 4 月 8 日定為國定假日後，才引起許多宗教團體的抗爭。有關國定佛誕假日的爭議核心問題在於，國家作為一個決定國定假日的權力主體，而在佛教界與立法院的大力爭取與影響下，主動配合將紀念日及節日實施辦法修正，而使佛陀誕辰紀念日農曆 4 月 8 日定成為國定假日。但是，在國家的中立性原則下，國家被禁止去認同某一特定的信仰，而相對其他信仰或世界觀給予某特定信仰優位特權。因此，國定佛誕假日實有違國家的中立性原則。請參考許育典，《文化憲法與文化國》，頁 135。

104 Vgl. *E.-W. Böckenförde*, Kreuze（Kruzifixe）in Gerichtssälen?, ZevKR 20（1975）, S. 119, 130; M. Heckel, DVBl. 1996, S. 472 f.

105 又例如：我國憲法第 162 條規定國家對教育文化機構的監督權，也是從擴展中立性的觀點來規範，這裡強調的是一種法律監督，即國家應積極透過法律，去保障與監督教育文化事務的自由開展，這是一種適法性的監督。也就是說，教育文化事務的發展內容正當與否，國家在此沒有適合性的監督權。

然而，國家在「擴展中立性」上，憲法在課予國家照顧文化義務的同時，也開啟了國家影響與形成文化的可能性，而使其與「保持距離中立性」所要確保文化自治，常處在法治國與文化國的緊張關係之中。就此而言，因文化事務具有根源於社會的自由開展性質，應讓社會自由去形成。所以，國家在「擴展中立性」的實踐上，不可取代社會而發展文化事務。也就是說，社會上的文化社群可自行發展者，國家不應越俎代庖；如果社會上的文化社群無法自行為之，國家可以誘導或扶助（Förderung）文化社群發展。[106] 因此，國家對無法自行開展的非主流文化，有一定的扶助或補助責任，例如：為了避免文化發展的市場與世俗化，國家應扶助非當代社會所樂見的藝術或文化活動，因為今天的非主流藝術或文化，可能成為明天的主流藝術或文化，而這也維繫了個人自我實現的可能性。當然，國家的扶助應以文化社群無法自行開展，以及文化社群的活動合法為限制。

舉一個比較極端的例子，例如：以人的裸體作畫或人體藝術的表演，在當代社會可能涉及公然猥褻，以人的裸體為表演客體，可能也會侵犯人性尊嚴，但這如果是表演者的自我決定則另當別論。人體藝術形成一個表演社群，雖不見容於當代社會，但可能是未來的藝術發展類型，國家仍應尊重文化社群自治，只是須在藝術自由與社會秩序（公然猥褻）之間作衡量，其中當然是藝術自由比較值得保護。這裡還要注意的是：藝術自由與人性尊嚴間的衡量問題，這個問題也回應到前文提及：以自我實現作為多元文化的開展前提，即以自我實現為文化憲法的衡量判準。涉及文化領域的藝術自由，以表演藝術者的自我決定為核心，國家不應以人性尊嚴為憲法的最高價值，反而介入或決定個人的最終價值決定，或許對國家而言表演藝術者是客體，但表演藝術者而言他／她卻是

---

106 Vgl. *U. Steiner*, VVDStRL 42, S. 7 ff., 33 f.

自我決定的主體，這也是為何前文特別強調在涉及文化領域的爭議時，應以文化事務的自我理解為解決核心，而以「自我實現」為文化憲法的最基本依據。

最後，要強調的是，作為一個自由民主法治憲政主義的文化國，國家必須認知就文化事務的發展而言，社會上的文化社群自治具有優先性。如此一來，才能真正確保文化的多元性開展，文化國也才有可能實現。[107]

2. 國家的寬容原則

一個多元社會真正能發展並落實其「多元性」，使多元文化在社會中實質地自由開展，而實踐文化國的前提之一，是國家能寬容並保護少數或弱勢的文化社群發展，從而尊重弱勢文化社群的文化差異。國家是由社會成員組成；國家權力的行使，須透過社會大多數成員之代表的民主決定。因此，國家寬容原則的具體內涵，事實上也是社會大多數成員的寬容。只有在社會大多數成員能對不同文化社群的文化差異寬容，並且願意予以寬容，文化國的保障才有落實的可能。[108]

在一個多元文化的社會中，一個少數團體（Minderheitsgruppierung）的文化社群至少可以主張，其文化世界觀的行為準則是由其成員的大多數人所決定與承認。此文化社群的少數團體的成員，當然可以在社會上代表其文化社群，公開主張其文化世界觀是比大多數社會成員的文化世界觀更具有意義或價值，而同時也可以對其有價值性加以論證，說服他人去相信。事實上，主流文化社群與非主流文化社群的文化差異，必然造成多元社會中多元文化不可避免的衝突問題。而建構文化國的核心原則之一的國家（或社會大多數成員）的寬容原

---

107 Vgl. *P. Häberle*, Kulturverfassungsrecht im Bundesstaat, S. 15; *ders*., Kulturstaatlichkeit und Kulturverfassungsrecht, S. 33 f.

108 Vgl. *Jürgen Werbick*, Toleranz und Pluralismus, in: *I. Broer/ R. Schlüter*（Hrsg.）, Christentum und Toleranz, Darmstadt 1996, S. 107 ff.

則，即是從解決這個問題去思考。[109]

如果國家或社會大多數成員無法寬容，則採取民主制度的多元社會將沒有建立的可能性。一個「自由民主」文化國的建立，正是因為國家或社會大多數成員的寬容才有可能。如果上述的國家開始去監控與強制精神思想、道德及社會的文化世界觀意識發展，它將會有失去其「自由與民主」身分（Identität）的危險，因為這些多元之文化世界觀的意識自由開展，正是它存在與發展的基礎。因此，寬容本身乃成為自由民主憲政國家賴以生存的必要精神要件，也正是如此，國家才必須去創造、形成並保障「寬容」這個要件。所以，這個要件是自由民主的法秩序生活的泉源與資源，也是人民在文化國生活的必要條件。它並非是自然產生，而毋寧需要持續的學習與熟練。[110]

在現代的文化國中，國家本身並非不同文化事務問題的當事人，[111] 因此國家更應積極扮演其「寬容」的保護者角色。若是連非當事人都無法寬容，當事人的紛爭必然更大。如前所述，文化國不僅是透過許多以人的自我實現為核心的文化基本權，所建構之開放性多元文化的客觀價值秩序，而且是國家有義務積極促進與維護的國家目標，尤其是在與教育、學術、藝術及宗教等文化世界觀密切相關的文化領域上，國家或社會大多數成員更應堅守寬容原則，以利於多元而開放的文化自由開展。也惟有如此，不同文化社群才會尊重彼此的文化差異，一個多元文化社會的內在和平才可能產生，[112] 從而落實憲法上所保障的文化國。

---

109 Vgl. *Ben Spiecker*, öffentliche Erziehung. Ein konzeptioneller Beitrag zu einer öffentlichen Debatte, in: *F. Heyting/ H.-E. Tenorth* （Hrsg.）, Pädagogik und Pluralismus, Weinheim 1994, S. 193 ff.

110 Vgl. *E.-W. Böckenförde*, in: Säkularisation und Utopie, FS für Forsthoff （65）, abgedr. in: *ders.*, Staat, Gesellschaft, Freiheit, Frankfurt/M. 1976, S. 42 ff （60）.

111 因為國家對文化事務保持距離的中立性原則，國家本身對此等文化事務的從事與介入，乃屬「當事人不適格」。

四、我國文化公民權的可能型塑

（一）文化公民權的緣起與定位

2004 年，文建會於新任主委陳其南上任後，大力推行所謂的「文化公民權」運動，並提出「文化公民權運動宣言」，其宣言內容如下：「一、我們認為，今天的臺灣人民，不能只滿足於基本人權、政治參與權和經濟平等權的訴求，應該進一步提升為對文化公民權的新主張。二、我們呼籲，中央和地方政府有責任提供足夠的文化藝術資源，滿足各地公民共享文化的權利。三、我們呼籲，全體公民對於文化藝術活動、資源、資產與發展，應共同承擔起參與支持、維護與推動的責任。四、我們認為，每一個公民在文化藝術與審美資質的提升，乃是建立文化公民權的基本條件。五、我們主張，國家社會共同體的認同，應從傳統的血緣、地域與族群指標，轉化提升為對文化藝術與審美活動的共識和認知。六、我們最終的理想，乃在於建立一個基於文化與審美認知的公民共同體社會。」[113]

相對於本文前述已主張，以教育、學術、藝術、宗教等作為廣義的文化基本權，則文化公民權屬於狹義的文化基本權，是特別強調在「參與」的共享權面向的文化權。也就是說，文化公民權是以參與文化事務作為其權利的主要內容，保障人民得以共享文化資源，並追求其精神生活的權利。在此，所謂的「參與」，是個體進入群體的過程。因為人民的文化認同，並無法完全自我完成，而須透過對話關係加以定義。換句話說，我們成為完全的行為主體，能夠理解自己並藉此形成文化認同，都是透過意義的與他人互動和對話，而非完全

---

112 Vgl. *Johannes Neumann*, Toleranz als grundlegendes Verfassungsprinzip, in: *ders.*/M. W. Fischer, Toleranz und Repression, Zur Lage religiöser Minderheiten in modernen Gesellschaften, Frankfurt/ M. 1987, S. 75.

113 請參考李翠瑩，《文化視窗》，66 期，頁 4-5。

透過獨白的方式達成的，故文化認同需藉由有意義的他人肯認。[114] 就此而言，文化認同只有在社會情境下完成，且須建構在個體與群體的交互關聯中，單靠個人絕對無法達成。[115] 因此，文化公民權特別強調「參與」共享文化的權利，是可以理解的。

其實，「文化公民權運動宣言」的文化公民權概念，在一些國際上的人權公約也有類似規定，例如：聯合國於 1948 年通過的《世界人權宣言》第 27 條規定：「每一個人有權自由參與社區的文化生活、享受藝術以及分享科學的發展及其果實。」；1966 年通過的《經濟、社會與文化權利國際公約》第 15 條亦規定：「一、本公約締約各國承認人人有權；（1）參加文化生活；（2）享受科學進步及其應用所產生的利益……」；而《美洲人權公約，經濟、社會和文化權補充議定書》第 16 條文化利益權利規定：「一、本議定書締約各國承認每個人享有以下權利：（一）參加社區的文化和藝術生活；……」；在《非洲人權和民族權憲章》第 17 條則規定：「……二、人人可以自由參加社會的文化生活。……」[116] 足見文化公民權實可等同於狹義的文化基本權，只是一種特別強調在「參與」的共享權面向的文化權。

---

114 例如：如果個人的自我認同只是由個人內在地加以肯定，則政治所指出的許多被壓抑現象，似乎就不是壓抑，例如男人將女人當成感性、柔弱等特質，就不會對女人構成傷害，因為只要女人能自我肯定，不理會世俗的標準，男人對女人的特殊看法，不會對女性造成壓抑。參閱林火旺，〈公民身分：認同和差異〉，收於：蕭高彥／蘇文流主編，《多元主義》，臺北：中央研究院，1998 年，頁 384-385。

115 法蘭西斯‧福山著，李宛蓉譯，《信任：社會道德與繁榮的創造》，臺北：立緒，2004 年，頁 8。

116 請參考廖福特，〈從人權宣言邁向人權法典：「歐洲聯盟基本權利憲章」之實踐〉，收於：氏著《國際人權法：議題分析與國內實踐》，臺北：元照，2005 年，397 頁以下；同作者，〈歐洲聯盟基本權利憲章〉，收於：氏著《歐洲人權法》，臺北：學林，2003 年，頁 381 以下。

（二）多元文化國下文化公民權的公民概念

作為憲法價值的自由主義，向來認為文化認同屬非公共領域的事項，在此領域屬於個人自由的範圍，每一個人可自由追求其認為最適當的生活方式，各種衝突、對立的主張和生活方式，都可以在非公共領域中得到適度的發展。因此，只要不違反公共領域的規範，政府不得以任何理由干涉個人活動。自由社會的多樣性，就是在宗教、道德、思想、信仰、價值觀和生活方式的多樣性中呈現出來。自由主義則將公民認同限定在公共領域，其認為公民認同不是一個關係的自覺，而是對一個屬性的認知──亦即法律身分的認知。就此而言，每一個人都是權利的擁有者，公民身分是指每一個人都和他人一樣，都是自由、平等、理性的存在者，它超越個體的差異性，而每一個人都擁有相同的權利和義務，唯一共享的就是：尊重法律和定義彼此相等權利的適當規則，公民之間彼此並沒有共享實質的目的。因此，自由主義社會的公民，不需要共同善作為公民認同的基礎，公民身分也不必依據共享的文化加以定義，只要滿足法律上的形式條件，每一個人都是合格公民。[117]

相對於自由主義的公民概念，公民共和主義的公民觀，強調政治社群的共同目的，此一共同目的所要追求的共同善（common or public good），永遠凌駕個別公民的利益之上。共同善是社會成員共同的事業，故成員之間具有一種相互的承諾，而這個相互承諾本身就有其價值。所以，個人願意為社會整體或社會其他成員的福祉，做出必要的犧牲。也就是說，公民共和主義的公民，是建立在對一個共同善的認同上。因此，公民有積極參與政治的責任，私人利益要有系統地為公益服務。這個公民觀所重視的基本價值，主要是社群的福祉、團結、承諾、歸屬。就此而言，其對公民概念的理想，是將公民之間視為命運

---

117 林火旺，〈公民身分：認同和差異〉，《多元主義》，頁 383 以下。

共同體，公民彼此禍福相關、休戚與共。個體完全融入集體之中，社群的價值決定個人的價值，社群的目的限定個人的追求方向和目的。其強調個人在歷史、文化和社群的地位，認為個人所處的歷史和文化傳統，在個人的自我認同上扮演建構性的角色。[118]

而近來強調「差異政治」或「肯認政治」的多元文化主義，是在政治哲學上為了補救自由主義的弊端，所發展出來的理念。相對於自由主義，多元文化主義首先指出，自由主義不是所有文化的匯通，它也是一種特殊文化的產物。因此，自由主義不能聲稱自己是完全的文化中立。無差異中立原則的自由主義，是霸權文化的反映。其次，多元文化主義強調差異的存在，主張應將差異納入公共領域予以肯認，個人作為一個公民具有平等的權利之外，每一個人可能同時又是一個族群的成員，這種族群成員身分，應作為訂定政治原則的重要考量，因文化和族群是構成社會的一個獨立單位，有其獨特的認同需要肯認。再者，在平等尊嚴的政治上，應將文化和族群的集體目標納入政治領域，承認文化和族群的特殊性，肯認不同文化和族群的平等價值，並且平等尊敬不同文化和族群。最後，整體來看，「多元文化」係指多種文化並存於特定時空的現象，其所欲探究者乃係在一個社會中存在數個歧異的文化群體（如族群、語言、宗教信仰、社會習俗）時，如何建立群體間對等關係，而保護其文化差異的論述。[119]

整體而言，多元文化主義與公民共和主義不同之處，在於其認為公民概念並非單一政治社群所定義，而是由許多不同社群團體所定義的，包括：種族、

---

118 同上註，頁 385 以下。

119 請參考洪泉湖，《臺灣的多元文化》，臺北：五南，2005 年，頁 10；簡成熙，〈多元文化教育的論證、爭議與實踐〉，收於：但昭偉／蘇永明主編，《文化、多元文化與教育》，臺北：五南，2000 年，頁 85。

民族、性別、宗教、文化等。而依文建會對文化公民權的描述：「所謂的公民權，並不是單純指涉年紀，因為公民的作用不是發生在單一個人身上，而是在群體之中，是在共同體裡產生的概念，用來描述相對於群體之個體成員的權利與義務關係。臺灣今日已經達到政治公民權與經濟公民權的社會建構，接著就是文化公民權的伸張，一種以文化藝術欣賞能力為基礎的公民資格認定。文化公民權的意義不只是在訴求政府應提供充足之文化藝術資源，保障公民充分享有的權利，更進一步訴求公民在參與、支持和維護文化藝術發展活動的責任，我們應該調整過去主要基於血緣、族群、歷史、地域等的身分認同，開始從文化藝術和審美的角度切入，重建一個屬於文化和審美的公民共同體社會。」[120]在此，突破過往有關「公民權」的意義，超越從政治、經濟、社會等層面，討論政府對於人民所應保障的權利，而呼應了多元文化主義的公民概念。在多元文化國的「文化公民權」，就是希望把文化藝術納入政府對人民應保障的權利範圍，進一步要求國家盡最大可能的義務，提供更為完善的文化藝術活動資訊，更為普遍的文化藝術參與機會，更為完善的文化藝術創作體系與支持環境等。[121]

（三）文化公民權作為文化國的社會整合職責

　　國家所保障的社會整合（Die soziale Integration），不僅僅倚賴於國家組織機構的功能化及國家行為的功效，還奠基於以文化所建立的整合基礎以及社會正當性的支持，而社會認同其實是由文化因素所產生。[122]這種關聯性，使我們在回溯文化國的歷史發展時，更清晰地瞭解，為什麼國家最初會將文化的獨

---

120 請參考李翠瑩，《文化視窗》，66 期，頁 4-5。
121 請參考許育典，《文化憲法與文化國》，頁 294。
122 Vgl. *Norbert Wimmer*, Kulturauftrag im staatlichen Gemeinwesen, VVDStRL 42（1984），S. 83 ff.; *Ulrich K. Preuß*, Revolution, Fortschritt und Verfassung, Frankfurt/ M. 1994, S. 107 ff.

立化發展過程視為是危險的：國家的存續與功能都會受到文化的指引和影響。因此，當國家面對獨立自主的文化時，就會發現關乎它自身存立的要件，已經不再由國家自己掌握。這便是國家為什麼持續不斷地對文化的自主性發展[123]施加壓力與威脅，以及迄今為止只有極少的文化國模式產生的原因。文化自治的形成，是社會功能差異化過程中的一部分。這一過程，使不同的社會領域按照他們自身獨特的理性標準進行活動，並將國家從其原有的全方位的指導位置中排除出去。[124]文化自治，是憲法中廣義文化基本權的保障，也使文化公民權下個人與團體的文化自由獲普遍確認，而在這種文化公民權的自由之外，國家不再享有自我的文化型塑權。[125]

如果從個人的憲法權利的保障地位出發，文化國的社會整合職責就會受到更突出的強調。[126] 在此，可以參考的是，德國基本法用最為明確的模式，賦予了人民不可侵犯的人性尊嚴。而德國在國家的功能行使上，也應完全以維護人性尊嚴為基準。德國基本法的這一基本判斷，既具體落實於基本權的保障方面，又體現在國家機構的設置和職權行使過程中。就此而言，基本權建構了一個人民的自由領域，在這一領域中，人民的人性尊嚴能夠獲得自我實現。而誠

---

123 Vgl. *Michael Kilian*, Auswärtige Kurturverwaltung zwischen kultureller Autonomie und staatliche Lenkung, in: *H.-J. Birk/ A. Dittmann/ M. Erhardt*（Hrsg.）, Kulturverwaltungsrecht im Wandel, Professor Dr. Dr. h.c. Thomas Oppermann zum 50. Geburtstag, Stuttgart 1981, S. 111 ff.

124 *D. Grimm*, VVDStRL 42（1984）, S. 80.; vgl. auch *P. Häberle*, Aspekte einer kulturwissenschaftlich-rechtsvergleichenden Verfassungslehre in „weltbürgerlicher Absicht" — die Mitverantwortung für Gesellschaften im Übergang, in: *R. Pitschas*（Hrsg.）, Entwicklungen des Staats- und Verwaltungsrechts in Südkorea und Deutschland, Berlin 1998, S. 25 ff.

125 Vgl. *M.-E. Geis*, Kulturstaat und kulturelle Freiheit, S. 215 f.; vgl. auch *Gregor Thüsing*, Kirchenautonomie und Staatsloyalität, DÖV 1998, S. 25 ff.

126 Vgl. *Thomas Fleiner-Gerster,* Kulturauftrag im staatlichen Gemeinwesen, VVDStRL 42（1984）, S. 90 ff.

如前述，我國憲法上基本權的最終目標，也在於保障人的自我實現。正如我國憲法第 1 條「民享」規定所體現的社會國保障，[127] 憲法不僅保障人的自我實現作為形式化的理想模式，還將人自我實現的實質性要件落實於具體條文中，尤其是憲法的基本國策規定。而人自我實現的界限，只在於其他人的同等自由。憲法使國家的政治統治，受其所應承擔具期限規定的社會委託拘束，而統治時又將這種社會委託分發給不同的、能夠獨立做出決定的國家機構來承擔，並確保決定過程是透明和公開的。藉此，嘗試在國家機構的組織上確立，使因保障個人自由而產生的意見和利益分歧，不會受到確定的公共利益所強制。因此，國家對於文化的照顧，必須顧慮到在多元文化生活領域基本權所確保的文化自治。這種文化照顧，必須與國家基於政治動機而對文化進行的指導相分離，並保護文化免於受到來自第三者的文化外部影響。[128]

　　事實上，文化與人的個性，是不可分離的連接在一起（Kultur ist untrennbar mit der Personalität des Menschen verbunden.）。[129] 因此，文化也可在我國憲法第 22 條的自我實現保障條款，找到一般性的憲法建構基礎。而且，我國憲法中的文化要素（例如：教育、學術、宗教、著作或出版），包含在基本權目錄規定，並非偶然。這一點也表明：文化是自由的文化，同時也是自由權利中所蘊含的文化。據此，文化國家的行為應有其主要的目標，即須服務於人的文化自我實現。[130] 這一點在教育領域表現的非常清晰：如果國家試圖在

---

127 文化國的行為並非社會國原則的具體化，而是源於一種內容獨立的政治或憲法委託。文化優先並非以社會國原則為前提。基本法中規定的社會委託，也涉及文化領域的社會情況，而且在社會阻礙的觀點下也涉及公共文化的國家介入問題。然而，這種社會委託並不認同國家具有如下職能，即將開放式的藝術與學術要求與「社會認同」的標準，或是對「社會至關重要」的標準，加以連結。Vgl. U. Steiner, VVDStRL 42, S. 42 ff.

128 Vgl. *D. Grimm*, VVDStRL 42（1984），S. 65 f.（81）.

129 *D. Grimm*, VVDStRL 42（1984），S. 65.

意識型態上塑造個人，就是違背憲法的。所以，只有國家具備一種「開放」的文化理解（ein „offenes" Kulturverständnis），國家才會符合其文化國的職責。這種文化國下開放的文化理解：一方面是為了保障經長期沿襲的文化認同要素；再方面則是確保個人自由權利的創造性開展；三方面則是將文化的多元化現狀作為現實予以接受，並在原則上給予平等的法律確認。[131]

最後，如果人作為個人的自我理解，卻受到國家或社會上文化發展的限制，此時有違文化國下開放的文化理解，則應該回溯到憲法的文化國保障，即此時應以個人的文化自我實現為出發點，而國家須盡可能地為個人自由的文化理解而服務。在尚未確保個人的多元文化基礎的情形下，憲法解釋必須顧慮到，有些規定雖是憲法為了保障個人而設立，卻可能存在有目的缺失，或甚至在某些極端的情形下已經過時。這一點也涉及到：將基本權作為人民個性與人格獨立的最重要保障，[132] 尤其是在其人格開展的文化理解上。由於古典基本權欠缺社會及文化理解，目前在理論上大部分已經做了補充，且持續開展中。這一點，Peter Häberle 從文化國的基本要求而衍生出的基本權理論，也為此提供了支持理由。[133] 而文建會提倡的「文化公民權」運動，因文化公民權主要是人民有共享文化藝術的權利，其實踐正可作為文化國的社會整合職責，因為國家可經由文化公民權的落實義務，瞭解人民在社會共同體的文化生活需求，使臺灣進一步真正成為一個文化國。

---

130 *M.-E. Geis*, DÖV 1992, S. 525.

131 Vgl. *P. Häberle*（Hrsg.），Kulturstaatlichkeit und Kulturverfassungsrecht, S. 14 f.

132 Vgl. *Günter Rager*（Hrsg.），Beginn, Personalität und Würde des Menschen, München 1997, S. 170 ff.

133 在這種憲法解釋中，多元文化基礎被視為個人在國家生活中至關重要的權利及其社會要件，而予以保障。在此，這些權利不僅應被理解為國家權力的憲法限制，還應被作為在基本法中所確認的國家民主的法秩序。Vgl. *P. Häberle*, Die Wesensgehaltsgarantie des Art. 19 Abs. 2 GG, Aufl. 3, Heidelberg 1983, S. 385 ff.

（四）文化公民權作為文化國的文化權保障

從以上的討論，我們可以理解，「文化公民權」泛指的是憲法應保障人民享有文化基本權，而且特別強調在共享文化藝術的權利。德意志聯邦共和國內之所以能產生多元文化社會，其原因可說來自於德國基本法中可見的憲法基礎。更確切地說，這個憲法基礎就是基本法中的文化基本權。這些文化基本權保障個人文化認知的自由開展，而且特別保護其重要的表現方式。[134]

基本法第 5 條第 3 項中規定的藝術自由，受到了最高層級的保護，國家只有為維護其他憲法利益時，才能對其進行限制。藝術自由使得藝術的多樣化自由開展成為可能，包含了從日常生活到比較高等的藝術的保護。[135] 同樣，根據基本法第 5 條第 3 項，學術自由也受到了與藝術自由程度相當的保護。學術自由不僅保障文化團體的特殊學術研究，同樣保障以教學模式進行的學術傳播 —— 如在某些私人團體的科研機構以及國立大學中所進行的那樣。[136] 基本法第 5 條第 1 項、第 2 項中規定的，並由一般性法律作出限制的意見表達自由、出版自由、廣播自由及電視自由，特別賦予了人民成立私人報社、私人電台、電視台的特別權利，同時也包含了國家對以公法組織形式[137] 建立的文化團體應予尊重的權利。基本法第 7 條第 4 項規定的私人興學自由，賦予了文化團體建立和經營獨立私人學校的權利，而且使其可追求自身獨立的教育目標，而不必遵守公立學校教育目標。這一點不僅是文化多樣性不至於被排除的保障，更是文化多樣性的要求。[138] 父母可以根據基本法第 6 條第 2 項所規定的父母親權，

---

134 Vgl. *Ingo Richter*, Multireligiöser Religonsunterricht in einer multikulturellen Gesellschaft?, RdJB 1993, S. 258 f.

135　BVerfGE 30, 173.

136 BVerfGE 35, 79.

137 BVerfGE 12, 205; auch 57, 295; 73, 118; 74, 297.

在家庭中對自己的孩子按照自己的文化理念進行教導，[139] 並對孩子的學校教育，透過諸如選擇私立學校，或是某個特定的公立學校，而施加影響。[140] 最後，是基本法第 4 條第 1 項和第 2 項中規定的宗教信仰自由。這一自由權利可以說是多樣性文化中最古老的一種權利。[141] 而架構在上述諸項文化基本權之上的，則是基本法第 2 條第 1 項所規定的人格自由開展基本權，在這項基本權中，處於首要位置的當然是人格的自由開展，其次也包含的是基本法第 3 條第 1 項與第 3 項所規定的文化利益的平等開展。[142]

上述文化基本權並非只有德國人民享有，而是屬於所有人。因此，所有在德國生活和居住的外國人民，同樣可以援引上述文化基本權。[143] 另外，這些文化基本權也並非僅賦予人民個人，根據基本法第 19 條第 3 項的規定，社會組織同樣享有上述權利，只要其具備組織獨立性——因為根據第 19 條第 3 項的規定，基本權根據其相符性質同樣可適用於社會組織。然而，文化基本權目前原則上仍是一種純粹的個人權利，例如：人格自由開展及父母的親權；例外還包含一些集合性權利，例如：私人興學權或是廣播電視自由權。人民是否能

---

138 BVerfGE 75, 40.

139 BVerfGE 7, 320; 47, 46.

140 BVerfGE 34, 165.

141 Vgl. H*anns Engelhardt*, Staatskirchentum und Religionsfreiheit, in: *H. Avenarius/ ders./ H. Heussner/ F. v. Zezschwitz* （Hrsg.）, Festschrift für Erwin Stein zum 80. Geburtstag, S. 13 ff.

142 幾乎所有在文化範疇內，並非由藝術、學術、意見表達或是教育自由所涵蓋的權利，都屬於人格自由開展的範疇，特別是「日常生活藝術」，諸如喜好、衣著、歡慶節日及其他各種事項。而基本法第 3 條第 3 項特別禁止：因為屬於特定的文化團體、或是出身、種族、語言、籍貫或是信仰而進行的歧視，當然也算是文化團體自由開展的保護。請參考 *Stefan Kadelbach*, Kommunaler Kulturbetrieb, Freiheit der Kunst und Privatrechtsform, NJW 1997, S. 1114 ff.; *G. Roellecke*, DÖV 1983, S. 653; *I. Richter*, RdJB 1993, S. 259.

143 *I. Richter*, RdJB 1993, S. 258.

夠為了文化的自由開展,而以集合模式要求上述文化基本權,完全取決於這些文化基本權本身的屬性,究竟是否適宜以集合模式行使。[144]

有一點是非常明確的:這些文化基本權就其起源和本質而言,都屬於自由權利的範疇。也就是說,這些文化基本權的根本屬性,是保障人民在文化領域內自由開展文化的自由,同時這些自由既可以單獨,也可以以集合的模式享有。這一結論首先意味著,只要人民在各項法律所限定的範圍內實施上述基本權,國家就不能侵犯人民的文化自由。這一點可以稱作是文化基本權的消極內涵。它同樣意味著,一個人民的文化自由不能受到另一人民的文化自由的限制,因為國家負有在文化國中保障所有的團體都享有實踐文化自由的職責。[145]透過人民真正的享有實踐文化自由的權利,以及國家負有保障和資助這些文化基本權行使的職責。例如:對人民特定的經濟資助請求的保障,這種對自由權利的保障,同樣會產生積極的效果,而形成文化基本權的積極內涵。[146]

綜上所述,在文化基本權的保障之下,不僅賦予了人民個人有共享文化藝術的權利,而且人民也可組成各種文化團體,去發展和保持自身獨立的文化個性的可能。[147]就此而言,憲法經由廣義文化基本權的保護,的確為文化國的

---

144 BVerfGE 4, 96.

145 BVerfGE 73, 261; vgl. auch *Otfried Höffe*, Vernunft und Recht, 1. Aufl., Frankfurt/ M. 1996, S. 49, 53 ff., 91 ff.

146 BVerfGE 12, 205; BVerfGE 35, 79; BVerfGE 43, 291; vgl. auch *Denise Buser*, Dimensionen einer kulturellen Grundrechtssicht, ZSR 1998, S. 1 ff.

147 從這些文化基本權的屬性源於自由權的思考出發,可以引申出以下結論:文化團體被限制在其自身的文化下活動;但基本法並不禁止文化團體介紹和評價其他團體的文化。只要文化團體遵守一般性的法律規定,同時不侵害其他文化團體的自由權利,它當然可以保持其單面(einseitig)發展。基本法並非在外部多元化(Außenpluralismus)之下亦要求內部的多元化(Binnenpluralismus)。因為內部的多元化將現代國家限定為「危險防禦」的正當性模式,因此不會產生出諸如「國家共同體的文化職責」之類的理念。但不能否認的是,國家不僅具有防禦危險的職責,同樣具有為人民提供生存照顧的職責——這一點與危險防禦具有不同的效

存立提供了保障，同時也建構了狹義文化基本權的相同客觀法保護。因此，從憲法第 22 條導出的狹義文化基本權，即文建會提倡的「文化公民權」，其本身不僅可作為主觀權利的請求權，一方面是作為防禦權，請求國家不干涉人民的文開展化自由，另一方面則作為共享權，請求國家讓人民平等共享文化生活資源；而且可作為要求國家中立與寬容的客觀法保障，使文化公民權成為文化國下對文化權的立法、行政與司法保護。[148]

五、結論

臺灣社會長期以來，由於政府全面積極發展經濟的物質文化取向，民間社會普遍存在著一種重視物質享受，但精神壓抑的文化現象。作為一個法律人，嘗試思索，在規範建構上是否可能有所突破，建立國家在精神文化公共設施的促進與照顧義務。其實，相對於德國基本法對文化國條款的付諸闕如，我國憲法在憲法增修條文第 10 條第 11 項明文規定：「國家肯定多元文化，……。」此規定完全確立了憲法將文化國作為國家目標的根本立場。然而，將兩國在文

果。因此，文化仍然可以在其自身範圍內保持其同一性。多元文化開展的保障屬於國家的一項職責，但這一職責卻不能透過在國家內部對文化團體的文化同一性施壓而達成。請參考 *P. Häberle*, Wahrheitsprobleme im Verfassungsstaat, 1. Aufl., Baden-Baden 1995, S. 79 ff.

148 在具體的問題上，接下的可能提問是，從憲法第 22 條導出的「文化公民權」，究竟可以產生哪些具體的文化公民權？在文化公民權作為主觀權利的請求權上，例如：人民有無講方言的自由，這當然可由文化公民權作為防禦權來主張；又例如：人民得否主張古蹟免於被拆除的權利，這時除非是人民私有古蹟可主張財產權防禦，但恐難以文化公民權直接主張防禦權，比較是會涉及共享權的問題，如古蹟被拆除將影響文化資源的共享權。在文化公民權作為客觀法的國家保護上，例如：行政機關對藝術工作者未能確實獎勵，這一方面是文化公民權的客觀法保障，一方面也是憲法上基本國策規定的國家目標，兩者對所有的國家權力而言，應具法律上的拘束力，除了在權力運作時不可牴觸外，更應積極促進並維護；因此，行政機關對藝術工作者未能確實獎勵，將會構成違憲的問題。

化國的憲法實踐略加比較，不得不感嘆憲法文本確非憲法實踐與否的關鍵，問題應該是：人民與國家對憲法文本的憲法認知與憲法感情。文化國作為文化基本權的客觀價值決定，實為文化憲法實踐的靈魂，憲法學者應該戮力以赴，使其成為人民與國家的堅定文化素養。

在德國的憲法學討論上，一開始經由各邦憲法的規定，也將文化相關的重要內容引入了基本法，藉著各邦憲法所規定的文化事務，將憲法的視野拓展到文化生活領域。事實上，基本法已在其基本權個人主義基礎上，將個人的自我實現加以關照，其以具備言論、藝術、良心、宗教和世界觀等導向的個人自我實現為基礎。在這些文化相關基本權規定的保障上，透過及借助多元化的教育，促使人民學會多元文化的生活，使個人認知其文化生活世界的意義，並理解其意義的價值導向。而這些文化基本權就其起源和本質而言，都屬於自由權利的範疇。也就是說，這些文化基本權的根本屬性，是保障人民在文化領域內自由開展文化的自由。這一方面意味著，只要人民在法律規定範圍內實施文化基本權，國家就不能侵犯人民的文化自由，這就是文化基本權作為主觀權利的主要功能。而另一方面也同樣意味著，一個人民的文化自由不能受到其他人民文化自由（或國家）的限制，因為在文化國作為文化基本權客觀價值決定的憲法義務上，使國家負有在文化國中保障所有人民都享有實踐文化自由的職責。在文化基本權作為主觀權利與客觀價值決定的功能建構下，一來人民可以真正的享有實踐文化自由的權利（主觀權利），二來國家負有保障和資助這些文化基本權行使的文化國職責（客觀價值決定）。

文化國的保障，是相對於文化基本權以自我實現為本質的主觀權利面向，成為其在客觀價值決定面向上，促成人在多元社會最大可能自我實現的原則建構。而由此文化基本權作為客觀價值決定的憲法誡命，形成文化國保護人的自我開展的原則，並且透過此原則，使人有可能自我決定，從而追求最適的自

我實現。如果確保每個人自我決定與開展的自由，個體將能發揮生命內在的本性，成為自己所希望的人，選擇自己想要的生活方式。就此而言，落實憲法保障的個人自我決定與開展，社會中的各色文化才得以多元繁雜的面貌呈現，而成就多元文化的開展。相對於此，國家若能維護多元文化的開展，每個人自我實現的人生也才有可能。所以，國家應致力在文化差異的自我實現保護上，當個人受到某種主流文化的介入、塑造時，或具有個別文化認同的自主決定與開展時，如何透過我國憲法的規定，特別是增修條文第 10 條第 11 項的文化國家目標條款，保護個人或少數團體在文化上的自主性，是臺灣邁向文化國的憲法建構基礎。

最後，要特別強調的是，隨著社會的多元、進步與成熟開展，人民的生活價值觀也開始從物質而轉變到精神。先進國家在發展工業與經濟之虞，也多致力於環境和文化生活的關懷。較進步的歐美國家，莫不投入於文化政策與制度的建立。在全球化的趨勢下，臺灣要在國際間生存，在經濟方面除了要積極推動產業升級之外，在社會方面也必須思考應如何建立多元文化的社會，以及如何營造一個社會的文化藝術生活環境？其中，在多元文化國的國家任務下，尤其要努力落實文化公民權的達成。所以，臺灣作為一個文化國，國家應思考如何保障人民的文化參與共享權，如何讓人民藉由享受文化資產、親近文化資產，進而產生地方文化認同，發揚與愛護地方文化，提升文化生活環境和品質，進一步落實文化公民權。一個沒有文化的社會，是一個沒有根的社會，很容易受到外力的影響而搖晃、動盪，這也正是臺灣目前社會現象的問題癥結。因此，文化公民權的建構與保障，是臺灣邁向文化國家刻不容緩的工作。

參考文獻

一、中文部分

李翠瑩，2004，〈文化公民權運動：文化論壇系列：啟動「族群與文化發展會議」〉。《文化視窗》66：4-5。

林火旺，1998，〈公民身分：認同和差異〉，收於：蕭高彥／蘇文流主編，《多元主義》。臺北：中央研究院。

林紀東，1993，《中華民國憲法釋論》，56 版。臺北：大中國。

法蘭西斯・福山著，李宛蓉譯，2004，《信任：社會道德與繁榮的創造》。臺北：立緒。

俞懿嫻，2000，〈從文化哲學論現代文化教育的困境〉，收於：但昭偉／蘇永明主編，《文化、多元文化與教育》。臺北：五南。

洪泉湖，2005，《臺灣的多元文化》。臺北：五南。

許育典，2003，〈多元文化國〉。《月旦法學教室》6：36-39。

＿＿＿＿，2000，《法治國與教育行政：以人的自我實現為核心的教育法》。臺北：高等教育。

＿＿＿＿，2005，《教育憲法與教育改革》。臺北：五南。

＿＿＿＿，2005，《宗教自由與宗教法》。臺北：元照。

＿＿＿＿，2006，《文化憲法與文化國》。臺北：元照。

陳新民，1999，《中華民國憲法釋論》，3 版。臺北：三民。

廖福特，2003，〈歐洲聯盟基本權利憲章〉。收錄於廖福特著，《歐洲人權法》。臺北：學林。

＿＿＿＿，2005，〈從人權宣言邁向人權法典：「歐洲聯盟基本權利憲章」之實踐〉。收錄於廖福特著，《國際人權法：議題分析與國內實踐》。臺北：元照。

蕭高彥／蘇文流主編，1998，《多元主義》。臺北：中央研究院。

簡成熙，2000，〈多元文化教育的論證、爭議與實踐〉。收錄於但昭偉／蘇永明主編，《文化、多元文化與教育》。臺北：五南。

二、德文部分

Alexy, Robert, 1994, Theorie der Grundrechte, 2. Aufl., Frankfurt/M.

Arnim, Hans Herbert, 1977, Gemeinwohl und Gruppeninteressen, Frankfurt/M.

Avenarius, Hermann, 1995, Die Rechtsordnung der Bundesrepublik Deutschland, Bonn.

Benda, Ernst, 1985, Probleme des Föderalismus, Tübingen.

Böckenförde, Ernst Wolfgang, 1990, Grundrechte als Grundgesetznormen, Der Staat.

_____, 1975, Kreuze（Kruzifixe）in Gerichtssälen?, ZevKR 20, S. 119, 130.

_____, 1976, Die Entstehung des Staates als Vorgang der Säkularisation, in: *ders.*, Staat — Gesellschaft — Freiheit, Frankfurt/M.

_____, 1976, in:Säkularisation und Utopie, FS für Forsthoff (65), abgedr. in: *ders.*, Staat, Gesellschaft, Freiheit, Frankfurt/M.

Britz, Gabriele, 2000, Kulturelle Rechte und Verfassung: Über den rechtlichen Umgang mit kultureller Differenz, Tübingen.

Buser, Denise, 1998, Dimensionen einer kulturellen Grundrechtssicht, ZSR 1998.

Campenhausen, Axel Frhr., 1994, Der heutige Verfassungsstaat und die Religion, in: *J. Listl/ D. Pirson* (Hrsg.), Handbuch des Staatskirchenrechts der Bundesrepublik Deutschland, 2. Aufl., Bd. I, Berlin , § 2, S. 47, 77.

Di Fabio, Udo, 1998, Das Recht offener Staaten, Tübingen.

Dreier, Ralf, 1991, Recht — Staat — Vernunft, 1. Aufl., Frankfurt/ M.

Dürig, Günter, 1956, Der Grundrechtssatz von der Menschenwürde, AöR 81, S. 136 ff.

Eilers, Rolf, 1963, Die nationalsozialistische Schulpolitik, Köln.

Engelhardt, Hanns, Staatskirchentum und Religionsfreiheit, in: *H. Avenarius/ ders./ H. Heussner/ F. v. Zezschwitz* （Hrsg.）, Festschrift für Erwin Stein zum 80. Geburtstag, S. 13 ff.

Evers, Hans-Ulrich, 1983, Kulturauftrag im staatlichen Gemeinwesen, NJW, S. 2161 ff.

Fechner, Frank, 1999, Geistiges Eigentum und Verfassung, Tübingen.

Fleiner-Gerster, Thomas, 1984, Kulturauftrag im staatlichen Gemeinwesen, VVDStRL 42 , S. 90 ff.

Geis, Max-Emanuel, 1990, Kulturstaat und kulturelle Freiheit, Baden-Baden.

_____, 1992, Die "Kulturhoheit der Länder", DÖV , S. 524.

Gerhardt, Gerd, 1989, Kritik des Moralverständnisses——Entwickelt am Leitfaden einer Rekonstruktion von "Selbstverwirklichung" und "Vollkommenheit", Bonn.

Grimm, Dieter, 1984, Kulturauftrag im staatlichen Gemeinwesen, VVDStRL 42, Berlin, S. 46 ff.

Gröschner, Rolf, 1995, Menschenwürde und Sepulkralkultur in der grundgesetzlichen Ordnung, Stuttgart.

Gullo, Peter, 2003, Religions- und Ethikunterricht im Kulturstaat, Berlin.

Häberle, Peter（Hrsg.）, 1979, Kulturpolitk in der Stadt - ein Verfassungsauftrag, Heidelberg.

_____, 1980, Kulturverfassungsrecht im Bundesstaat, Wien.

_____, 1980, Erziehungsziele im Verfassungsstaat, RdJB, S. 368 ff.

_____, 1982, Kulturstaatlichkeit und Kulturverfassungsrecht, Darmstadt.

_____, 1982, Verfassungslehre als Kulturwissenschaft, Berlin.

_____, 1982, Wertepluralismus und Wertewandel heute, München.

_____, 1983, Die Wesensgehaltsgarantie des Art. 19 Abs. 2 GG, Aufl. 3, Heidelberg.

_____, 1987, Feiertagsgarantien als kulturelle Identitätselemente des Verfassungsstaates, Berlin.

_____, 1988, Der Sonntag als Verfassungsprinzip, Berlin.

_____, 1988, Das Menschenbild im Verfassungsstaat, Berlin.

_____, 1994, Europäische Rechtskultur, Baden-Baden.

_____, 1995, Wahrheitsprobleme im Verfassungsstaat, 1. Aufl., Baden-Baden.

_____, 1998, Aspekte einer kulturwissenschaftlich-rechtsvergleichenden Verfassungslehre in "weltbürgerlicher Absicht" ——die Mitverantwortung für Gesellschaften im Übergang, in: R. Pitschas （Hrsg.）, Entwicklungen des Staats- und Verwaltungsrechts in Südkorea und Deutschland, Berlin, S. 25 ff.

Heckel, Martin, 1986, Zur Errichtung theologischer Fakultäten und Studiengänge im Spannungsfeld von Kulturverfassungsrecht und Staatskirchenrecht, in: *R. Bartlsperger/ D. Ehlers/ W. Hofmann/ D. Pirson* (Hrsg.), Rechtsstaat Kirche Sinnverantwortung, Festschrift für Klaus Obermayer zum 70. Geburtstag, München, S. 181 ff.

_____, 1996, Das Kreuz im öffentlichen Raum. Zum Kruzifix-Beschluß des Bundesverfassungsgerichts, DVBl. S. 472 ff.

Höffe, Otfried, 1996, Vernunft und Recht, 1. Aufl., Frankfurt/ M.

Hsu, Yue-dian, 2000, Selbstverwirklichungsrecht im pluralistischen Kulturstaat. Zum Grundrecht auf Bildung im Grundgesetz, Tübinger Schriften zum Staatsrecht und Verwaltungsrecht, Band 54., Berlin, S. 56 f.

Huber, Ernst Rudolf, 1982, Zur Problematik des Kulturstaats, in: P. Häberle (Hrsg.), Kulturstaatlichkeit und Kulturverfassungsrecht, Darmstadt, S. 122 ff. (125 ff.).

Isensee, Josef, 1984, Aussprache, Kulturaufrag im staatlichen Gemeinwessen, VVDStRL 42, Berlin/New York, S. 133.

_____, 1999, Die alte Frage nach der Rechtfertigung des staates, JZ.

Jellinek, Georg, 1913, Allgemeine Staatslehre, 3. Aufl., (Neudruck Kronberg i. Ts. 1976).

Jung, Ottmar, 1973, Die Entwicklung des Kulturstaatsbegriffs von J. G. Fichte bis zur Gegenwart, Diss. iur., Würzburg.

_____, 1976, Zum Kulturstaatsbegriff, Meisenheim am Glan.

Kadelbach, Stef, 1997, Kommunaler Kulturbetrieb, Freiheit der Kunst und Privatrechtsform, NJW, S. 1114 ff.

Kilian, Michael, 1981, Auswärtige Kurturverwaltung zwischen kultureller Autonomie und staatlicher Lenkung, in: *H.-J. Birk/ A. Dittmann/ M. Erhardt* (Hrsg.), Kulturverwaltungsrecht im Wandel, Professor Dr. Dr. h.c. Thomas Oppermann zum 50. Geburtstag, Stuttgart, S. 111 ff.

Klages, Helmut/ Schäfer, Peter, 1983, Organisation kommunaler Kulturverwaltung, Speyer.

Kopke, Wolfgang, 1995, Rechtschreibreform und Verfassungsrecht, Tübingen.

Köstlin, Thomas, 1989, Die Kulturhoheit des Bundes, Berlin.

Krüger, Herbert, 1966, Allgemeine Staatslehre, Stuttgart.

Lampe, Ernst-Joachim, 1995, Was ist Rechtspluralismus?, in: E.-J. Lampe (Hrsg.), Rechtsgleichheit und Rechtspluralismus, Baden-Baden, S. 8 ff.

Lipp, Wolfgang, 1994, Drama Kultur, Berlin.

Loschelder, Wolfgang, 1976, Kommunale Selbstverwaltungsgarantie und gemeindliche Gebietsgestaltung, Berlin.

Luhmann, Niklas, 1977, Funktion der Religion, Frankfurt/M.

Maihofer, Werner, 1994, Kulturelle Aufgaben des modernen Staates, in: *E. Benda/ W. Maihofer/ H.-J. Vogel* (Hrsg.), Handbuch des Verfassungsrechts der Bundesrepublik Deutschland, 2. Aufl., Berlin, § 25 Rdnr. 9.

Maurer, Hartmut, 1999, Staatsrecht, München.

Neumann, Johannes, 1987, Toleranz als grundlegendes Verfassungsprinzip, in: *ders./ M. W. Fischer*, Toleranz und Repression, Zur Lage religiöser Minderheiten in modernen Gesellschaften, Frankfurt/ M., S. 75.

Oppermann, Thomas, 1969, Kulturverwaltungsrecht, Tübingen.

Pieroth, Bodo / Siegert, Anja, 1994, Kulturelle Staatszielbestimmungen, RdJB, S. 438 ff.

Preuß, Ulrich K., 1994, Revolution, Fortschritt und Verfassung, Frankfurt/ M.

Rager, Günter (Hrsg.), 1997, Beginn, Personalität und Würde des Menschen, München .

Ramm, Thilo, 1983, Bildung, Erziehung und Ausbildung als Gegenstand von Grundrechten, in: *H. Avenarius/ H. Engelhardt/ H. Heussner / F. v. Zezschwitz* (Hrsg.), Festschrift für Erwin Stein zum 80. Geburtstag, Bad Homburg vor der Höhe, S. 239 ff.

Richter, Ing, 1993, Multireligiöser Religonsunterricht in einer multikulturellen Gesellschaft?, RdJB, S. 258 f.

Roellecke, Gerd, 1983, Kulturauftrag im staatlichen Gemeinwesen, DÖV, S. 654.

Schapp, Jan, 1998, Grundrechte als Wertordnung, JZ, S. 913 ff.

Scheuner, Ulrich, 1973, Kirche und Staat in der neueren deutschen Entwicklung, in: *ders.*, Schriften zum Staatskirchenrecht, Berlin, S. 121.

_____, 1981, Die Kunst als Staatsaufgabe im 19. Jahrhundert, in: *E. Mai/ St. Waetzoldt* (Hrsg.), Kunstverwaltung, Bau- und Denkmal-Politik im Kaiserreich, Berlin, S. 13-46.

Schlaich, Klaus, 1972, Neutralität als verfassungsrechtliches Prinzip, vornehmlich im Kulturverfassungs- und Staatskirchenrecht, Tübingen.

Schmidt-Aßmann, 1981, *Eberhard*：Die kommunale Rechtsetzung im Gefüge der administrativen Handlungsformen und Rechtsquellen, München.

Schmitt, Carl, 1957, Verfassungslehre, 3. Aufl., Berlin.

_____, 1958, Legalität und Legitmität, in: *ders.*, Verfassungsrechtliche Aufsätze aus den Jahren 1924-1954, Berlin, S. 263, 274.

Smend, 1928, Rudolf：Verfassung und Verfassungsrecht, unverändert abgedruckt in: Staatsrechtliche Abhandlungen, Berlin 1955, S. 189 ff.

Sommermann, Karl-Peter, 1997, Staatsziele und Staatszielbestimmungen, Tübingen.

Spiecker, Ben, 1994, öffentliche Erziehung. Ein konzeptioneller Beitrag zu einer öffentlichen Debatte, in: *F. Heyting/ H.-E. Tenorth* (Hrsg.), Pädagogik und Pluralismus, Weinheim, S. 193 ff.

Steiner, Udo, 1984, Kulturauftrag im staatlichen Gemeinwesen, VVDStRL 42, Berlin, S. 7 ff.

_____, 1983, die Beratungen der Vereinigung der Deutschen Staatsrechtslehrer zu dem Thema „Kulturauftrag im staatlichen Gemeinwesen" (VVDStRL 42), mit den Referaten von *U. Steiner* und *D. Grimm*.

Thüsing, Gregor, 1998, Kirchenautonomie und Staatsloyalität, DÖV, S.25 ff.

Unruh, Christoph v. Georg/ Thieme, Werner/ Scheuner, Ulrich, 1981, Die Grundlagen der kommunalen Gebietsreform, 1. Aufl., Baden-Baden.

Wahl, Rainer, 1987, Grundrechte und Staatszielbestimmungen im Bundesstaat, AöR 112, S. 47.

Weber, Werner, 1976, Selbstverwaltungskörperschaften in der Rechtsprechung des Bundesverfassungsgerichts, in: *Christian Starck* (Hrsg.), Bundesverfassungsgericht und Grundgesetz, Tübingen, S. 331 ff.

Werbick, Jürgen, 1996, Toleranz und Pluralismus, in: *I. Broer/ R. Schlüter* (Hrsg.), Christentum und Toleranz, Darmstadt, S. 107 ff.

Wermke, Jutta, 1998, Von "Konsum" zu "Kultur", Z. f. P. S. 85 ff.

Wimmer, Norbert, 1984, Kulturauftrag im staatlichen Gemeinwesen, VVDStRL 42, S. 83 ff.

設置族群型代表性行政機關的理論論證 *

一、前言

　　當代絕大多數的民主國家採行了代議政體，作為實現人民主權的政府形式。所謂代議政體是在自由競爭的選舉、廣泛的政治參與，以及公民享有高度的政治自由為前題之下，由民選議員代表整體社會利益與價值進行政策制定，以追求人民福祉的政治型態。換言之，代議政體是代議機關（議會）與代議士（議員）為行動主體的民主政治型態。在代議政體之下，公民選舉議員、組織議會來討論公共事務、決定公共政策，再授權文官體制執行公共政策。因此，當代代議政體經由普遍性選舉，使社會大眾間接地參與了政策制定。人民參與決策正是民主政治的核心價值之一，而代議政體乃透過選舉機制來實現。

　　由思想層面言之，政治哲學家 John Stuart Mill 認為代議政體是最佳的政府形式，因為只要代議政體能夠發揮公民精神，公民積極主動地參與公共事務，代議政體就能比其他政體更能增進人們的品德與智慧（張福建 2005：48）。然而，John Stuart Mill 也認為代議政體最主要的缺點在於容易流於多數暴政。

---

* 本文原刊登於《臺灣政治學刊》，2010，14 卷 1 期，頁 105-158，獲《臺灣政治學刊》同意轉載。因收錄於本專書，略做增刪，謹此說明。作者孫煒現任國立中央大學法律與政府研究所特聘教授兼社會責任辦公室主任。

由於在君主、貴族政體中，少數異議或許還能在民意支持下得以發聲，但在大眾政治的時代，多數之聲成為上帝之聲，任何不同於多數大眾的觀點，很容易在「寒蟬效應」之下噤聲，這將導致一個社會的發展先是停滯，而後衰頹（張福建 2005：45）。這顯示代議政體在本質上便存在著多數凌駕少數，甚至壓制少數的先天限制。

由實際層面言之，以選舉為主要機制的代議政體，得以成為現今民主國家最普遍採用的政府形式，主要是因為代議政體可經由選舉發揮兩項主要的功能：付託（mandate）與課責（accountability），致使人民得以參與政府的決策。就付託的功能而言，在選舉之中由政黨提供政見（政策）與候選人，公民以選票選擇政見（政策）與候選人來代表自己的利益與價值。此時，代議政體運作的條件在於公民可以準確地認明政黨所提出的各項政見（政策），以及在選舉之中，贏得多數之政黨的政見（政策）對於公民是有利的。另一方面，就課責的功能而言，在選舉之後，公民也可以準確地判斷執政者的作為，並在未來選舉中支持或不支持執政者。此時，代議政體運作的條件在於只有當執行者履行對公民有利的政見（政策）時，公民才會繼續支持執政者，以及執政者選擇有利於公民的政策得以獲得連任（Manin et al. 1999：30-44）。

以上代議政體經由選舉機制發揮指令與課責的功能，乃是代議政體得以實現民主政治的核心價值：人民參與決策的基本條件。若是代議政體無法落實這兩項功能，則民主政治無由產生，代議政體也就難以成為 John Stuart Mill 所謂的最佳政府形式。然而，無論就指令或課責來看，代議政體都不太可能完全地達成實現民主核心價值的預期目標，此因民選議員與公民的利益並不全然一致，而且公民本身的價值與利益也可能變動不居，當選的議員即使履行選舉承諾，也未必有利於公民。另一方面，公民也不太可能獲得完整的資訊，判斷執政者是否履行選舉承諾，作為未來課責的根據。就公民而言，以選舉為主要機

制的代議政體之最主要的缺點，在於公民面對複雜多樣的整體政見時，卻只能作出極其單純的決定：投票或不投票，以及支持（某一對象）或不支持（某一對象）。在這種將複雜的判斷因制度限制，被迫化約成為單一決定的情境下，公民可能難以面面顧及，勢必追求第一目標或價值，而犧牲其他目標或價值（Manin et al. 1999：49）。

　　因此，由哲學思想與實際運作兩方面而言，以選舉為主要機制的代議政體皆有不足之處。那麼如何調整當代代議政體使之更能發揮民主的核心價值？這可由檢視選舉機制的兩種觀點之中尋找出處。如果由多數觀點（majoritarian view）看待選舉，代議政體就是選民運用選票在兩（多）組的政策制定者之中作出決定性的抉擇，贏得多數選票者被賦予集中的權力來制定政策，選民也須控制政策制定者追求其利益，反映其價值，輸家只能在未來選舉中再次挑戰。[1] 相對地，如果由比例觀點（proportional view）看待選舉，代議政體就是選民運用選票抉擇政治代理人，在選後持續的政治議價之中代表其利益與價值，選民只能影響政策制定者。所有選民偏好都應在政策制定之中被考慮，而非僅是顧及選舉時期多數選民的偏好（Powell 2000：233）。事實上，多數對於少數的最佳保證，乃是賦予少數一些「實際可行的決策權」（valuable policymaking power），諸如共識決的政策制定規則、制度性的制衡機制等等。當然，也包括了特殊形式的政府組織（Powell 2000：6）。

---

1 H. T. Wilson 以另一角度詮譯此種多數觀點，他認為代議政體的本質就是由票選的方式，形成個人所組成的不固定多數（accidental majorities），且由議員代表此不固定多數的利益與價值，並以政府的公權力執行此利益與價值。因此，特定團體的利益與價值不是代議政體追求的基本目標，只有特定團體在一定機緣之下，成為選舉時期的不固定多數，它們的利益與價值方能被代表，才可能變成政策（2001：14, 20）。然而，Wilson 也表示在現代資本主義國家中，代表特殊經濟利益團體的資本力量過於強大，憑藉選舉機制運作的代議民主，往往形成常態的多數與固定的少數（2001,62）。參見 Wilson（2001）。

現代民主國家近年在全球化的衝擊之下，政府角色與職能產生了根本性的改變，由政府權威統制朝向公私協同治理的方向演化。反映在行政組織上，逐漸形成了與傳統強調階層體制運作模式不盡相同的準行政機構（quasi administrative institution），例如行政法人（administrative corporation）、獨立機關（independent agency）、政府創設的非政府組織（Governmental-oriented NGO, GONGO）等紛紛出現在各國行政組織調整的議程之中。這些另類的行政機構代表現代民主國家，與國內外環境因素及本身歷史脈絡等系絡結構相互調適所作的努力，欲借由調整政府組織的性質與數量爭取政府永續發展的契機。與其他新興民主國家相較，在我國歷史脈絡以及政經結構的系絡之中，政府角色與職能的變遷具有兩項特點，即民主化的轉型與族群的影響。這兩項特色反映在 1990 年代後期制度化地展現在行政組織調整之中，將代表少數、弱勢、非主流團體的非典型政府組織：代表性行政機關（representative agency）納入行政體系。立法院在 1996 年審議通過《行政院原住民委員會組織條例》，行政院並在同年正式成立「行政院原住民委員會」，專責統籌規劃原住民事務，成為我國第一個以族群為基礎的中央政府層級代表性行政機關（以下簡稱族群型代表性行政機關）。公元 2000 年政黨輪替之後，立法院在 2001 年審議通過《行政院客家委員會組織條例》，行政院也在同年正式成立「行政院客家委員會」（簡稱客委會），成為我國第二個族群型代表性行政機關。2002 年立法院審議通過「行政院原住民委員會」組織條例部分條文修正案，將原委會名稱更改「行政院原住民族委員會」（簡稱原民會），賦予此代表性行政機關更為特殊的使命。之後社會輿論雖偶有合併兩者成立諸如「少數族群委員會」之類的聲浪，但歷經各種調整行政院組織的方案，原民會與客委會始終存在，並且各地方政府也紛紛成立相關的族群型代表性行政機關。迄今，幾可確立族群型代表性行政機關已成為我國行政體系中的組成要素，其在法制上的正當性應無疑義。

　　然而，在族群型代表性行政機關及相關政策陸續出現之後，其社會正當性卻偶爾遭受質疑，社會大眾對之評價也見仁見智。這些論點包括設立機關的政治（選票）考量、相關硬體建設的營運績效不彰、政策計畫的預期目標難以度量等等。雖然若干批評論點似乎言之成理、持之有故，但也可能源自於某種刻板印象：臺灣社會中少數、弱勢、非主流團體的權利被描述或被理解為一種「特惠」。站在批評立場者，質疑這些少數、弱勢、非主流團體為什麼總是向政府要求讓步與優惠？另一方面，持支持立場者，卻又感覺政府對於少數、弱勢、非主流團體需求的回應程度不夠，而應給予其更多的資源以及更高的重視。兩種立場及其建議南轅北轍，存在著巨大鴻溝。這顯示族群型代表性行政機關往往被賦予過高的政治考量，甚至被污名化而忽視其在民主發展中的正面意義。在我國持續深化民主之際，就學術角度與理論，釐清代表性行政機關，特別是族群型代表性行政機關，在我國特殊歷史背景與政經社文的系絡因素中設置的意涵，對於我國鞏固民主成果，促進族群和諧關係具有深遠的重要性。

　　本文由理論論證入手，第二節探討代表性官僚（representative bureaucracy）的概念發展與理論論述，指出由於代議政體的先天限制以及行政部門的制度失衡，使得當代民主政治無法完全追求與反映多元社會之中少數、弱勢、非主流團體的利益與價值，代表性官僚的概念應運而生，在行政組織調整之中，具體地經由調整常任文官社會人口背景的比例，以加強文官體制的代表性。第三節探討代表性行政機關的意義與設置理由，並特別聚焦於公民身分、文化公民權以及族群理論的理論論述，並分析經由文化公民權落實與深化少數、弱勢、非主流團體利益與價值的理由，進一步探析設置族群型代表性行政機關的正當性。第四節由我國特殊歷史背景與社經結構之中，分析設置族群型代表性行政機關，如原民會與客委會的理由與職能。在第五節結語中，本文由公共行政學的發展脈絡，提出建立具有文化能力行政體系的政策建議，以呼

應本文的論述主軸——設置族群型代表性行政機關的理論根據。

二、代表性官僚的理論論證

　　如本文前言所述，由於代議政體的先天限制，使得社會上少數、弱勢、非主流團體的利益與價值，較不易藉此來反應問題並獲得解決，亦即代議政體存在著代表性不足（representational deficit）的問題。但另一方面，在當代政府之中以常任文官為構成主體的行政部門，也可能具備一定程度的代表性，可以適度地彌補代議政體的缺陷。事實上，就宏觀長期的歷史脈絡而言，西方各種類型的行政機關（agency）都具備若干程度的代表性功能。[2] 行政機關最悠久穩定的功能就是代表資本的利益與價值，此與 16 世紀晚期近代民族國家的形成，以及其後資本主義與相關制度的高度發展有關。行政機關運作的主要功能在於滿足國家經濟發展的需求，以服務資本利益、發揮資本價值。時至今日，提供資本、保障資本以及管理資本的相關行政機關，仍然占有舉足輕重的優勢地位（privileged position），享有高度的公權力與裁量權以遂行預期的政策目標（Lindblom 1977）。這類履行資本性功能的行政機關與資本市場的企業主以及中產階級密切互動、相互依賴，發展出協調合作、攏絡吸納等政治經濟關係。此外，隨著 19 世紀早期以來選舉權的擴張，行政機關履行共同體利益以及提升文化水準的公共性功能逐漸被重視，以往由社會名流回饋鄉梓民眾偶一為之的義舉，由常設的行政機關予以提供管理，包括了公共圖書館、公立學校以及為保障公共利益，而限制商業活動的管制機構等等，形成了另外一類的行政機關，而且提供公共利益與服務的政府人員，為避免受外在特殊利益的干擾而以私害公，也逐步形成永業化的文官體制，例如 Woodrow Wilson 就認為行

---

2 以下有關於行政機關分類的看法，大體上基於 H. T. Wilson（2000;2001,13-40）的觀點。

政必須從爭鬥的政治領域中抽離出來並保持距離，而行政職務是建立在公共誠信基礎上的神聖工作，必須擺脫黨派的牽絆，追求事務性的效率價值（韓保中2007：133-134）。另一方面，在 20 世紀特別是在經濟大蕭條與第二次大戰之後，西方行政機關在社會思潮以及社會運動的衝擊之下，將傳統上認為是私人慈善活動的社會功能納入政府的管轄範疇，設置行政機關代表與照顧社會中的少數、弱勢與非主流團體的利益與價值。由於此種行政機關形成較晚，組織規模較小，特別是與服務對象的互動較為鬆散，無法形成追求資本的強大利益團體一般，挾政經資源強力涉入政策過程。因此，社會性行政機關在政府之內往往處於相對弱勢的地位，但卻標示著政府在當代民主政治中的社會正當性，其重要性不應小覷。

　　由上述西方行政部門（executive branch）在近代民族國家形成之後的發展脈絡中，可知當代行政機關大致上可區分為資本性、公共性與社會性三種，各自履行不同功能、滿足各種需求，也代表著各類型服務對象的利益與價值。[3] 然而，在 20 世紀後期全球化潮流的趨策之下，原本在行政機關的歷史演進中已然優勢的資本性功能，更加進一步地成長、擴張、深化。相對地、公共性與社會性功能卻遭致縮減、排擠甚至弱化。這樣的趨勢具體展現在近年西方先進國家盛行的新公共管理（new public management）運動及其配套的政府改造之中。資本性行政機關在解除管制（deregulation）與自由化等政策目標之下，更充分發揮為資本市場服務的角色，甚至轉型成為獨立機關，賦予更高的自主性，擺脫行政機關之中層級節制的桎梏，以及立法機關的政治干預，獲得較高的決策彈性與專業能力，以強化國家在全球資本市場中的競爭力。但是公共性行政機關，卻傾向營利化或引進市場競爭的政策工具，如教育券（voucher）、

---

3 當然，任何行政機關在實質的運作上，這三種功能皆可能同時發揮、相互重疊，但在配置資源的優先順序或價值取捨上，仍可觀察出施政之主要代表對象的差異。

BOT 等以避免虧損過甚，減少政府的財政負擔。另一方面，社會性行政機關在以縮減政府規模（downsize）為導向的政策操作下，將原本主要由行政機關應當的施政作為，轉型為強調公私協力，特別是政府角色由提供服務者轉型為監督管理者。因此，在近年各國政府改造，特別是發展相對較晚國家的行政機關組織調整之中，可以觀察出代表資本的、公共的與社會的利益與價值的消長興衰，原本優勢的資本性行政機關更加強化，其他功能的行政機關特別是社會性行政機關逐漸邊陲化。此種制度失衡（institutional imbalance）的現象長期對於民主政治帶來的影響，特別是在我國正值民主鞏固初始階段的效應，特別值得研究者重視。

此外，新公共管理運動的另一特徵，就是委託外包（contracting out）的範疇與數量越來越大，此種政府職能私有化（privatization）的用意原是將競爭機制帶入公部門，以增進政府的效率（Savas 1987：2000）。然而，委託外包的業務大都集中在政府的中低層級，因此勢將減少了政府的中低層職務，而中低層職務卻是在文官體制之中僱用少數、弱勢、非主流團體（包括原住民、婦女、殘障人士等）的主要部分。根據美國的經驗研究，在歷經平等僱用機會（equal employment opportunity）以及矯正歧視（affirmative action）各項政策制定與推動之後，美國的少數、弱勢、非主流團體在文官體制僱用上已得到一定程度的保障，但是委託外包卻減少了文官體制中下層的人力，也損及了少數、弱勢、非主流團體的代表性（Kellough 2006; Kellough and Williams 2007）。因此，文官體制為因應全球化的改造運動，也可能對於少數、弱勢、非主流團體的權益造成負面影響，少數、弱勢、非主流團體應該以更為積極的制度性作為，確保代表其價值與利益。

正如之前的論述，選舉既為代議政體的必要機制，但存在無法完整反映全體社會中不同群體，特別是少數、弱勢、非主流團體的各種利益與價值的限制，

而在全球化的推波助瀾下，資本性行政機關又在行政部門之中取得優勢地位，以國家經濟發展作為政府施政的首要目標。此外，在新公共管理運動中，委託外包也成為政府改造的政策趨勢。那麼，當代民主政治的實際運作之中，誰能代表公共或社會的普遍利益呢？更務實的問題是：何種制度選擇可以修正或彌補代議政體的代表性不足，以及行政部門的制度失衡的種種問題呢？自 20 世紀中葉起，西方學術界開始思考上述問題的解決之道，提出代表性官僚的概念與理論，主張強化常任文官的社會代表性，適可減緩代議政體的代表性不足，以及行政部門的制度失衡所衍生的困境。

　　代表性官僚的概念與理論試圖擴大官僚的人口背景特徵，以強化文官體制在政策規劃與執行的效能性，並進而提升以代議政體為主之民主政治的正當性（Dolan and Rosenbloom 2003： xi）。早在 1940 年代 J. D. Kingsley（1944）即提出了代表性官僚一詞，作為反思 Max Weber 的理念型文官體制（ideal type of bureaucracy）的論據。Weber 的理念型文官體制是一種高度專業化、正式化的層級體系（hierarchy），其中的常任文官具備了去個人化（impersonal）的中立性格，而且行政部門採取由上而下的嚴格控管，中層及低層的常任公務人員（文官）的裁量空間有限，就像一具機器之中的齒輪一樣，只需服膺上層領導下達的指令。然而，Kingsley 在研究英國的中央政府之後，卻發現常任文官大都來自社會的傳統中上階層，有其特殊的價值及文化（1944：151）。因此，他主張「民主政治的行政機關必須代表它所服務的團體」（1944：305）。F. C. Mosher（1968）更進一步將代表性官僚區分為消極代表性（passive representation）與積極代表性（active representation）兩種：前者是指公務人員的人口背景特徵，應該反映整體社會的人口背景特徵；後者是指公務人員應該確實反映代表對象的需求，並以專業知識與實際行動爭取代表對象的利益，而是否與服務對象具有相同社會背景或人口特徵在所不論。相對於消極代表性反

映在各項社會人口變數如性別、族群、種族、教育、社會階級、宗教等較易於衡量，積極代表性自從 Mosher 提出概念之後就引發頗多爭議。一般而言，西方學術界以三種角度予以界定：以職位（position）而言，如果 A 作出 B 在某一職位之上相同的行動，則 A 就視為代表了 B；以行為（behavior）而言，凡是增進某一社群資源如財富、地位或其他利益的行為，該行為就積極代表了此一社群；以政策（policy）而言，源自某一團體的公務人員影響了有利於該團體的政策產出與結果，積極代表性即便形成（Selden 1997：63）。值得注意的是：Mosher 雖然支持代表性官僚的消極代表性的象徵性效果，但卻也指出代表性官僚的積極代表性可能衍生的問題，他認為

> 行政機關的積極代表性過於頻繁擴充，可能對於建立有秩序的民主政府而言是一個主要的威脅。將各種特殊利益的代表結合起來是不會成為公共利益的。在行政部門之中各種私人利益團體的強度大不相同，並且達成平等機會的建立幾乎不可能……雖然消極代表性並不保證民主的決策，但對於一個民主社會而言，它伴隨了重要的獨立與象徵價值。一個具有廣泛代表性的行政人員，特別是領導階層，顯示了大部分人民無論其條件為何皆可接受公開的行政服務，也顯示了行政服務的機會均等。（1997：12-13）

由前項論述可知 Mosher 反對由非民選的常任公務人員（文官）獨立地代表特殊利益，也憂心因積極代表性引發行政機關的裂解（balkanization）以及被代表團體的不平等現象（Lim 2006：194）。為設立代表性官僚的正當性進行更深層的考量，S. Krislov 可說是當代代表性官僚之經驗研究的引發者。他認為無論公共政策的構想何等恢弘、規劃如何縝密，政府行動還是需要社會的

支持方能達成治理的目標，而獲得社會支持的最佳方法之一就是將社會成員直接納入政府之中，藉以溝通及行銷政策（Krislov 1974：4-5）。代表性官僚就是將社會團體在政府的政治與行政職位上擔任代言人與決策者的具體作法。Krislov 認為在美國兩黨制的選舉下，擁有相對多數選民支持的政黨，即可完全控制行政機關，民選行政首長的決策隱含偏差在所難免。因此，公務人員（常任文官）在民選行政首長制定政策之時所提供的判斷及資訊，實際上成為追求社會公益的重要來源（1974：81）。因此，代表性官僚不但可以彌補其他政府部門如司法部門與立法部門代表性的不足，而且一個可以代表各種社會觀點與利益的行政部門，應可制定反映社會大眾之公共意志的公共政策，並能產出符合最大公共利益的政策。由上述三位學者的論述，我們可以說 Kingsley 是代表性官僚的概念提出者；Mosher 指出了代表性官僚的操作性意義及其可能問題；Krislov 則彰顯代表性官僚此一研究議題在系絡環境中重要性，引領了之後大量的經驗研究，成為公共行政學的一個次級研究領域。

　　S. C. Selden（1997：41-64）整理由 1970 年代至 1990 年代中期美國學術界有關代表性官僚的經驗研究，歸納出兩種主要類型：（一）消極代表性的研究：調查行政機關之中公務人員的種族、性別與其他社會人口變數，以及探討何種因素影響行政部門中少數族群與女性的僱用情形。經驗研究顯示：少數族群與女性在美國行政機關中被廣泛僱用，但大多集中於中下層行政職位。（二）積極代表性的研究：這特別是在 1990 年代之後盛行的新興議題，探討消極代表性與積極代表性（經由衡量政策產出與政策結果）間的關係。這種研究的基本假定是：人口背景特徵的差異決定了社會化經驗的差異；社會化經驗轉而影響與型塑了個人的價值、態度與信仰。因為行政機關中的公務人員在進行決策時將擴大其價值、態度與信仰，所以不同的價值、態度與信仰形成官僚決策的差異。因此，行政機關將產生所代表人口之利益的政策產出（Selden 1997：

36）。因為文官體制的規範無法面面俱到，組織社會化也不可能完全深植人心，文官體制中的公務人員勢必有相當程度的裁量權。如果假定公務人員是利益極大化者（utility maximizer），則擁有裁量權的常任文官，就可能在決策之中運用裁量權以反映他們自己的價值。這些價值來源中，公務人員個人受社會人口背景影響的社會化過程是重要因素。因此，如果行政組織中的公務人員可以代表其服務對象的社會人口背景，則可能制定有利於服務對象的決策（Meier et al. 1999：1026）。根據經驗研究顯示：行政機關之中少數、弱勢、非主流團體的存在與有利少數、弱勢、非主流團體的政策產出具有顯著性相關。

　　而由上述研究亦可得知，在民主政治中，代表性官僚至少可以發揮四個層面的功能（Selden 1997：6-7）：（一）象徵性的功能：一個能夠反映社會大眾多元性質的文官體制，意味著這個體系承諾了每一個公民擁有接近權力的平等權利。（二）政策規劃的功能：代表性官僚可以在政策議程設定以及決策的過程之中，表達較大幅度的社會意見與偏好，這使得代表性官僚在進行政策規劃時，更能因應各種團體的需求。（三）政策執行的功能：由於受政策執行影響的團體較容易參與代表性官僚的決策，因此代表性官僚在執行政策計畫時，更易獲得社會大眾的肯定與合作。（四）人力開發的功能：代表性官僚的落實，可以吸納以往排除於勞動市場之外的團體例如少數族群的婦女，將整體社會中的人力資源作更為有效的運用。從行政學的觀點來看，如果公務人員的組成過於同質化，難免會受到社會關係的共同利益或價值觀左右，進而影響公務人員的任用升遷、甚至於政策的制定及執行，不免令人存疑文官體制是否還能維持追求公益或是政治中立。因此代表性官僚的設立旨在文官體制的組成，起碼能反映社會結構，積極地以公務人員的社會代表性來彌補、甚至於矯正政府在決策（包含政策規劃與執行）過程可能的偏差，以確保文官體制的回應性（responsiveness）（施正鋒 2005：208-209）。

　　另一方面，與代表性官僚理論的立論相互對照的是組織社會化（organizational socialization）理論，組織社會化假定社會化是一個持續的學習過程，當個人進入了文官體制之後，受到組織文化與環境的影響，將形成行政中立（administrative neutrality）的規範，從而主張公務人員不應利用裁量權實現自我的價值與利益，對於公共問題的處理不應感情用事，而應以全民福祉而依歸（Wise 2003,346; Wilkins and Williams 2008：656）。當個人良知與道德判斷和文官體制的價值觀產生衝突時，文官體制將以其價值觀、意識形態配合著僵化的組織，對於文官體制內部的公務人員進行社會化（朱愛群 1993：270-271）。如果原本文官體制的組織文化就不重視少數、弱勢、非主流團體的利益與價值，則組織社會化將會弱化個人的社會人口背景與其態度價值的關係。特別是在高度專業化的行政機關之內，此種傾向尤其明顯（Selden 1997：5-6）。除了對照的理論之外，也有研究者指出代表性官僚可能產生的負面影響，例如當少數、弱勢、非主流團體的政治參與，因成立行政機關或占據較低公務人員層級而提高時，也就是間接地排擠了一般公民的政治參與，因而忽視一般公民的利益與價值。此外，如果過度採用代表性官僚，可能在文官體制之中形成特殊少數區塊（minority ghetto）的現象，反倒降低了這些代表性官僚發聲的機會，同時也易形成在公務人力就業上過度依賴國家僱用的形象（Wise 2003：345）。更值得注意的是：無論是消極的或積極的代表性皆可能降低文官體制的效率，此因代表性官僚提升了文官體制的異質性，抱持各種價值與偏好的常任文官將可能延宕形成決策的過程，也可能降低對於政策方案的共識，從而降低了整體文官體制的效率（Wise and Tschirhart 2000；Wise, 2004：673）。

　　相較西方學術界自 20 世紀中葉以來，即致力於代表性官僚概念與理論的建構，[4] 實務界在人事行政中推動代表性官僚的相關措施便顯得較為保守。自1980 年代之後，代表性官僚的相關具體措施方得以落實。主因是隨著全球治

理時代的來臨，新興議題的不斷產生以及人民需求日益升高，過度負荷的政府部門已無力單獨應付社會所需，甚且政府也因為文官體制弊病叢生，如守舊僵化、形式主義、服務品質低劣，以及貪污等惡習，使得社會大眾對國家機關失去信心。在此情形下，政府改造的概念逐漸應運而生（江明修、曾冠球 2009：99）。當代各國政府改造不外採用員額之精簡與預算支出之縮減，或縮小及改進政府績效的策略，然所體現的核心議題是：行政組織設計有待調整、行政與立法部門之互動有待改善，以及文官體制有待強化等配套作為（蔡良文 2008：2），特別是文官體制相關職能與角色的調整，是攸關政府改造成敗的關鍵性工作。然而，代表性官僚在人事行政之中的制度設計及其相關配套措施，與新公共管理以及政府改造運動的理念價值不盡相同，雖引發相當大的爭議，但仍可逐步落實，可視為非主流的行政機構變遷，由代表性官僚理論概念的推演至具體制度的設計，實歷經一系列的努力。

以美國聯邦政府為例，1972 年通過的《平等僱用機會法》（Equal Employment Opportunity Act, EEOA）雖然在一定程度上反映了代表性官僚的理念，但是行政部門特別是人事管理局（Office of Personnel Management）仍較抗拒增進在聯邦公務人力體制中的代表性，特別是矯正歧視政策引發諸多爭議，這不但因為代表性官僚觸及美國社會中敏感的種族與性別問題，也違反了人事行政的核心價值——功績原則。此外，在代表性官僚的實際運作上，也出現了若干問題，例如代表性官僚的政策目標不易明確界定及建立量化標準、推動代表性官僚的機關之間不易協調、難以監督與執行相關的反歧視措施等等。不過，在 1990 年代之後，美國政府縮減政府規模的趨勢，卻有利於

---

4 我國學術界對於代表性官僚的研究，集中在族群（特別是原住民族）以及性別領域，大致上承繼西方公共行政學界發展出的理論概念，用以分析臺灣文官體制之中女性與原住民族的保障。參見伊凡諾幹（2004）；施正鋒（2004a）；余致力（2007）；翁興利、陳文學（2008）；顧慕晴、盧姵緁（2008）。

推動代表性官僚的相關政策。隨著美國聯邦政府的人事規模不斷精簡，白種男性公務人員的比例逐漸下降。相對地，少數種族及女性公務人員的比例持續攀升。然而，少數種族及女性公務人員在美國政府機關的職場生涯之中，還是不免於面對「玻璃天花板」（glass ceiling），特別是在政府高層職位中，女性比例相對稀少，而且各種補救措施的效果不彰（黃煥榮 2007；Carter and Kitts 2007：391-394）。

　　本節的重心在於探索代表性官僚的理論論證，下節將聚焦於我國現行最為敏感且關鍵的公共議題：族群政治，闡述代表性官僚在我國行政組織調整中經由機構化之後，設置族群型代表性行政機關的理論論證。

三、族群型代表性行政機關的理論論證：文化公民權

　　本文已就學理觀點指出在文官體制之內，僱用各種人口背景的代表性官僚的理論論證，並評析其優點與缺陷。在實務上，當代先進民主國家也有在行政部門中，將代表性官僚予以機構化（institutionalization），即設置代表社會某一部門的代表性行政機關，以落實此一部門的消極性與積極性代表性。研究者由資源依賴理論與制度理論兩方面，來解釋政府決策者選擇設置正式組織規劃及執行特定政策的理由（Nabatchi 2007）。資源依賴理論將組織視為經由與其他組織互動，取得必要資源如預算、員額、設備以及專業知識的利益聯盟，亦即在政府之中設置正式組織，特別是行政機關，不但將可為特定政策及該政策的受益對象爭取較多的資源，還可以讓行政機關之外的政府決策者藉由資源的支持，加強對於機關的控制，行政機關也可經由資源的運用，凝聚機關成員及政策受益的向心力。另一方面，制度理論將組織視為在較寬廣的社會、文化與符號等環境中的社會系統，亦即政府決策者感受來自環境中的壓力，如民意期待、課責要求、全球化競爭等，而影響組織的型態與功能，設置正式組織以強

化政府效率、回應力與正當性。

　　一國之中各個部門的利益與價值是否能夠獲得機構性的保障，與該國之內公民社會（civil society）的性質與成熟度有關。析言之，公民社會具備制度的（由各種類型的非營利組織所組成）、規範的（由不同部門之間凝聚的社會價值）、政治的（形成開放性多元參與的決策結構）三個層面的意涵（Edwards 2004）。因此，如果一個民主國家的公民社會能夠發展出代表某一部門（如族群）之利益的有力民間組織，該部門也形成一組價值上的共識，並能夠在現有制度下，向全體社會進行平等的對話，該部門即可能凝聚其「社會力」，形塑機構性的保障。然而，是否能在政府中設置代表性行政機關，需視該國的歷史脈絡、政經社文結構、政治機會、憲政體制、甚至政治決策者主觀意志而定。

　　在一個存有族群矛盾與磨擦的社會之中，設置以追求特定族群的價值與利益為導向的代表性行政機關，可能引發諸多爭議，值得研究者探究設置此種行政機關背後的理論基礎。當代西方民主國家設置族群型代表性行政機關，大致上分為兩種方式，其一是在行政部門之中成立專屬部會，統籌該國與特定族群相關的公共事務與政策，以加拿大印地安與北方事務部（Indian and Northern Affairs Canada, INAC）為代表。[5]INAC 針對加拿大原住民與北方住民，提供特殊公共服務與政策，施政的主要內容以教育、社會發展與社區建設三項為主，也包括了原住民的土地宣示以及自治政府協議等等。加拿大政府特別表示原住民事務不僅是 INAC 的專屬施政，其他政府的 34 個部會也對原住民事務負有責任。其二是在內政部中設置專門處理族群議題與制定族群政策的行政單位，以紐西蘭內政部（Department of Internal Affairs）的族群事務局（Office of

---

5 加拿大 INAC 主要服務對象的原住民約占總人口的 3%。參見加拿大印地安與北方事務部 http://www.ainc-inac.gc.ca/index-eng.asp。（瀏覽日期：2009/06/23）

6 紐西蘭 OEA 認定的服務族群對象約占總人口的 12%。參見紐西蘭內政部族群事務局 http://www.ethnicaffairs.govt.nz/。（瀏覽日期：2009/06/23）

Ethnic Affairs, OEA）為代表。[6]OEA 標榜以促進紐西蘭的族群多樣性（ethnic diversity）為機關目標，施政的主要內容以防止族群歧視、發展族群社區商業與就業、保存族群文化語言風俗認同為主。值得注意的是 OEA 與紐西蘭公民社會之中的族群型非政府組織與社區，保持相關密切的互動關係，強調不但由下至上，也聯結其他相關部會，共同促進紐西蘭的族群和諧。[7]

然而，就實務而言，當代民主政府中的族群型代表性行政機關，其設置年代多屬晚近，其機關定位與職能尚在發展成型階段，特別是設置的理論基礎尚未形成固定的論述。以下本文由公民身分的演進、文化公民權的意義以及當代學術研究者關於族群的理論詮釋三個方面，論述設置族群型代表性行政機關的正當性。為了解決當代代議政體之代表性不足以及行政部門之制度失衡的問題，代表性行政機關的確是一種制度選擇，但也帶來不少爭議。因為代表性行政機關在制定與執行政策之時有利於服務對象的少數、弱勢、非主流團體，可能基於以下各種理由諸如與少數、弱勢、非主流團體具有相似的價值與信念；對於少數、弱勢、非主流團體的處境感同身受（empathic understanding）；可以制約其他行政機關不利這些團體的作為，甚至經由潛移默化使其他行政機關認同少數、弱勢、非主流團體的利益與價值等等（Lim 2006：194-97）。然而，設置代表性行政機關關鍵問題在於：如何將代表性行政機關制定與執行有利於少數、弱勢、非主流團體相關政策的積極代表性與官僚偏袒（bureaucratic partiality）作出明確地劃分？無可諱言，代表性行政機關「優惠」少數、弱勢、非主流團體也可能來自於官僚的不公正心態與作為，這對於民主政治中公務人

---

7 紐西蘭行政部門相當特殊，除了職司跨族群事務的 OEA 之外，另設置毛利事務部（Department of Maori Affairs），針對原住民族毛利人提供服務，以維繫其文化特質，施政之中以語言巢（Te Kohanga Reo）政策頗受矚目。事實上，紐西蘭的行政部門並非如一般民主國家以精簡機關數目為原則，在內閣之中，部長同時擔任兩個或兩個以上部會首長的情況相當普遍，此點特別值得注意。參見石忠山（2006：1-34）；吉娃詩‧叭萬（2006：197-223）。

員秉持中立、客觀、超然的立場,以國家人民之公共利益為依歸的行政中立原則有所違背(蔡良文 1998:29-30)。代表性行政機關的積極代表性確實可以化解、降低少數、弱勢、非主流團體的劣勢,但是並不能合理化官僚偏袒的不當作為,否則就等同於間接認可了其他行政機關或公務人員的偏袒作為。就長遠來看,對於少數、弱勢、非主流團體仍然不利。因此,準確地拿捏代表性行政機關在積極代表性與官僚偏袒之間的微妙界線,值得研究者與實務者繼續探索深思。

本文認為回歸自古以來政治學之中的核心概念——公民權(citizenship)的意涵,[8]特別是近年學術界對於公民身分之定義與內涵的擴展與詮釋,方可為代表性行政機關的設置理由,發展出嚴謹的立論基礎以及具體的可行之道。傳統公民權概念源自於古希臘由家庭、村落所發展而成的城邦。由於城邦是一個自給自足的政治社群,因此所有人都會自然地加入城邦之中(江宜樺 1995:44-46)。由城邦發展出來的公民權概念具有三項特點:(一)它必須與統治結構結合在一起;(二)它蘊含了基本的自由精神;(三)它建立在平等原則之上(陳淳文 2003:268)。直到近代,西方社會在意識型態、政經制度與政策制定上不斷演進積累,公民的意涵已有相當大的轉變,但仍包含了若干程度的古典性質。在近代西方學術著作中,系統性論述公民身分的研究者,首推 T. H. Marshall and Bottomore(1992)提出了公民身分之線性發展的理論論述(Stevenson 2003:6)。Marshall 的論述重心置於公民身分與階級體系發展之間的辨證關係之上,亦即近代公民身分由 18 世紀以個人自由權利為基礎,強調財產權、人身自由權以及受司法保護等的自由公民權(civil rights,亦稱

---

8 Citizenship 一詞具有豐富複雜的意涵。在本文之中,若將視之為一組成為公民的條件(conditions),則稱之為公民資格;若將視之為一組公民擁有的權利或義務(rights or obligations),則稱之為公民身分;若著重公民概念的生成與建構,則逕稱之為公民或公民權。作者將依指涉的意涵交互使用這些譯名。

為市民權），發展至 19 世紀以政治參與權利為基礎，強調享有選舉權以及被選舉權等的政治權（political rights），再演進至 20 世紀以維持基本生活條件與公平競爭權利為基礎，強調工會權、受教育權、工作權等的社會權（social rights）。深入而言，Marshall 認為由於封建社會的衰退，資本主義逐步演化為一種社會體系，隨著階級結構在這種體系之中的發展，近代公民身分就從一種源自於市場體系，並支持市場體系的權利體系，轉變為一種強調市場體系和階級體系對抗關係的權利體制（談古錚譯 1991：6）。因為在資本主義社會之中，經濟不平等必然存在，如果公民身分的平等被體現了，則社會階級體系的不平等就可能被接受，以至於就某種程度而言，公民身分可能成為將社會不平等予以合法化的締造者（Marshall and Bottomore 1992：6-7）。因此，Marshall 強調在 20 世紀資本主義社會之中，社會權是其他兩種權利的重要支撐，即透過消弭貧窮、合理薪資、平等教育機會等社會權的推行，傳統的自由公民權與政治權方得以落實（張慧芝、郭進成譯 2006：25）。

時至 20 世紀的後期，公民身分與民主政治的多元開放、積極參與等核心價值相互結合，更在社會權的基礎上，對於公民身分的意涵作出進一步地擴張，就是現代民主國家肯認（recognize）其公民在政治、經濟、社會、文化等層面上分歧異質的多重性，亦即民主國家包容公民不同的身分認同，例如公民可以是屬民（公民必須納稅、守法、服兵役），也可以是政治參與者（公民認同政治社會則可參與公職，不認同則可結社抗議），公民也可以自我認同為世界公民，更重要的是民主國家肯認公民自我的社群認同（蔡英文 2005：22）。公民身分的擴展至族群（ethnic group）認同更使得公民權發展到了文化權層面。現代公民身分已然奠基於上述傳統三種權力之上，進一步發展成為三個領域（zones）：政治領域（強調居住與投票的相關權利）、經濟領域（著重工作與生活富足的相關權利）以及文化領域（重視知悉與溝通的相關權利），

而三種領域的關切重心也各不相同，政治領域的重心在於參與決策過程；經濟領域的重心在於分配資源利益；文化領域的重心在於文化的代表性（Miller 2007：35-49）。特別是文化公民權（cultural citizenship）的提出引發了現代國家對於族群議題的重視。

　　然而，現代國家與文化公民權兩者在概念構成上存有扞格之處。詳言之，依當代自由主義的觀點而言，所謂民族國家（nation-state）是指在領土之內行使法律權力的封閉性政治實體，而公民身分也就結合了國家的領土主權（territorial sovereignty）的運用，要求國家之內的個別成員平等地享有權利、負擔義務，而刻意地忽視成員的原生性社群聯結（primary communal affiliations）。因此，現代民族國家形成的主要影響之一就是企圖切斷公民與其原生社群的聯結，而獨占了公民的忠誠感，公民身分也就成為促成新的國族，以及新的以國家主權為意識型態的機制。但在實際運作上，公民身分卻持續發展出各種樣態，而強調其文化上的意涵。因為國家成員會因語言、族裔、種族、宗教等等的差異，構成了各式各樣的少數團體，文化上的認同感與歸屬感反而形塑了公民權的差異。因此，現代民族國家一方面通過同化政策與壓抑原生認同來追求公民之間同質性的提升，進而形成民族主義（nationalism）以鞏固國家的權威，但另一方面卻也面臨多元文化的需求，必須重視及處理內部少數族群的分歧。近年來更由於全球化（globalization）的潮流逐漸削弱了民族國家的制定政策權力，更突顯了少數族群的文化需求，也挑戰了原有的國家認同。這種發展衝擊了原有基於封閉領域及民族性的公民身分。因此，現代民族國家的公民身分在意涵上與運作上顯現出一定程度的緊張關係。在近年西方各國的個案顯示，公民身分的緊張關係往往發生在族裔或宗教社群，感覺他們的政治、經濟與社會參與，因為其族裔或宗教認同而被壓抑的狀況。因此，企求通過文化性的政治動員來爭取多重意涵的公民身分（Gulalp 2006）。在民主

國家中，此種公民身分意涵的擴展以及族群認同的提升，促發了文化公民權及其理論基礎——多元文化主義（multiculturalism）的提出，作為化解此種緊張關係的意識型識與理論論述。

文化公民權在社會學、人類學、政治學、教育學、傳播學等不同學科之內，皆有各具特色的詮釋，論述駁雜，但大致上可以歸納為七種理論形式與政策主張：（一）它是指政府提供文化設施，管理文化產業的能力。（二）它是指為少數族群尋求本土性社會活動空間，以及維持、發展其文化遺產與認同的權利。（三）它是指在多數優勢團體決策、移民的多元文化主義與少數族群民族主義三者之間恢復協調良性關係的作為。（四）它是指在推動普及教育之時，為了達成自由平等的公民參與，維繫、發展文化的基本條件。（五）它是指在公民權之中遭致對國家情感上與忠誠上質疑的衝突性思想。（六）它是指在多數決民主政治中，富裕的少數族群經由否決文化差異，對抗在民主化中逐漸擴大權力之多數大眾的現象。（七）它是指以美國為代表強調政教分離的西方國家，與伊斯蘭教國家之間衝突的一種解釋因素（Miller 2007：66-72）。另一方面，作為文化公民權之理論基礎的多元文化主義，由原先形容現代跨國大規模移民所形成之族群差異的多元文化社會現象，轉變為將多元文化主義視為一種公共政策，以確認出存在於社會所造成歧視、不平等以及排斥的解構性因素，並運用政策來導致公民之各種機會與結果的均平。當然，在政策領域中的使用差異也導致對於多元文化主義的不同理解（王俐容 2006a：132-133）。具體而言，就是由國家出面保障少數族群的權利，特別是透過公共領域的制度設計，來表達公平的承認或是公平的整合條件（施正鋒 2006：32）。因此，我們可以說，文化公民權與多元文化主義兩者為公民身分與民主政治的結合，提供了相輔相成的立論基礎：文化公民權體現了多元文化主義的實質內容；多元文化主義提供了文化公民權的理念論述。

　　近年來社會科學學術的論辯，更將族群、文化公民權以及多元文化主義三者予以連結，因為一個國家之內少數族群的價值與利益是否得以確認與發展，乃是檢視文化公民權是否在多元文化主義的理念引導下，具體落實的最佳指標，特別是形成一組支持族群型代表性行政機關設置的完整論述。族群是指一群因為擁有共同的來源，或者是共同的祖先、共同的文化或語言，而自認為或者是被其他的人認為，構成一個獨特社群的一群人。這定義是用客觀與主觀的兩個標準來看族群，就較為客觀的標準而言，這群人被認為擁有的共同文化或是共同祖先來源。就較為主觀的標準而言，一個族群自認構成一個獨特的社群，也得到其他的人認可。族群相對於其他少數族群的認同，最獨特之處在於它是以強調成員之間的「共同來源」或「共同祖先」（common descent），作為區分「我群」與「他群」的標準（陳運棟 2007：23）。更重要的是同一族群的成員就像是一種「集合的實體」（collective entity），有著自己的集體利益，有著一種團結一致的情感。他們有一種信念，認為必須促進並維護其集體的利益，以對抗外來的敵人或對手（陳秀容 1999：139-140）。如果一個族群認為自己有這樣的共同認知，就足以構成他們的族群想像，究竟族群所認定的「共同祖先」與「共同來源」究竟是真是假，倒不是一個重要的問題（王甫昌 2003：9-20）。[9]

　　當代西方思想家闡述族群相關意識型態，以及保障制度與政策具影響力的學者，當是 W. Kymlicka 與 V. Van Dyke。Kymlicka 認為當代以自由主義為主要意識型態的民主憲政國家，在遂行統治與鞏固政權之時，乃是一種國族建立（state nation-building）的過程（鄧紅風譯 2004：1），特別是在國家的領土之內推廣共同語言，而社會大眾共同歸屬並平等參與，這一以語言為基礎的

---

9 此外，「族群」也有擬制用法，將各種人類的分類比擬為傳統的族群，使用討論族群的語彙來討論人群分類。參見楊聰榮（2004：22）。

社會機構（學校、媒體、法律、經濟、政府等），亦即由國家建立了社會性文化（societal cultures）（鄧紅風譯 2004：27, 48）。在建立社會性文化的過程之中，優勢的族群以公民資格整合國家境內所有民族，促使優勢族群的文化普及於全國。雖然優勢族群標榜以自由主義的普遍主義與中立原則，無差別地對待國家境內所有族群保持中立，尊重其公民的族裔文化認同，並對族群的文化生存能力不加干涉。事實上，現代民主憲政國家在使用一種通用語言的建立社會性文化過程之中，運用公權力的政府機關是語言標準化與制度一體化的主導力量（鄧紅風譯 2004：53）。Kymlicka 進一步引用 Marquis de Condorcet 的觀點，認為人們掌握特權語言的不平等，是其他社會不平等的根源。社會平等只能透過語言學習與運用上的平等才能實現（鄧紅風譯 2004：216）。Kymlicka 主張由於個人必然是某個族群文化影響範疇之內的成員，個人的價值追求（亦即個人自主性的確立）也是在文化所提供的選項內進行。因此，文化成員身分以及相關於此身分的差異認同、文化表現與政經地位，為個人實現或追求其美善人生時的重要利益，而應該被視為某種基本善或資源。既然族群文化或文化成員身分被視為社會正義的一項相關因素，因此如果一旦少數族群成員在實踐其文化成員身分時，此一重要價值時面臨了不利處境，對此不利處境的修正，就會如同平等理念對其它基本善的調整一樣，應被納入自由主義政府所必須正視的問題，並可進而證成了社會制度與公共政策中的族群差異權利的作法。自由主義是可以由其理論自身的核心原則——個人自主性與平等理念，證成族群差異權利在道德上的正當性。自由民主制度有能力且應該以此設計保障少數族群在文化上的重要利益，從而有助於促進其成員本身的文化認同與尊嚴（張培倫 2005）。

　　相對於 Kymlicka 指出自由主義以有利於優勢族群，運用官方語言建立社會性文化，Van Dyke 更基於少數族群的立場直指自由主義的盲點。她認為自

由主義強調「個體先於群體存在，個人的自主性具有至高價值」的個人主義，只注重「個人」人權及其保障。如果接受國家，則民族才具有法律地位與權利，卻拒絕介於個人與國家民族之間的族群也擁有此種地位與權利，這是不公平的。因為：

> 在多族裔的社會中，可能必須考慮社群權利的觀念及其實踐，否則無法避免各族群之間的爭鬥，特別是對於政府權力的逐鹿。因為，一旦某個族群得以掌握政府，他們自然會比較關切自己族群的需要和利益，並且努力去持續此種利得和優勢。屆時政府政策容易有偏頗之處，也容易使得其他族群的需要和利益，得不到適當的照顧。長久下去，這些弱勢的族群，很有可能會被蔑視、壓迫、剝削、甚至是被消滅。（陳秀容 1999：135）

Van Dyke 進一步主張族群權利理論，她認為舉凡宗教、種族、語言、原住民等團體，由於擁有集體的共同利益與情感，應該被賦予道德上的權利以及法律上的權利，亦即這些族群的集體利益在道德上應該被尊重，在法律上應被賦予地位和權利。Van Dyke 的族群權利理論與 Kymlicka 的社會性文化理論，適可說明自由主義在保障少數族群上論點的不足，並顯示族群型代表性行政機關設置的正當性。

四、我國設置族群型代表性行政機關的分析

任何制度結構的設計以及政策結果的影響，都需植基於與之對應的意識型態之上。也就是說，在意識型態為指引的系絡之中，相應的制度結構方可順利地運行存續，政策結果才能達成預期的功能影響，特別是在我國特殊的歷史脈

絡與政經社文的系絡之中，討論設置代表性行政機關，特別是以少數族群為基礎的代表性行政機關的意識型態基礎有其必要。我國自 1980 年代中期起即由威權體制朝向民主化進行了政治、經濟、社會、文化等全方位變遷。在政治層面上，歷經了威權轉型而至民主轉型，現今可說是正朝向民主鞏固階段邁進。大體上，我國民主化的進程是以西方民主政治為依歸，特別是作為西方民主自由體系之立論根據的自由主義政治哲學及其政治體制，始終是影響臺灣政治發展的重要因素。[10] 自由主義中的基本原則，在我國民主化的威權轉型階段，曾經被提出作為政治改革與行政組織調整的依據，並以之抗衡長久以來威權體制時期的行政不中立以及各種特權與歧視現象。此表現在威權轉型階段，強調在文化認同層面上個人擁有完全的自由權，不應受任何干涉，更不能由國家涉入而提供任何形式的壓制。然而，當前西方自由主義的特徵是強調個人主義、普遍主義與中立原則，卻可能產生某些偏差，甚至忽視少數族群的價值與利益。

就公民身分的角度而言，自從 1950 年代晚期國民政府遷臺直至 1980 年代中期解嚴，威權政府在強勢的民族國家意識型態下，我國的公民身分具有相當高的排他性，對於臺灣內部不同文化的差異及其訴求予以忽視，甚至壓抑，並試圖透過各種政策制定及社會化的手段塑造高度同質性的國家意識。但如同前述公民權發展中出現的弔詭，此種追求平等一致性公民權的概念與實務，反而可能形成不平等的社會體系，因為忽視特別性與差異性的作法，實際上排除了不符合政府規範的少數團體（族群）及其菁英分子於公共領域之外。自 1980 年代以來，臺灣的民主化與本土化相互結合（王甫昌 2003：95-97）。具體而言，

---

10 自 1940 年代，國民政府播遷來臺，自由主義始終是臺灣政治發展進程之中的重要因素，可說是解嚴之前臺灣改革派知識分子唯一崇尚的信念體系。雖然臺灣自由主義運動本身大多直接以當時現實政治社會的種種問題為論證資源，似乎較缺乏歷史反省以及對於西方自由主義傳統的深入理解，但臺灣自由主義的最主要訴求是「建立憲政民主體制」，也獲致一定的成果。參見江宜樺（2001：21,285,306,315）。

就是將多元文化主義的政策需求，提上了政治改革與行政組織調整的議程。不同的文化認同與特別的政策需求長久以來已積累了要求多元化的能量，當國家意識由較廣泛意涵的中國，逐漸轉向較主體意識的臺灣，關於國家內在結構或其主體性質的想像，也就隨之面臨調整的壓力（楊長鎮 2007：403）。

在 1980 年代中期之前，自由主義是臺灣社會特別是具有改革意識的知識分子要求威權體制進行民主轉型、落實憲政民主的主要意識型態基礎。然而，在 1980 年代中期之後，各種意識型態如女權主義、社群主義、多元文化主義等陸續引進，而且這些新興思潮通常有其針對的社會現象與標的團體（江宜樺 2001：315），其訴求也衝擊了民主轉型之下的憲政體制，自由主義的核心論述由改革的動力轉而成為要求被改革的對象。其中有關族群的意識型態以及族群權利的理論辨證，對於我國民主之中族群型代表性行政機關的設置有其一定影響力。自由主義關於個人的出身背景、族群身分皆以普遍的公民權來對待，賦予其平等的公民暨政治權利，表現出族裔文化中立（ethnocultural neutrality）的取向（鄧紅風譯 2004：9）。然而，此種在威權轉型時期的文化取向，可能隱含了以優勢族群為主流的意識型態及其伴隨的政府制度，在當前全球化潮流強調承認尊重不同族群之間的差異與權利，以及我國發展至民主轉型深化階段，由臺灣本土社會自發的族群意識逐漸提升。各族群要求尊重其文化、語言、風俗習慣、甚至民族地位的呼聲日高。傳統上以族裔文化中立為取向的自由主義公民地位，無法完全滿足各族群的政策需求。這種需求在歷次選舉與政治社會運動中逐漸凝聚，最後制度化地展現在行政組織調整的進程之中，將代表臺灣以少數族群為基礎的代表性行政機關——原民會與客委會——納入行政體系。

臺灣原本是一個多元族群的墾殖社會（settlers' society）。除了原住民族之外，在漢人之間還有鶴佬人（福佬人、閩南人）、客家人以及戰後遷入的外

省人三大族群。以客家族群而言，最關心的就是文化的保存與語言的復育，因為語言文化攸關客家族群的集體認同。此外，原住民族的三大訴求是正名、自治以及還我土地，背後涉及原住民的定位、以及隨著原住民族身分而來的權利，包括自決權、文化權、財產權以及補償權，不過整體來看，最迫切的還是如何提升其社會與經濟地位（施正鋒 2006：22-24）。以往政府針對語言、教育與文化傳承等與少數族群相關的行政業務，已有相關的教育部以及行政院文化建設委員會等相關行政機關處理。然而，畢竟這些行政機關是以自由主義作為出發點，強調的個人權益／權利及平等原則，對於少數族群的集體權並未特別關注（施正鋒 2004b：19）。因此，近來年我國設立族群型代表性行政機關，具有匡濟傳統自由主義的偏差，發揮多元文化主義精神的意義，在政策規劃與執行上，更可發揮統一事權、重點施政的效果。

　　1945 年以來，政府對臺灣原住民族事務係採取異於平地社會的特殊保護與扶植政策，在本質上似未脫漢族大一統、同化的統治觀，例如 1951 年省政府頒布的「山地施政要點」，即明確指出：「山地行政為省政一重要部門，其施政最高原則自應與一般省政宜趨一致。」乃將山地行政視為過渡性措施，目標是朝向「山地平地化」、「山地現代化」，但這種漢化及同化的政策，始終無法為原住民族所接受（朱鎮明 1998：22）。因此，自 1980 年代起，臺灣的原住民族運動開始顯現，約分為三個階段。第一階段是啟蒙時期，主要主張是原住民族自覺，激發原住民族覺醒和族群認同是此階段運動的目標。第二階段是遊行抗爭時期，自 1988 年由臺灣原住民族還我土地運動聯盟發起還我土地遊行運動、取消吳鳳故事之教材、正名運動、民族條款入憲運動等等，以表達原住民族的訴求。第三階段是運用立法院關鍵少數的以小博大時期，而原民會的設置便肇基於此一階段（朱鎮明 1998：4-5）。在原民會成立以前，負責約 40 萬原住民族事務之中央最高機關，僅為內政部民政司之下編制 4 人之原住

民行政科一個科級單位。在原民會成立的過程中，新舊體制競爭原民會組建的主導權。首先，立法院政黨席次發生變化，「不過半」的政治效應下產生了關鍵性的朝野勢力消長，立法院成為地方勢力合縱連橫的戰場，加上民進黨、新黨又刻意結合意圖扳倒國民黨的情況下，大環境給予國民黨籍的 6 位原住民立委，在組建原住民族專責機構議題上，可扮演關鍵性少數的微妙地位之機會。詳言之，1995 年第三屆立法院中執政的國民黨僅取得略過半數的席次（164 席中占 85 席，僅較半數多 3 席），顯示過去國民黨一黨獨大的政治版圖已然鬆動，也給予了少數原住民立法委員發揮關鍵少數、以小博大的契機。由 1996年 2 月起，原住民立委把握其時政治的混沌不明，不同政黨間既合作又競爭的氛圍，經由將原委會的設置，與立法院正、副院長改選，以及其後對行政院同意權的行使等重大政治決策結合一起，進行議價，在同年 12 月原民會即正式掛牌運作，而《原住民委員會組織條例》也成為多年來第一個由立法委員主導審議通過的法律（朱鎮明 1998：48）。[11]

　　類似於原民會的設立背景，客委會也是在複雜脫序的政治情勢下取得設置的機會。但是相較於原住民族事務，我國向來缺乏客家事務的基礎統計資料，亦無客家事務行政的經驗傳統。由 1988 年 12 月 28 日「還我母語」示威大遊行作為客家文化社會運動的起點，直到解嚴後的臺北市長民選，客家事務才首次成為民選政府必須認真面對，並加以處理的公共問題。臺灣選舉向來具有族群動員的特點，在 1994 年臺北市長選戰中，新黨與國民黨及民進黨共三位候選人的白熱化競選過程中，族群議題成為各黨重要的動員力量。其中民進黨候選人承諾臺灣客家公共事務協會的要求條件，從而獲得該協會的全力支持，成

---

11 在原民會醞釀設立的過程中，最重要的事件應為 1996 年 2 月，國民黨籍原住民立法委員違反黨紀，與在野的民進黨搭檔競選立法院正副院長，差點當選。此舉震驚了國民黨執政當局，並迫使他們正視原住民立委所屬少數關鍵的優勢地位。參見朱鎮明等（1998：34-34）。

為最後勝選的關鍵因素。1998 年臺北市長選舉，前述的族群動員本質並未改變，甚至變本加厲。2000 年第二屆民選總統大選，客家事務議題從臺北市都會區的地方性議題，擴大成為全國性的公共議題。國民黨政府在 2000 年 2 月 29 日召開行政院客家事務委員會籌備小組諮詢會議，並遴聘行政院客家事務委員會籌備處的籌備委員，試圖爭取客家選票。緊接著的政治動作是行政院隨後於次月 8 日，即總統大選投票日前 10 天，召開客家事務委員會籌備處的首次籌備委員會議，決議行政院客家事務委員會分階段成立（范振乾 2002）。之後，國民黨雖在總統大選失利，但在 2000 年 5 月 18 日，就是在國民黨交出執政權的前兩天，由行政院正式發布「行政院客家事務委員會籌備處暫行組織規程」，奠定了後來成立客委會的基礎。政黨輪替之後，國民黨仍然掌握立法院多數席次，2001 年 5 月由國民黨籍立法院副院長主導，在各黨派客籍立法委員以及國民黨黨團的支持之下，立法院三讀通過行政院客家委員會組織條例，同年 6 月正式掛牌運作。

　　由上述原民會以及客委會的設置緣由與歷史的分析之中，可得知兩者設置的關鍵場域皆是在立法院，與一般行政組織乃由行政院主導大異其趣。因此，我國族群型代表性行政機關，雖不全然符合西方代議政體之下，以代表性官僚來強化文官體制效能性的特質，亦即以文官個人之客觀的人口背景特徵（消極代表性）或主觀的政策取向（積極代表性），代表服務團體的價值，以及爭取服務團體的利益。在我國乃是經由設置行政機關，使其兼具少數族群的消極代表性與積極代表性，成為在行政部門之中處理族群事務的權責機關。然究其實，原民會與客委會的設置乃是基於激烈選戰中關鍵少數族群的選票考量，或是在錯綜複雜的國會政治生態，以及立法行政兩權相互爭權抗衡情境之中的權力運作，甚至還有抗權轉移過程的偶發因素。然而，原民會與客委會不但承載著臺灣社會中少數族群的期望，也足可發揮西方民主政治代表性官僚的象徵

性、政策規劃與執行、人力開發等諸多功能，還可在中央政府各行政部會相關少數族群的業務之中，擔任統籌與協調的角色。此可由原民會與客委會的近年施政方針之中加以觀察。

在原民會的施政方面，原住民族自治之規劃、推動、自治行政之輔導、協調、監督是其施政的重心。現（2010）正由原民會的綜合規劃及民族自治科委託專家學者研擬憲法原住民族專章草案的初稿，並辦理說明座談，以廣徵原住民族各界的意見。同時也辦理「原住民族傳統習慣之調查整理及評估納入現行法制之研究」；並委託直轄市及縣（市）政府辦理原住民族相關法律宣導說明會。此外，配合「臺灣健康社區六星計畫推動方案」之核心理念及推動策略，推動原住民部落永續發展計畫，陸續辦理原住民族部落調查作業，期具體落實部落社區永續推動模式，以發展原住民族落社區特色。[12]在客委會的施政方面，成立之前，政府對於客家文化活動的支持通常是在社區活動，或是傳統藝術的保存兩個項目下進行，行政院文化建設委員會扮演重要角色（王俐容 2006b：91）。現行客委會為期達成振興客家語言文化、促進客家社區發展、建立臺灣成為世界客家文化中心的施政總目標，研訂規劃的中程施政計畫，計有「客家語言復甦與永續成長第一期六年計畫」、「客家文化振興第一期六年計畫」、「客語傳播發展六年計畫」、「客家特色文化加值經濟發展四年計畫」、「促進客家知識體系發展六年計畫」、「客家社會力振興六年計畫」及「海內外客家新生代合作交流四年計畫」等中長程個案計畫，可以看出該會未來的施政重點。[13]

---

12 參見行政院原住民族委員會 http://www.apc.gov.tw/main/docDetail/detail_TCA.jsp?isSearch=&docid=PA000000003471&cateID=A001925&linkSelf=0&linkRoot=0&linkParent=0&url=。（瀏覽日期：2010/04/17）

13 參見行政院客家委員會 http:// http://www.hakka.gov.tw/np.asp?ctNode=2130&mp=2013&ps=1（瀏覽日期：2010/04/17）

　　比較我國現今中央政府的族群型代表性行政機關與西方民主國家中的類似行政機關，原民會與加拿大的 INAC 的角色與職能類似，旨在保障原住民族的權益以及因應原住民族的需求。然而，原住民自治政府的推動卻可能違反行政一體的原則，甚至可能引起「國中之國」的批評。至於客委會的性質與定位則較為特殊，它既不像加拿大的 INAC 擁有推動自治權利的正當性，也不似紐西蘭的 OEA 以促進族群之間的平等，強調族群特色的多樣性為目標，這不免招致是否獨厚臺灣客家族群之利益，甚至刻意忽視其他族群的疑慮。此外，將原分散於各行政機關如教育部、文建會、新聞局、農委會、交通部、僑委會等之內的客家事務，集中至客委會之後，反而給予相關行政機關推諉卸責的口實，可能造成客家事務「集中化就是邊緣化的開始」（范振乾 2008：64）。本文認為設置族群型代表性行政機關，除了上節有關文化公民權的理論之外，還需經由臺灣特殊的歷史脈絡與政經社文形成的結構性因素中予以理解與詮釋。

　　由於臺灣特殊的歷史脈絡，由威權體制歷經威權轉型至民主轉型，直到近年逐漸達成民主鞏固，族群意識與運動所賴以依附的公民社會，長期以來遭受壓抑及扭曲，並未擁有現代西方民主國家，如加拿大、紐西蘭等採行多元文化主義的條件──具備高度自主性與豐沛行動力的族群團體，能夠積極地進行政策倡導，涉入政府決策過程，從事經濟、社會、文化資源的資源配置。反而，需要在政府，特別是行政部門之內設置族群型代表性行政機關，宣示我國政府重視少數族群的利益與價值，以促進族群和諧，並以此族群型代表性行政機關作為制度性平台，與族群菁英與代表們溝通互動，形成「彼此鑲嵌、相互形構」（mutually embedded and mutually constituting）的決策機制（黃長玲 2007）。此一族群型代表性行政機關不僅可使臺灣少數族群獲致較多的資源，以改善族群較為弱勢的面向，如原住民族的土地權，客家族群的語言教育權等等，具有實質的政策意義，還可以進一步有效地培育及促成臺灣本土族群公民社會的發

展。例如，數種客語腔調在教學方面的協調、十數個原住民族彼此在訴求方面的共識，均需要在族群團體內部進行平等的意見交流，以及充分的觀點表述，以凝聚代表族群價值與利益的論述主軸。因此，族群型代表性行政機關對於深化臺灣的民主成就具有特殊的意義。

　　再者，成立族群型代表性行政機關還可以擴大我國的國際影響力，例如在全球化潮流下，先進多元民族國家重視國內原住民族的權益早已成為普世價值，我國在行政部門之內設置原委會，實可證明我國在全球化民主潮流中搶占先機。又如全世界客家族群總數約在一億人左右，臺灣在行政部門之內設置客委會，不但可以爭取全球客家族群的文化認同，更可能以客委會作為連結全球客家政經菁英與團體的介面，而從增益我國在全球客家族群的正當性與領導性，其深遠的政治意義及效應不言而喻。因此，設置族群型代表性行政機關的緣由固然有其文化公民權的考量，以及基於多元文化主義的認同，然無可諱言，在設置過程與時機上，也必然有政黨、派系之間的政治權謀算計，但是在評估族群型代表性行政機關的效用時，也似可超越國家內部行政或法律的單一角度，反而可由較為開闊、宏觀的視野，正視此一機關存在與發展的政治社會與文化效能，將更可獲得嶄新的思維以及深層的啟發。除了我國中央政府設立族群型代表性行政機關，藉以傳承與發揚少數族群的語言、風俗、習慣等文化事務之外，在少數族群較多的地方政府也可設置此種代表性行政機關，落實多元文化主義之精神的相關公共政策，也可使我國的文化公民權獲得一定程度的實踐。更進一步言之，為了確實保障發揚少數族群的價值與利益，僅在政府的制度結構層面，設置族群型代表性行政機關尚非治本之道，還需著眼整公共行政體系之能力的提升以及性質的調整。

五、結語

　　本文的論證主軸如下：由於民主政治採行的代議政體，不易完全反映社會上少數、弱勢、非主流團體或族群的利益與價值，而可能產生代表性不足的問題。另一方面，行政部門的組織發展也逐漸強化提供、保障以及管理資本的功能，相對地其他功能如公共性與社會性角色日益式微，可能產生制度失衡的現象。為了解決當代民主政治中，立法與行政部門的缺陷，學者提出了代表性官僚的概念與理論，更進一步在行政組織調整的進程之中，具體地經由調整常任文官的社會人口背景的比例，加強文官體制的代表性，以彌補當代民主政治的社會正當性。近年來，某些具有特殊歷史背景與社經結構的國家，更是將特定社會部門的代表性官僚予以機構化，設置代表性行政機關，以加強反映與保障特定社會部門的利益與價值。本文將以上的論證脈絡以下圖呈現。

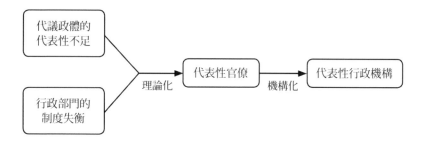

圖 1：設置代表性行政機關的論證脈絡
資料來源：筆者自製

　　深入言之，綜觀民主政治中公共行政學的理論脈絡，原先基於層級、法治及專家權威的韋伯式（Weberian）文官體系，在 1970 年代晚期遭到嚴厲的批評，一股去官僚化（de-bureaucratization）的觀點逐漸形成共識，新公共管理成為先進國家進行政府改造的主流，著重政府施政的效果，而非嚴守刻板

的正式法規，強調公民的決策參與而非由上而下支配領導，尤其是將市場的價格機能帶入公部門運作，成為公共行政的主要思潮。然而，在 1990 年代早期，新公共管理也被發覺存有窒礙難行之處，特別是去官僚化所伴隨的經濟不平等、權力差距以及社會解組現象日益嚴重，促使公共行政研究者回到基本面（back to basics），重新檢視韋伯式文官體系的特徵與本質。因此，再官僚化（re-bureaucratization）又成為公共行政學的核心議題，特別重視文官體系的民主領導、協調合作與課責等各方面的要求，其中有關社會凝聚的加強，以及社會衝突的降低，成為調整行政部門中各種類型行政機關的首要考量（Olson 2008）。

在公共行政的上述最新發展趨勢中，人口結構之中各個部門，特別是代表族群價值與利益的行政機關，成為行政組織調整的重要思考因素，尤其是當今全球化的主要現象之一是在公私部門的工作場合中，人口結構的快速轉變例如族群、婦女、工作者平均年齡、外籍工作者、非全職工作者等之數量與比例逐漸提高，他們的工作價值也日益受到重視（Riccucci 2002：3）。因此，當代公共行政的再官僚化觀點，無論是在理論或實務上，都出現強調多樣性的趨勢，發展出更具包容性的工作文化（more inclusive work cultures），以理解不同人口特徵服務民眾的各種需求（White and Rice 2005：3）。此一多樣性的趨勢表現在公務人力的組成與服務民眾的區隔之上，由以往法律保障的項目例如性別、種族、族群、殘障、年齡等，即傳統代表性行政機關的概念及其制度，甚至逐漸擴展至所得、婚姻狀況、軍旅經驗、宗教、居住區域、教育等更加細緻的因素，對於當代政府的公共行政角色與功能形成重大的影響，其核心理念便是當代公共行政必須更加重視培養具有高度文化能力的公務人力與行政機關，以整合各種類型服務民眾的多樣需求，以提升公共服務的效能與品質。此種強調多樣性文化能力的發展趨勢，無疑地將重塑傳統代表性行政機關的意

義，並可能在未來的行政組織調整工程之中占有一席之地。

　　未來代表性行政機關研究與實務的目標應是建立具有文化能力的公共行政（culturally competent public administration）。簡言之，政府公務人員在提供與傳送公共服務時，能夠尊重及體認服務對象之中不同族群與文化團體的歷史傳統及信仰價值的特殊性（Bush 2000）。特別是在社會工作、心理輔導、健康照顧等政策領域之中，因為公共服務的傳送涉及較多人際之間的接觸互動，更需要較高的相互理解體認，具有較高文化包容能力的公務人員比較能有效地服務具有少數族群背景的民眾（Bailey 2005：177）。因此，代表性行政機關的概念與實務應該涵蓋機關的制度定位與官僚的個人背景雙重層面，整體提升公部門的文化能力，在多元文化社會之中達成善治的目標。

　　基於上述對於當代代議政體與行政部門的缺失、代表性官僚與行政機關的功能、公民身分的發展以及族群的意涵等諸項論述，本文認為在臺灣族群的意識與認同在歷次政治選舉之中不斷被強調升高之際，促進族群之間的平等與和諧，鼓勵臺灣各個族群融入本土社會，同時保留本身的文化特色，成為朝野必須面對的關鍵政策議題，應該在行政組織調整的政策議程之中予以制度性的設計，其中族群型代表性行政機關包含現行的原民會與客委會似乎是可行的制度選擇之一。本文提出以下幾項政策建議以強化此種代表性行政機關的正當性：

（一）形成民主政治主要立論基礎的自由主義，畢竟是以個人的自主性作為公民身分的至高價值，因為若以團體而非個人作為賦予特殊公民身分的依據，很可能間接地使其他未設立代表性行政機關的少數族群形成相對剝奪感，甚至壓迫（黃俊龍譯 2003,135）。因此，族群型代表性行政機關對於服務對象的政策優惠，不應僅以族群為限，也應盡可能地擴展至全體公民，例如舉辦大型族群文化博覽會，鼓勵族群擴大參與，促進不同族群對於彼此文化特質的理

解，致使整體社會因族群型代表性行政機關的施政作為而受益，
進而提升公共福祉。

（二）族群型代表性行政機關可說是在全球化潮流之下公民身分擴張的產
物。因此，族群型代表性行政機關的施政作為也不應劃地自限，
僅服務國家內部的特殊族群，而當配合全球化的趨勢，將服務範
疇與政策重心擴展至海外相關族群，使得族群型代表性行政機關
成為國內與國際上相關族群發展良性互動的介面，以提升我國政
府的施政視野與格局。另一方面，也可鼓勵在少數族群人口比例
較高的地方政府之內，設置族群型代表性行政機關，以深化對於
少數族群的服務。

（三）民主政治在本質上就是一種使用方言的政治，因為社會大眾只有使
用自己熟悉的語言討論政治問題才感到自在。因此，使用方言進
行的政治討論越多，就會有越多的人參與，方能落實民主政治的
核心精神──多元參與（鄧紅風譯 2004：213, 214）。因此，族群
型代表性行政機關施政的首要順位便是經由保存族群的方言，進
而發揚族群的文化。特別是在已由政府公權力確立官方語言的國
家與社會，保存少數族群方言更顯重要。

（四）除了成立族群型代表性行政機關之外，與之配套的策略措施包括提
升晉用與升遷具有少數族群背景的公務人員的機會、立法消弭工
作場合中種族或族群騷擾（racial and ethnic harassment）、透過教
育訓練體系培育公務人員更高的文化包容力等等（Riccucci 2002：
44-56），皆可有效地管理公共行政多樣性的現象。

無可諱言，臺灣除了原住民族與客家族群之外，尚有外省族群以及 1970
年代以後的新移民同為少數族群，是否也應為其設置族群型代表性行政機關？

何種制度設計與政策選擇才符合當代文化公民權的觀點？此一敏感的議題勢將持續考驗我國公共行政實務者與研究者的智慧。總之，傳統公共政策追求的核心價值包括效率（考量投入／產生資源的比例以降低成本的程度）、效能（考量達成預期公共目標的程度）、平等（考量公共服務得以公平分配給每一人民與團體的程度）、回應（考量充分反映各種利害關係人價值與信仰的程度）等等。而具有文化能力的公共行政較傾向於追求效能與回應，可能引起公平與效率的疑義（Bailey 2005：188-89）。如何平衡各些價值，還需對於未來公共行政的理論典範與實務需求深入探索。無論如何，代表性行政機關將是未來我國，甚至國際公共行政學術發展上，檢視公共組織多樣性影響的主要理論依據與制度設計，值得公共行政學者予以重視。

參考文獻

一、中文部分

王甫昌，2003，《當代臺灣社會的族群想像》。臺北：群學。

王俐容，2006a，〈公民文化權的建構：文化政策的發展與公民權的落實〉。《公共行政學報》20：129-159。

_____，2006b，〈多元文化的展示與族群關係：以文化藝術節為例〉。頁129-159，收錄於劉阿榮主編，《多元文化與族群關係》。臺北：揚智。

石忠山，2006，〈當代紐西蘭憲政體制〉。頁1-34，收錄於施正鋒、謝若蘭主編，《當代紐西蘭民主政治》。臺北：臺灣國際研究學會。

伊凡諾幹，2004，〈文官制度改革與原住民族發展：對於建構多元並具有民族特色之考銓制度的初步努力與檢討〉。《考銓季刊》40：1-19。

吉娃詩‧叭萬，2006，〈從紐西蘭毛利族的語言巢看臺灣的原住民母語教學〉。頁197-223，收錄於施正鋒、謝若蘭主編，《當代紐西蘭民主政治》。臺北：臺灣國際研究學會。

朱愛群，1993，《行政發展社會學與行政社會化》。臺北：三峰。

朱鎮明，1998，《如何贏政府：行政院原住民委員會的謀略分析》。臺北：洪葉。

江宜樺，1995，〈政治社群與生命共同體：亞里斯多德城邦立論的若干啟示〉。頁39-75，收錄於陳秀蓉、江宜樺編，《政治社群》。臺北：中央研究所中山人文社會科學研究所。

_____，2001，《自由民主的理路》。臺北：聯經。

江明修、曾冠球，2009，〈政府再造：跨部門治理的觀點〉。《國家菁英季刊》5（1）：97-122。

余致力，2007，〈性別差異對公共管理者任用之影響：代表性文官體系的理論省思與實證探索〉。《國家菁英》3（4）：61-84

施正鋒，2004a，〈行政體系中的原住民族：由「優惠待遇」到「積極行動」〉。《考銓季刊》40：47-61。

_____，2004b，《臺灣客家族群政治與政策》。臺北：財團法人新新臺灣文化教育基金會。

＿＿＿＿，2005，《臺灣原住民族政治與政策》。臺北：財團法人新新臺灣文化教育基金會。

＿＿＿＿，2006，《臺灣族群政治與政策》。臺北：財團法人新新臺灣文化教育基金會。

范振乾，2002，〈客家事務行政體系之建構〉，《客家公共政策研討會論文集》。臺北：行政院客家委員會。

＿＿＿＿，2008，〈從臺灣發展史看客裔之未來：從客家運動 20 年說起〉。頁 35-70，收錄於張維安、徐正光、羅列師主編，《多元族群與客家：臺灣客家運動 20 年》。臺北：行政院客家委員會、臺灣客家研究學會。

翁興利、陳文學，2008，〈我國原住民族文官之研究：消極代表性官僚的測量〉。《國家菁英》4（1）：1-17。

張培倫，2005，《秦力克論自由主義與文化多元論》。宜蘭：佛光人文社會學院。

張福建，2005，〈參與和公民精神的養成：彌爾（J. M. Mill）代議政府論的一種解讀〉。《東吳政治學報》21：46-61。

張慧芝、郭進成譯，2006，《公民身分》。臺北：韋伯。譯自 D. Heater. What is Citizenship. Cambridge, U. K.: Polity Press. 1999.

陳秀容，1999，〈族群權利理論：Vernon Van Dyke 的理論建構〉。《政治科學論叢》10：131-170。

陳淳文，2003，〈公民、消費者、國家與市場〉。《人文及社會科學集刊》15（2）：263-307。

陳運棟，2007，〈源流篇〉。頁 19-41，收錄於徐正光主編，《臺灣客家研究概論》。臺北：行政院客家委員會、臺灣客家研究學會。

黃長玲，2007，〈彼此鑲嵌、互相形構：轉變中的國家與社會關係〉，「第三部門政策環境論壇」論文（5 月 25 日）。臺北：國立政治大學第三部門研究中心。

黃俊龍譯，2003，《公民身分》。臺北：巨流。譯自 K. Faulks. Citizenship. London: Routledge. 2000.

黃煥榮，2007，〈突破玻璃天花板：女性行政菁英事業生涯發展的問題與展望〉。《國家菁英》3（4）：85-107。

楊長鎮，2007，〈族群關係篇〉。頁 389-416，收錄於徐正光主編，《臺灣客家研究概論》。臺北：行政院客家委員會、臺灣客家研究學會。

楊聰榮，2004，〈移民與本土化：中國戰後移民在亞太各國的遭遇〉。頁 21-42，收錄於廖炳惠、黃英哲、吳介民、吳叡人等編，《重建想像共同體：國家、族群、敍述》。臺北：行政院文化建設委員會。

蔡良文，1998，《行政中立與政治發展》。臺北：五南。

_____，2008，《我國文官體制之變革：政府再造的價值》。臺北：五南。

蔡英文，2005，〈公民身分的多重性及其民主政治的意涵〉。《政治與社會哲學評論》14：1-35。

談古錚譯，1991，《公民資格》。臺北：桂冠。譯自 J. M. Barbalet. *Citizenship: Rights, Struggle, and Class Inequality*. Milton Keynes: Open University Press. 1988.

鄧紅風譯，2004，《少數族群的權利：民族主義、多元文化主義與公民權》。臺北：左岸。譯自 Will Kymlicka. *Politics in the Vernacular: Nationalism, Multiculturalism, and Citizenship*. Cambridge: Oxford University Press. 2001.

韓保中，2007，〈憲政與行政：論威爾遜「行政的研究」的緣起與意義〉。《政治科學論叢》34：105-150。

顧慕晴、盧姵緁，2008，〈我國公部門原住民工作權保障之研究〉。《國家菁英》4（1）：19-42。

二、英文部分

Bailey, M. L., 2005, "Cultural Competency and the Practice of Public Administration". In *Diversity and Public Administration: Theory, Issue, and Perspectives*, ed. M. F. Rice. New York: M. E. Sharpe, Inc.

Bush, C. T., 2000, "Culture Competence: Implications of the Surgeon General's Report on Mental Health". *Journal of Child and Adolescent Psychiatric Nursing* 13(4): 177-178.

Carter, L. F. and K. D. Kitts., 2007, "Managing Public Personnel: A Turn-of-the-Century Perspective". In *Handbook of Public Administration*, eds. J. Rabin, W. B. Hildreth, and G. J. Miller. Boca Raton: CRC/Taylor & Francis.

Dolan, J. and D. H. Rosenbloom, 2003, *Representative Bureaucracy: Classic Readings and Continuing Controversies*. Armonk, New York: M. E. Sharpe.

Edwards, M., 2004, *Civil Society*. Malden, MA: Polity Press.

Gulalp, H., 2006, *Citizenship and Ethnic Conflict: Challenging the Nation-State*. New York, NY : Routledge.

Kellough, J. E. and J. Williams, 2007, "Contracting and the Bureaucratic Representation of Minorities and Women: Examining Evidence from Federal Agencies". Prepared for presentation at the 2007 meeting of the American Political Science Association, Chicago Illinois, August 30-September 1, 2007.

_____, 2006, *Understanding Affirmative Action :Politics, Discrimination, and the Search for Justice*. Washington, DC: Georgetown University Press.

Kingsley, J. D., 1944, *Representative Bureaucracy: An Interpretation of the British Civil Service*. Yellow Spring, OH: Antioch Press.

Krislov, S., 1974, *Representative Bureaucracy*. Englewood Cliffe, NJ: Prentice-Hall.

Lim, H. H., 2006, "Representative Bureaucracy: Rethinking Substantive Effects and Active Representation". *Public Administration Review* 66(2): 193-204.

Lindblom, C., 1977, *Politics and Markets*. New York: Basic Books.

Manin, B. A. Przeworski and S. C. Stokes., 1999, "Elections and Representation". In *Democracy, Accountability, and Representation*, eds. A. Przeworski, S. C. Stokes, and B. Manin. Cambridge: Cambridge University Press.

Marshall, T. H. and T. Bottomore, 1992, *Citizenship and Social Class*. London: Pluto Press.

Meier, K. J., R. D. Wrinkle, and J. L. Polinard, 1999, "Representative Bureaucracy and Distributional Equity: Addressing the Hard Question". *The Journal of Politics* 61(4): 1025-1039.

Miller, T., 2007, *Cultural Citizenship: Cosmopolitanism, Consumerism, and Television in a Neoliberal Age*. Philadelphia: Temple University press.

Mosher, F. C., 1968, *Democracy and the Public Service*. New York: Oxford University Press.

Nabatchi, T., 2007, "The Institutionalization of Alternative Dispute Resolution in the Federal Government". *Public Administration Review* 67(4):646-661.

Olson, J. P., 2008, "The Ups and Downs of Bureaucratic Organization." *Annual Review of Political Science* 11(1): 13-37.

Powell, G. B., Jr., 2000, *Elections as Instruments of Democracy*. New Haven and London: Yale University Press.

Riccucci, N. M., 2002, *Managing Diversity in Public Sector Workforces*. Boulder, Colorado: Westview Press.

Savas. E. S., 1987, *Privatization: The Key to Better Government*. Chatham, New Jersey: Chatham House Publishers, Inc.

_____, 2000, *Privatization and Public-Private Partnership*. Chatham, New Jersey: Chatham House Publishers, Inc.

Selden, S. C., 1997, *The Promise of Representative Bureaucracy: Diversity and Responsiveness in a Government Agency*. Armonk, New York: M. E. Sharpe.

Stevenson, N., 2003, *Cultural Citizenship: Cosmopolitan Questions*. Maidenhead, Berkshire: Open University Press.

White, H. L. and M. F. Rice., 2005, "The Multiple Dimensions of Diversity and Culture". In *Diversity and Public Administration: Theory, Issue, and Perspectives*, ed. M. F. Rice. Armonk, New York: M. E. Sharpe.

Wilkins, V. M. and B. N. Williams, 2008, "Black and Blue: Racial Profiling and Representation". *Public Administration Review* 68 (4): 654-664.

Wilson, H. T., 2000, "The Downside of Downsizing: Bureaucratic Representation in Capitalist Democracies". In The *New Public Management: International Developments*, eds. D. Barrows and H. I. Macdonald. Toronto: Captus Press.

_____, 2001, *Bureaucratic Representation: Civil Servants and the Future*. Leiden: Brill.

Wise, L. R. and M. Tschirhart, 2000, "Examining Empirical Evidence on Diversity Effects". *Public Administration Review* 60(5): 386-394.

_____, 2003, "Representative Bureaucracy". In *Handbook of Public Administration*, eds. B. G. Peters and J. Pierre. London: Sage Publications.

_____, 2004, "Bureaucratic Posture: On the Need for a Composite Theory of Bureaucratic Behavior". *Public Administration Review* 64(6): 669-680.

三、網路資料

行政院原住民族委員會，2010 ，〈行政院原住民族委員會 99 年度施政計畫〉
　　http://www.apc.gov.tw/main/docDetail/detail_TCA.jsp?isSearch=&docid=PA
　　000000003471&cateID=A001925&linkSelf=0&linkRoot=0&linkParent=0&u
　　rl=，查閱日期：2010/4/17。

行政院客家委員會，2010 ，〈行政院客家委員會 99 年度施政計畫〉http://
　　www.hakka.gov.tw/np.asp?ctNode=2130&mp=2013&ps=1， 查 閱 時 間：
　　2009/4/17。

Indian and Northern Affairs Canada, INAC. http://www.ainc-inac.gc.ca/index-eng.
　　asp (June 23, 2009)

Office of Ethnic Affairs, OEA. http://www.ethnicaffairs.govt.nz (June 23, 2009)

臺灣民眾的家庭語言選擇 *

葉高華

一、研究問題

　　2015 年 12 月 15 日，客家運動的精神領袖鍾肇政當著總統候選人蔡英文的面，哽咽地說：「再過幾年，就沒有人會講客家話了。客家話一旦消失，客家人就消失了。」不久之後（2016 年 1 月 8 日），蔡英文在電視政見發表會中公開回應：「在這裡，我要當著全國人民的面，告訴鍾老，我不會讓這個事情發生。」她的承諾是：將客家話定為國家語言（民主進步黨 2016）。

　　1990 年代以來，臺灣社會廣泛接受了「四大族群」（閩南人〔福佬人〕、客家人、外省人、原住民）的族群分類架構。所謂四大族群其實是由歷史上三種相對性的族群區別合併而成，分別是：原住民與漢人之分、外省人與本省人之分、客家人與閩南人之分（王甫昌 2003）。在這三種族群區別中，有兩種與語言區別重合，另一種也與語言區別高度相關。

　　首先，原住民與漢人之分同時也是南島語系與漢藏語系的區別。原住民的族別劃分又幾乎等於語言的劃分，有什麼族就有什麼語，反之亦然。近年來，原住民族從原先的九族進一步區分成十六族，[1]語言的獨特性都成為關鍵憑證。

* 本文原刊登於《臺灣社會學刊》，2017，62 期，頁 59-111。因收錄於本專書，略做增刪，謹此說明。作者葉高華現任國立中山大學社會學系副教授。

　　省籍原本只是戶籍分類，不是語言的區別。事實上，第一代外省人來自各種語言／方言區，甚至不乏來自閩南語區、客語區者。然而，第一代外省人有高比例的軍公教人員，原本就具有一定程度的華語[2]能力，即使許多人鄉音很重。再者，大多數第一代外省人脫離其母語社群，彼此只能用華語溝通。於是，華語成為第二代外省人的第一語（first language），甚至成為外省人身分與集體認同的重要標誌（洪惟仁 1992；黃宣範 1993；蕭阿勤 2012）。也因此，語言使用習慣的差異曾經是日常生活中分辨外省人與本省人的重要表徵。近年來，隨著年輕世代本省人也轉以華語為第一語，外省人與本省人愈來愈難以區分，也逐漸被認為沒必要區分。

　　「客家」最初是廣東粵語人群（廣府人）對於來自惠州、嘉應州的另一種語言人群的稱呼，後來延伸而泛指所有使用這種語言的人群（施添福 2013，2014a，2014b；林正慧 2015）。「閩南」也是先有語言的分類，再延伸為人群的分類。「閩南人」、「客家人」的稱呼都是戰後引入臺灣（施添福 2014b；林正慧 2015）。但是，閩南語人群與客語人群的區別遠比這兩個名詞進入臺灣的歷史還要悠久。早在清代，漢人已按照語言分群別類，互稱「福

---

1 2001 年邵族從鄒族分出，2002 年花蓮、臺東的噶瑪蘭族從阿美族分出，2004 年太魯閣族從泰雅族分出，2007 年撒奇萊雅族從阿美族分出，2008 年賽德克族從泰雅族分出，2014 年拉阿魯哇族與卡那卡富從鄒族分出。

2 亦即臺灣民眾慣稱的「國語」。如同國旗、國歌等通名，「國語」不能算是特定語言的專名。臺灣歷史上便曾經歷兩種不同的「國語」。若以「國語」指稱特定語言，帶有語言霸權的意味。目前，語言學界普遍接受以中性的「華語」（Mandarin）指稱臺灣民眾慣稱的「國語」。若要強調臺灣民眾使用的那種華語之獨特性，則稱為「臺灣華語」（Taiwan Mandarin）。教育部頒布的「臺灣閩南語常用詞辭典」與「臺灣客家語常用詞辭典」，皆以「華語」取代「國語」。且「華語」一詞已擴散至日常生活，像是華語教材、華語師資、華語歌曲、華語電影等用語，已相當普及。有些反對「國語霸權」的人常以「北京話」取代「國語」一詞。不過，北京話與臺灣華語不盡相同，應視為同屬華語之不同方言。基於上述理由，本文以「華語」指稱臺灣民眾慣稱的「國語」。

佬」、「客人」（施添福 2014b；林正慧 2015）。到了日本時代，本島漢人的種族區分為「福建」、「廣東」。字面上這是祖籍的區別，實際上卻是按照閩南語與客語劃分。戶口調查報告寫得很明白：「夫言語即種族之徵表也。言語之異同，則表現種族之異同。」（臺灣總督府總督官房統計課 1909：166）然而，將閩南語人群視為福建人、客語人群視為廣東人，使得來自廣東省的閩南語人群與來自福建省的客語人群感到迷惘。結果，許多廣東福佬後代的祖籍認同轉變為福建、福建客人後代的祖籍認同轉變為廣東（林正慧 2015）。畢竟祖籍容易遺忘，語言差異卻無法充耳不聞，許多人因而按照語言重構自己的祖籍。

1987 年，《客家風雲》雜誌創刊，開始提倡客家人的語言權益。翌年，以《客家風雲》為主體的人士發動「還我母語運動」，其三大訴求為：開放客語電視節目、修改廣電法對「方言」之限制、建立多元的語言政策（葉德聖 2013）。鍾肇政也參與了「還我母語運動」，並創立「臺灣客家公共事務協會」，持續爭取客家語言權益。王甫昌（2003）指出這些社會運動建構了當代臺灣客家族群想像。

當兩群人雞同鴨講時，我群與他者的區隔感便油然而生了。因此，臺灣的人群分類總是跟語言脫離不了關係。然而，經歷半個世紀獨尊華語、打壓本土語言的國家干預後，閩南語、客語與各種原住民族語逐漸撤離公共場域，退守家庭。家庭是這些語言的最後堡壘。如果人們在家裡不再講這些語言，尤其是不跟小孩講，這些語言終將消失。除了原住民身分還能靠國家保護而獲得延續，一旦福佬人[3] 不會講閩南語、客家人不會講客語，人們不免懷疑福佬人、客家人、外省人的區分是否仍然適切。

---

3 由於使用閩南語的人群不僅來自閩南，也來自廣東潮汕地區，本文沿用民間慣用的「福佬」指涉閩南語人群。

　　客家委員會的調查為上述論斷提供證言。2010 年，對於單一自我認定為客家人者而言，其子女有 21.5% 不認為自己是客家人。對於多重自我認定為客家人者（亦即同時擁有其他族群認同）而言，其子女有 54.6% 不認為自己是客家人。進一步詢問這些客家子女為何不認為自己是客家人，48.4% 的原因是「不會客語」、33.1% 的原因是「父親不是客家人」（客家委員會 2011：116-117）。[4] 事實上，父親不是客家人的家庭，通常也會失去講客語的環境，這在後面還會進一步討論。若詢問：如何加強子女的客家認同？65.9% 的客家人表示：讓子女學習說客語（客家委員會 2011：135-136）。顯然，將客語與客家認同視為一體，不只是鍾肇政的個人看法，也是普遍存在的社會心理。

　　由此可見，家庭語言的保存或轉移，對於今後臺灣民眾的族群認同與族群關係具有深遠影響。那麼，臺灣家庭語言的現況如何？為什麼當公共領域已不再限制各種本土語言的使用、客家電視台成立了、各種本土語言也進入小學課程了，鍾老還是那麼煩惱？再者，我們也有必要知道，哪些因素影響家庭語言的選擇？本文將回答這些問題。在本節之後，第二節回顧社會學者如何談語言、語言學者如何談社會，而兩者又共同遺留哪些尚未釐清的問題。在第三節中，我將利用 2013 年臺灣社會變遷調查與 2010 年人口普查資料描繪臺灣家庭語言的現況。第四節的多變量迴歸分析進一步釐清各種社會因素與周遭語言環境對家庭語言的影響。第五節為結論，並指出未來研究方向。

---

4 2014 年客家委員會又做了一次調查，結論不變。由於 2010 年調查報告提供較多細節，本文引述 2010 年調查數據。

二、文獻探討

（一）語言的社會學研究

　　社會學者對於語言的關懷集中在兩個議題上，其一為語言與民族主義的關連。試想，沒有任何一個民族國家成員能夠走遍其國家的每一個角落，認識其國家的每一個人。既然如此，他們如何能夠想像他們屬於同一個民族？Anderson（1983）指出，資本主義、印刷科技與人類語言多樣性這三個因素之間富有爆炸性的交互作用，促成以印刷語言為基礎而形成的語言共同體。

　　在臺灣，民族主義的發展也跟語言問題密不可分。蕭阿勤（2012）指出，國民黨政府將中華民族與華語劃上等號。使用華語被認為是促進中華民族團結的必要條件；閩南語、客語與原住民族語都被貶為「方言」，並被視為有礙中華民族的統一與團結。他進一步指出：

　　　　國民黨政府提倡北京話為基礎的國語，圍繞在將臺灣人「中國化」
　　　　的中心目標，亦即宣稱臺灣是「中國的一部分」，合法化其統治、
　　　　並且將國民黨政府是全中國代表的宣稱正當化。為了達到這個目
　　　　的，臺灣本土語言、特別是臺語的使用，因而受到嚴格限制（蕭阿
　　　　勤 2012：244）。

　　強制教育（compulsory education）是當年國民黨政府推行華語、打壓本土語言的最重要手段。不僅所有學齡人口都得接受華語的單語教學，一旦學生在校園裡講本土語言被抓到，還會遭受屈辱性懲罰。另一個主要的社會化管道——電視，一方面嚴格限制本土語言的播映時間，另一方面將使用本土語言的角色塑造為粗俗、無知的形象（蕭阿勤 2012）。

　　王甫昌（1996）指出，臺灣第一波反對運動僅以政治民主化為訴求，並未挑戰國民黨威權統治的根基：中國民族主義。但第一波反對運動遭到鎮壓之後，反對運動走向激進化，開始建構臺灣民族主義以對抗中國民族主義。相對於中國民族主義將華語視為民族語言，臺灣民族主義則將「臺語」（通常指閩南語）視為民族語言。在第二波反對運動的場合中，無法以「臺語」進行演講的講者只得先向群眾道歉，說明國民黨的語言政策使他們無法用「臺語」演講。本省籍反對運動者若不遵守這項語言規範，群眾往往用噓聲、叫囂、騷動或離開會場的方式表達抗議。[5] 蕭阿勤（2012）認為，復興臺灣本土語言的種種努力，構成臺灣民族主義的重要部分。那麼，民族認同如何影響家庭語言的選擇呢？這仍有待分析。

　　社會學者也非常關心語言能力對於社會階層或地位取得的影響。Bourdieu（1991）提出「語言資本」（linguistic capital）的概念，他認為，語言不只是一種溝通技能，更是資源掌控者用來區隔其他階級而壟斷利益的資源。語言資本的分配因階級而不均，而且會一代傳一代，在歷史過程裡一再被複製。

　　國外已有大量實證研究指出，對於少數族群或移民而言，使用主流語言的能力可提升其勞動市場成就或社經地位（McManus, Gould and Welch 1983; Tienda and Neidert 1984; Neidert and Farley 1985; Evans 1987; Dustmann 1994; Portes and MacLeod 1996; Mouw and Xie 1999; Shields and Price 2002; Smits and Gunduz-Hosgor 2003; Rooth and Ekberg 2006）。臺灣的情況與西方國家略微不同。藉由國家力量，少數族群帶來的華語反而凌駕最大族群的閩南語。不過，即使是外來語，一旦建立優勢地位，同樣能提高人們的社經地位。蔡淑玲（2001）證實，華語愈流利的人，職業地位愈高。此外，使用不同語言的工作

---

5 大約 10 年前，筆者參加 228 紀念活動時，仍可見到這種場面。當辜寬敏在台上講起
　華語，台下群眾立刻鼓譟：「臺灣人講臺灣話！」

在職業地位上有清楚的階序：閩南語的工作領域是一個「壞」的勞動市場，華語的工作領域則是一個「好」的勞動市場。陳婉琪、溫郁文（2010）再次證實，華語能力對於脫離勞動階級、取得較高職業地位有顯著正向影響。不過，他們也發現閩南語能力對於成為小雇主的機會具有顯著的正面影響。一旦考慮亟需人脈的大雇主身分，華語與閩南語都具有顯著正面影響。由此可見，閩南語作為臺灣最大族群的語言，在某些領域仍可與華語分庭抗禮。

這兩個研究探討的都是工作上的語言能力。然而，一個能夠在工作場域說流利華語的人，未必會把華語帶回家裡。由此可見，家庭語言在臺灣社會學界仍是一個有待討論的議題。此外，上述研究關心的都是語言能力如何影響社會階層。反之，社會階層如何影響家庭語言的選擇，也尚待研究。

（二）社會語言學研究

相較於社會學者關心語言對社會的影響，語言學者更關心社會對語言的影響。社會語言學的開創者 William Labov 認為啟動語言變化的因素有兩個方面，其一為語言內在結構的壓力（Labov 1994）；其二為社會因素，特別是年齡、性別與社會階級（Labov 2001）。

若個人的語言隨著生命軌跡轉變，但是社群的語言保持不變，稱為「年齡級差」（age-grading; Labov 2001：76）。這通常是因為壯年人承受最大的社會壓力，修正自己的發音以迎合優勢音。等到他們退休後，又回歸鄉音。反之，若個人的語言變化不大，但是社群的語言發生轉變，稱為「世代變遷」（generational change; Labov 2001：76）。在這種情況下，老年層保有舊的語言型式、青年層使用新的語言型式（Holmes 1992）。由於臺灣面臨快速的語言轉移與語音變化，幾乎所有社會語言學研究都指出世代變遷，但鮮少指出年齡級差。例如，在臺灣的泉腔方言區，老年層仍有較高比例保有央元音：ə、ɨ。但愈年輕的人們愈不會說央元音，轉而使用漳腔的 e、ue、u、i（洪惟

仁 2003a）。[6] 反之，泉腔的「入歸柳」（j 音變為 l）則取得優勢，入侵漳腔地盤。在漳腔方言區，老年層仍保有 j-；愈年輕的人們愈傾向說成 l-（洪惟仁 2012）。[7] 泉腔與漳腔互相滲透之後，形成不漳不泉的臺灣閩南語優勢腔，侵蝕各地方言。例如，臺南關廟方言極具特色的「出歸時」（tsh 音變為 s）[8] 隨著年齡層降低而快速流失（陳淑娟 1995；簡秀梅與洪惟仁 2007）。其他如桃園大牛欄方言（洪惟仁 2003b；陳淑娟 2004）、汐止方言（洪惟仁 2004）、鹿谷及安平方言（陳淑娟 2010）的研究皆顯示，愈年輕的人們愈向優勢音靠攏。

　　大多數社會語言學研究均顯示女性偏好使用標準的、優勢的語言，Labov（2001：266）稱為「女性的語言順從」（linguistic conformity of woman）。有一種解釋是：女性對於社會地位比男性更為敏感，傾向透過優勢語言表現出比實際更高的地位。另一種解釋是：社會期待「好」的女性說話很「標準」，但是可以容忍男性說話不「標準」。此外，女性居於從屬地位，也會有意或被要求謹慎地、禮貌地說話，以免冒犯男性（Holmes 1992）。黃宣範（1993）根據一份 1988 年的問卷調查，指出臺灣女性比男性更加認為「國語比方言還要優美、文雅、有水準」。此外，黃宣範（1993）在中壢、楊梅進行的調查顯示，無論客家人還是福佬人，女性在家中都比男性更常說華語、更少說母語。陳淑娟（2004）針對桃園大牛欄方言社群的調查亦顯示，女性在心態上比男性更嚮往優勢音。不過，由於女性的社會網絡比男性更局限於當地，接觸優勢音的機會較少。兩個因素互相抵銷後，語音未出現顯著的性別差異。

　　相較於年齡與性別，臺灣語言學界很少討論社會階級的影響。例外之一是

---

6 例如，「短」由 tə 轉向 te、「火」由 hə 轉向 hue、「自」由 tsi 轉向 tsu、「豬」由 ti 轉向 tï。

7 例如，「日」由 jit 變成 lit、「二」由 ji 變成 li。

8 有人因而取笑關廟人買菜（tshai）是買屎（sai），買紅菜是買翁婿（老公）。

簡秀梅與洪惟仁（2007）針對關廟方言社群的調查。他們發現白領階層比藍領階層更快轉向優勢音。

顯而易見，語言學者對於語音變化的關心遠多於語言轉移。同時，語言學者通常以具有特色的方言為研究對象，缺乏全國性的調查研究。一個罕見的例外是 Young（1989）宣稱以全國性樣本分析臺灣的語言維持與轉移。他的調查顯示，女性比男性常使用華語、年齡愈小的人們愈常使用華語、教育程度愈高的人們愈常使用華語、按月收入劃分的社經地位與語言使用無關。不過，這份調查於 1986 年進行，距今已經 30 年了。而且，其樣本並非真的具有全國代表性。Young 採用兩階段抽樣設計，第一階段選出一個小型客家聚落（麟洛）、三個小型閩南聚落（羅東、壯圍、冬山）、一個中型客家市鎮（苗栗）、一個中型閩南市鎮（新營）、與五個大型都會核心（臺北市、高雄市、臺南市、臺中市、新竹市）。他的第二階段並未按照上述行政區的人口分配樣本數，顯然是方便取樣。結果，樣本中只有 50.2% 是福佬人，但有 26.1% 是客家人，明顯偏離臺灣人口結構。[9]

（三）從眾與鄰近效應

人們如何說話，反映他們鑲嵌在什麼樣的社會網絡中。為人父母者通常會明白這個道理，當他們的小孩上學之後改口說同儕的話，而不再說父母的話（Holmes 1992）。由於社會網絡傾向同類相聚（homophily），同性別、同年齡層或同階級的人們，言語也會趨同。這部分解釋了性別、年齡與階級等社會因素的作用。另一方面，受限於移動能力，大多數人的社會網絡是地方化的。亦即，人們最常跟周遭人講話，因此產生向周遭語言趨同的動力。理論上，人

---

9 根據 1966 年人口普查，臺灣（不含金門、馬祖）的族群結構為福佬人 71.2%、客家人 12.1%、外省人 14.6%、原住民 2.0%。

們出外時才需要講當地的優勢語言；在家裡可以講另一種話。但是，這有如逆水行舟，相當辛苦。員林、埔心、永靖的客語家庭在閩南語的包圍之下，已消失殆盡；西螺、二崙、崙背的客語家庭也在閩南語的包圍之下，日漸萎縮（黃宣範 1993；黃菊芳、蔡素娟、鄭錦全 2012）。桃園大牛欄方言則是被客語包圍的閩南語島。當地家族採取在家裡講閩南語、出外講客語的策略，努力維持一段時間後，姜氏、羅氏終究難以為繼，轉變為客語家族。葉氏、黃氏尚未放棄閩南語，原因是他們的分布比較集中（陳淑娟 2004）。

隨著交通與通訊技術的革新，人們不僅移動範圍愈來愈大，還能夠進行遠距離的交談。這是否意味著，周遭語言環境的影響（鄰近效應）在現代社會中已無關緊要？誠然，強連帶（親人、摯友）能夠突破距離的限制。但是在人們的日常生活周遭，依然存在大量弱連帶（鄰居、商家、泛泛之交），持續提供交談機會。甚至，由身旁不特定陌生人發出的背景音，也足以影響人們對於語言勢力強弱的認知。社會心理學的實驗早已證實，人們傾向順從周遭人的主流意見，即使他們沒有交情（Asch 1956）。當人們的語言在環境中居於少數時，容易產生焦慮感。對於家中有小孩正在學習的人們而言，尤其如此。[10] 因此，即使強連帶無遠弗屆，家庭語言依然有順從地方主流的壓力。另一方面，在人際溝通這項功能上，愈多人使用的語言愈有用。此種特性稱為網絡外部性（network externality），會導致強勢者愈強勢（Economides 1996）。因此，當一種語言在人們的耳邊愈盛行時（即使只是背景音），會使人們覺得這種語言愈有用，進而提高意願教導小孩說這種語言。

---

10 筆者對於這一點有深刻感受。我的家人們跟小孩講閩南語，但是每當我的母親帶著我的小孩到鄰近的學校、公園玩耍，發現別人家的大人都跟小孩講華語時，就會相當焦慮，懷疑還要不要跟孫子講閩南語。注意，那些別人家都是陌生人。

　　總而言之，家庭語言的選擇不只是家庭內部的事情，也受到周遭語言環境的影響。客家委員會的調查提供一個初步證據：居住在客家鄉鎮的客家民眾，有 72.9% 在家裡講客語；居住在非客家鄉鎮的客家民眾，只有 35.3% 在家裡講客語（客家委員會 2011：91）。不過，這個數據並未考慮兩種客家民眾的年齡與階級組成可能存在差異。更嚴謹的鄰近效應證據需要控制其他社會因素，但這是目前仍然欠缺的。

（四）小結與推論

　　綜合上述文獻，我們可以發現臺灣社會學界尚未處理家庭語言選擇的議題；臺灣語言學界關心語音變化遠多於語言選擇，且缺乏全國性的調查研究。為了彌補這些空白，本研究根據可代表臺灣人口的調查資料以及嚴謹的統計方法，估計各種社會因素與周遭語言環境對於家庭語言選擇的淨效果。

　　首先，族群是決定家庭語言的首要因素。如同第一節的討論，福佬人最可能在家裡說閩南語，客家人最可能在家裡說客語，外省人最可能在家裡說華語。[11] 若福佬人或客家人與其他族群通婚，很可能因為對方不懂閩南語或客語而轉以華語為家庭語言。王甫昌（1994）發現華語流利的福佬人或客家人較容易跨族群通婚。事實上，這個統計關連也可以解讀為：跨族群通婚的福佬人或客家人較常說華語，因而流利。性別方面，如同社會語言學的典型模式，女性更傾向使用優勢的華語。再者，隨著閩南語、客語日漸衰微，愈年輕的世代愈傾向使用優勢的華語。教育是另一個必須考慮的因素。臺灣的教育體制不僅以華語傳播知識，還透過華語篩選誰能夠升學。因此，學歷愈高的人愈可能在家裡說華語。以上這些因素都不會讓人感到意外，在本研究中視為基本的控制變

---

11 由於原住民數量在全國性抽樣調查資料中太稀少，本文暫不討論。

項。本文更重要的目標是釐清尚未明瞭的社會階級與民族認同的作用，以及估計周遭語言環境的影響（鄰近效應）有多強。

　　蔡淑玲（2001）、陳婉琪與溫郁文（2010）皆證實華語能力有助於人們取得較高地位。如同經濟資本，語言資本也可以傳承給下一代。而傳承語言資本的捷徑不外乎讓下一代從小在家說優勢語言。因此我們可以預期，受益於語言資本而獲得較高社經地位的人，更傾向於在家裡使用華語。不過，陳婉琪、溫郁文（2010）也發現閩南語能力有助於人們成為雇主。由此可見，雇主與受雇者有必要分開處理，這比較符合新馬克思主義階級分類。首先，按照生產工具的所有權，可區分所有者與受雇者兩類。所有者當中，雇用員工的是「雇主」，未雇用員工的是「自營作業者」。受雇者當中，擁有管理權或專業技術者合稱「新中產階級」，其餘為「非技術工人」（林宗弘 2009；2013）。基於工具性的理由，階級將引導人們選擇何種語言傳承給下一代。

　　階級區隔命題：受益於華語而獲得較高地位的受雇者——新中產階級，為了延續其相對優勢，最可能跟小孩說華語。

　　王甫昌（1996）與蕭阿勤（2012）共同指出，中國民族主義將華語視為促進中華民族團結的必要條件，試圖消滅其他本土語言。與其對抗的臺灣民族主義則試圖復興臺灣本土語言。基於情感性的理由，民族認同將引導人們選擇何種語言傳承給下一代。

　　政治社會化命題：中國人認同促使人們跟小孩說華語；臺灣人認同促使人們跟小孩說臺灣本土語言。

　　最後，家庭語言的選擇不只是家庭內部的事情，也受到周遭語言環境的影響。人們最常跟周遭人講話，因此產生向周遭語言趨同的動力。即使強連帶能夠突破距離限制，基於從眾與網絡外部性，家庭語言依然有順從地方主流的壓力。雙親族群、性別、世代、教育程度、階級、民族認同完全相同的兩個人，

一旦生活在不同的語言環境裡，可能做出不同的語言選擇。

　　鄰近效應命題：居住地的華語盛行率愈高，人們愈傾向跟小孩說華語；居住地的閩南語盛行率愈高，人們愈傾向跟小孩說閩南語。

三、臺灣家庭語言現況

（一）資料

　　本研究同時採用個體層次與總體層次的調查資料。個體資料的來源為2013 年臺灣社會變遷調查（第六期第四次國家認同組）。這是一份具有全國代表性的機率樣本，調查方法參見傅仰止、章英華、杜素豪、廖培珊（2014）。由於樣本中原住民與新移民的數量太少，我只分析雙親為福佬人、客家人或外省人的受訪者。

　　本研究分析的第一道題目為：「請問您在家裡最常講國語、臺語（閩南語）、客家話，還是哪一種語言呢？」為了捕捉最常用的一種語言，訪員只唸出「國語」（華語），「臺語（閩南語）」，「客家話」，「原住民語」等四個選項，請受訪者選一種。當受訪者堅持有兩種以上時，才開放複數語言選項（傅仰止等人 2014：98-99）。由於純粹使用客語的人數太少，我將回答「客家話」、「國語、客家話都有」、「國語、臺語（閩南語）、客家話都有」者合併為「包含客語」。

　　不過，這道題目無法區別受訪者的講話對象是誰。眾所周知，人們跟長輩講閩南語或客語、跟子女講華語，是很普遍的事情。因此，更有價值的一道題目是：「請問在家裡，您最希望您的小孩跟您說哪一種話？」選項包括：「國語」（華語）、「臺語（閩南語）」、「客家話」、「其他」。若受訪者沒有小孩，則請受訪者假想有小孩的情況。選擇「其他」的受訪者，大多數在未提

示的情況下自行提出華語、閩南語並用。這一題偵測人們對於母語的忠誠度，
更能夠預測家庭語言的未來。

上述調查資料只涵蓋 58 個鄉鎮區，無法完整呈現家庭語言的地理分布。
因此，本研究利用 2010 年「人口普查」資料掌握家庭語言的地理分布。[12] 這
次「人口普查」詢問 6 歲以上民眾在家裡使用哪些語言，選項包括：「國語」
（華語）、「閩南語」、「客家語」、「原住民族語」、「其他」。不像臺灣
社會變遷調查要求受訪者選出最常說的一種語言，2010 年「人口普查」採取
最寬鬆標準，只要是會講的語言都可以選。因此，來自這份資料的各地「華語
盛行率」、「閩南語盛行率」、「客語盛行率」只反映「能說」的情形，不是
「最常說」的情形，必須留意。

（二）族群

圖 1 呈現父母族群組合與家庭語言的交叉分析。毫無意外，父母都是福佬
人的受訪者最常說閩南語（56.0%）。父母都是客家人的受訪者，其家庭語言
最可能包含客語（45.4%）。外省家庭與各種跨族群通婚的家庭，大多以華語
為家庭語言。

人們最想跟小孩說的語言與其在家裡最常說的語言大同小異。父母都是福
佬人的受訪者最想跟小孩說閩南語（53.2%）。父母都是客家人的受訪者最想
跟小孩說客語（43.7%）。來自外省家庭或各種跨族群通婚家庭的受訪者，大
多傾向跟小孩說華語。值得注意的是，在福佬、客家的組合中，父親為福佬人
比母親為福佬人更容易傳承閩南語（25.0%：17.5%）；父親為客家人比母親
為客家人更容易傳承客語（7.5%：2.1%）。同樣的道理，在福佬、外省的組

---

12 雖然號稱「人口普查」，2010 年只抽出 16% 普查區進行調查。不過，這樣的樣本已
　遠大於其他任何調查資料，而且可以涵蓋所有鄉鎮區。

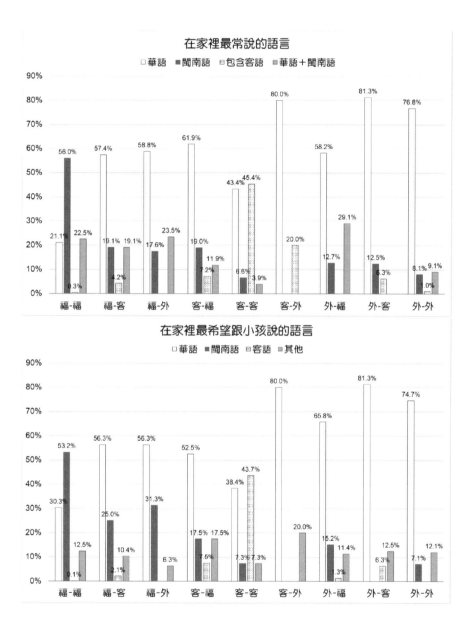

圖 1：父母族群與家庭語言的交叉分析

資料來源：2013 年臺灣社會變遷調查

合中，父親為福佬人比母親為福佬人更容易傳承閩南語（31.3%：15.2%）。如此看來，家庭語言與其說是母語，更可能是「父語」。究其原委，臺灣的婚姻型態多為從夫居，因此母系語言比父系語言更容易失去原生語言社群的支持。[13]

（三）性別

圖 2 呈現性別與家庭語言的交叉分析。如同社會語言學的典型模式，女性比男性更傾向說優勢的華語（36.3%：26.4%），少說閩南語或客語。同樣地，女性也比男性更偏好跟小孩說華語（41.4%：32.5%），少說閩南語或客語。

（四）年齡層與世代

橫剖面資料中的年齡層同時也是世代。因此，資料本身無法區別年齡級差與世代變遷。[14]不過，將資料放在社會脈絡中解讀，還是可以做出合理的判斷。經歷半個世紀獨尊華語、打壓本土語言的國家干預後，閩南語、客語日漸衰微。因此，老年層傾向閩南語或客語、青年層傾向華語的現象，主要來自世代變遷而不是年齡級差。如果考慮從小說閩南語或客語的人們可能隨著年齡增加而愈來愈熟練華語，部分抵銷了老年層傾向閩南語或客語的趨勢。如此，我們對於世代差異的評估是保守的，而不是誇大的。

按照成長背景的差異，本研究將臺灣民眾區分為 6 個出生世代，分別是：出生於 1945 年以前的戰前世代；出生於 1946-1955 年的戰後嬰兒潮世代；出

---

13 根據 2012 年臺灣社會變遷調查社會階層組，已婚女性有 3.7% 與父親或母親同住、19.9% 與公公或婆婆同住；已婚男性有 23.0% 與父親或母親同住、1.6% 與岳父或岳母同住。若考慮許多年長女性的公婆已亡故，或公婆雖未同住但住在附近，應有超過 19.9% 的已婚女性曾與夫家親屬經常接觸。因此，女性比男性更可能學會配偶原生家庭的語言，進而傳承給下一代。

14 2003 年臺灣社會變遷調查也曾詢問家庭語言，但主動提供「一半一半」選項。2013 年的調查則不主動提供此選項。由於問法不同，很遺憾無法進行跨期分析。

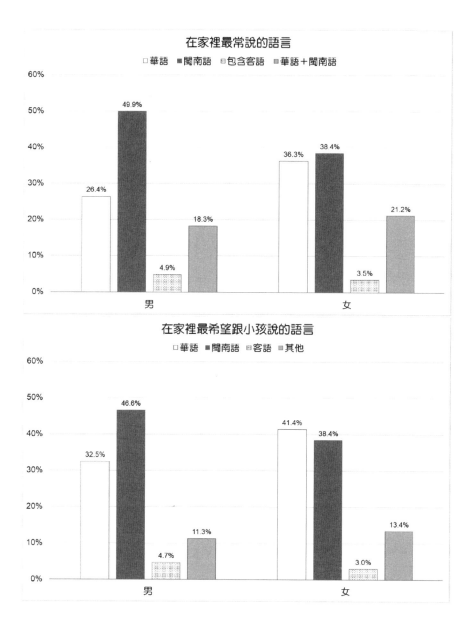

圖 2：性別與家庭語言的交叉分析

資料來源：2013 年臺灣社會變遷調查

生於 1956-1965 年，開始接受九年華語教育的世代；出生於 1966-1975 年，成長時本土語言遭強力壓制的世代；[15] 出生於 1976-1985 年，其父母受過華語教育的戰後第二代；以及出生於 1986-1994 年，開始接觸「鄉土語言」課程的世代。[16]

　　圖 3 呈現 2013 年時出生世代與家庭語言的交叉分析。如同預期，愈年輕的世代，說華語的比例愈來愈高、說閩南語的比例愈來愈低。成長時本土語言遭強力壓制的 1966-1975 年出生世代，閩南語流失速度最快。這個世代最常說閩南語的比例，比上一個世代少了 18.1%（56.2% → 38.1%）。1976 年以後出生的世代，其父母都能說華語，因此華語人口超越閩南語人口。1986 年以後出生的世代雖然開始接觸「鄉土語言」課程，但已經止不住閩南語、客語衰微的動量了。

　　觀察人們最想跟小孩說什麼語言，可發現閩南語與客語的未來命運更悲觀。2013 年時，「鄉土語言課程世代」最常說華語的比例為 57.3%，但有 66.2% 最想跟小孩說華語。這個世代最常說閩南語的比例還有 22.3%，但只剩 17.2% 最想跟小孩說閩南語。換言之，這個世代的下一代講閩南語的比例還會更低。更嚴重的是，「鄉土語言課程世代」有 52 名受訪者為客家人的子女（包含父母只有一方為客家人），其中只有 1 人最想跟小孩說客語。鍾肇政的擔憂顯然不是杞人憂天。

---

15 1970 年，電視布袋戲改用華語發音；1972 年，教育部明令臺語節目應當減少；1976 年施行的《廣播電視法施行細則》明文規定：「電台對國內廣播應用國語播音的比例，廣播電台不得少於 55%；電視電台不得少於 70%。使用方言應逐年減少。」1980 年，新聞局長宋楚瑜宣布：電視臺語節目將逐漸減少，至全部以國語播出為止。參見：蕭阿勤（2012：241-242）。

16 1993 年，國小課程開始增列「鄉土語言」。

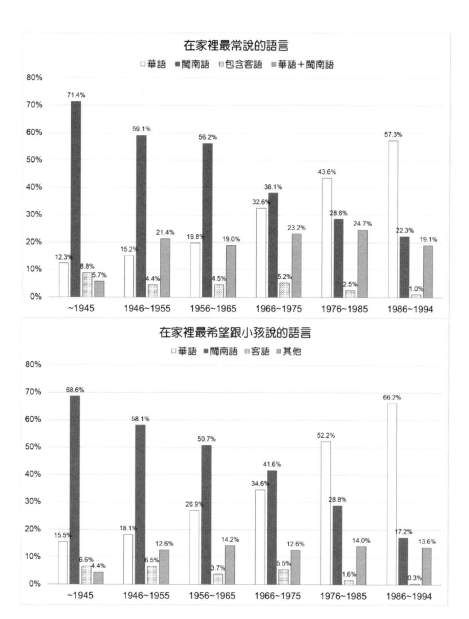

圖 3：出生世代與家庭語言的交叉分析

資料來源：2013 年臺灣社會變遷調查

（五）教育程度

圖 4 呈現教育程度與家庭語言的交叉分析。如同一般常識，學歷愈高的人們在家裡說華語的比例愈高、說閩南語的比例愈低。交叉點落在高中職與專科[17] 之間。高中職以下學歷，閩南語人口多於華語人口；專科以上學歷，華語人口多於閩南語人口。

人們最想跟小孩說的語言也隨著學歷提高而傾向華語，但是趨勢比前者（最常說的語言）和緩。例如，國中學歷者最常說華語的比例為 11.8%，但有 19.9% 最想跟小孩說華語；最常說閩南語的比例為 68.6%，只有 62.1% 最想跟小孩說閩南語。碩博士則是鮮明的對比：他們最常說華語的比例為 63.9%，只有 55.3% 最想跟小孩說華語；最常說閩南語的比例為 14.8%，卻有 22.8% 最想跟小孩說閩南語。這意味著，有些低學歷者不常說華語，但渴望透過轉用華語讓下一代翻身；有些高學歷者不常說閩南語，卻希望下一代挽回流失的母語。[18] 後者是相當引人注目的「回頭轉移」現象。只不過，回頭轉移的幅度小於第一階轉移，並未扭轉學歷愈高愈傾向優勢語言的趨勢。

（六）階級

根據簡化的新馬克思主義階級分類（林宗弘 2009；2013），受訪者先區分生產工具所有者與受雇者兩類。所有者當中，再區分雇用員工的「雇主」與未雇用員工的「自營作業者」兩個階級。受雇者當中，管理其他員工或國際職業分類屬於「行政主管及經理人」、「專業人員」、「技術員及助理專業人員」

---

17 近年來，大量專科學校改制為科技大學，容易導致畢業時學歷還是專科的受訪者將學歷說成科技大學。因此，本研究將科技大學併入專科而不是大學。事實上，科技大學與大學確實不太一樣。大學畢業者比前者更傾向華語。

18 進一步的交叉分析支持上述推論。國中學歷者有 4.0% 最常說華語但最想跟小孩說閩南語、7.1% 最常說閩南語但最想跟小孩說華語；碩博士有 10.6% 最常說華語但最想跟小孩說閩南語、4.1% 最常說閩南語但最想跟小孩說華語。

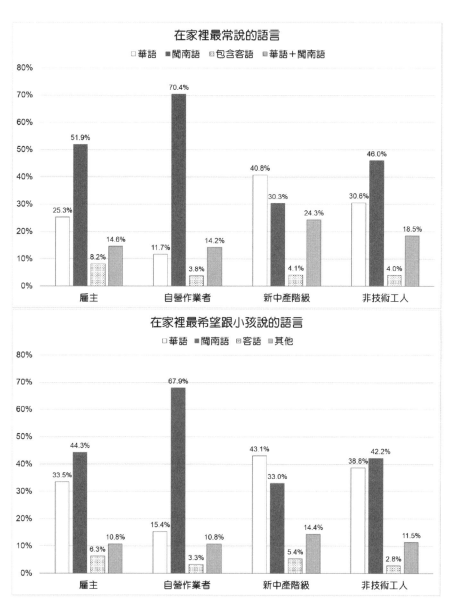

圖 5：階級與家庭語言的交叉分析

資料來源：2013 年臺灣社會變遷調查

者，合稱「新中產階級」。其餘受雇者皆歸入「非技術工人」。已離開工作職場的受訪者，按其離開前的職業進行分類。

圖 5 呈現階級與家庭語言的交叉分析。新中產階級確實是最常說華語（40.8%）且最偏好跟小孩說華語（43.1%）的一群人，符合階級區隔命題。包括小商販、手作師傅、農民的自營作業者仍然生活在閩南語的世界裡（70.4%）；雇主也比受雇者更常說閩南語。不過，上述觀察尚未控制性別、年齡／世代、教育程度等因素。新中產階級的教育程度最高，而教育提高人們說華語的機率。雇主與自營作業者的年齡偏高、男性較多，而高齡男性本來就傾向說閩南語。究竟階級對家庭語言的淨效果為何，得透過第四節的多變量迴歸分析加以釐清。

（七）地理分布

根據 2010 年「人口普查」資料，圖 6、圖 7、圖 8 分別描繪各鄉鎮區 6 歲以上人口在家裡使用華語、閩南語、客語的比例，亦即「華語盛行率」、「閩南語盛行率」、「客語盛行率」。注意，這份調查採取最寬鬆的標準，反映的只是「能說」而不是「最常說」的情形。

首先，山地原住民鄉盡是華語天下。[19] 再者，從臺北延伸到新竹的大都會帶，以及臺中都會區，華語盛行率也大多超過九成。相較之下，臺南、高雄都會區的華語盛行率沒有中北部都會區那麼高。苗栗縣以及從彰化縣延伸到屏東縣的非都會區，華語盛行率最低，通常未滿 70%。

閩南語的分布幾乎與華語分布相反。在山地原住民鄉，新竹縣、苗栗縣的客家鄉鎮，閩南語盛行率非常低。從臺北延伸到新竹的大都會帶中，除了中南

---

19 除了屏東縣霧臺鄉與來義鄉，其他山地原住民鄉的華語盛行率都超越原住民族語盛行率。

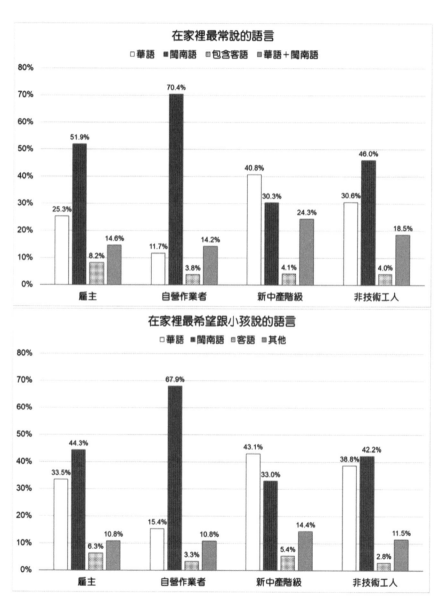

圖 5：階級與家庭語言的交叉分析
資料來源：2013 年臺灣社會變遷調查

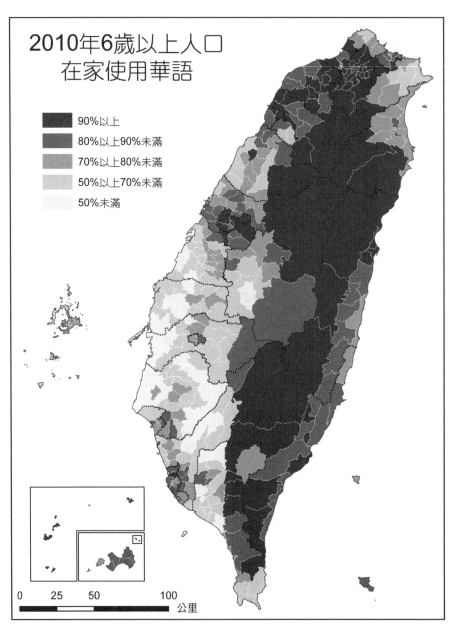

圖6：華語盛行率分布

資料來源：2010年人口普查

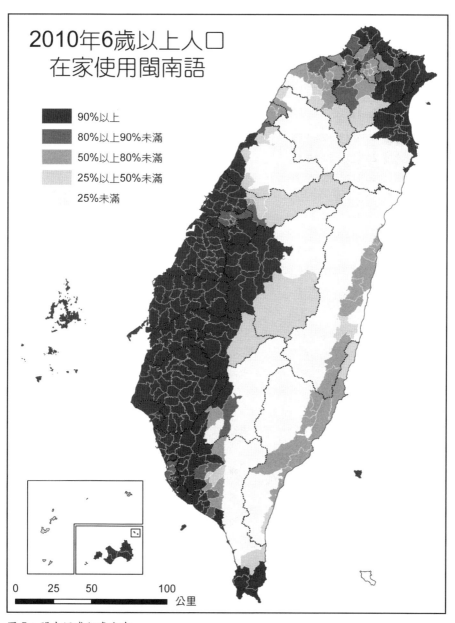

圖 7：閩南語盛行率分布

資料來源：2010 年人口普查

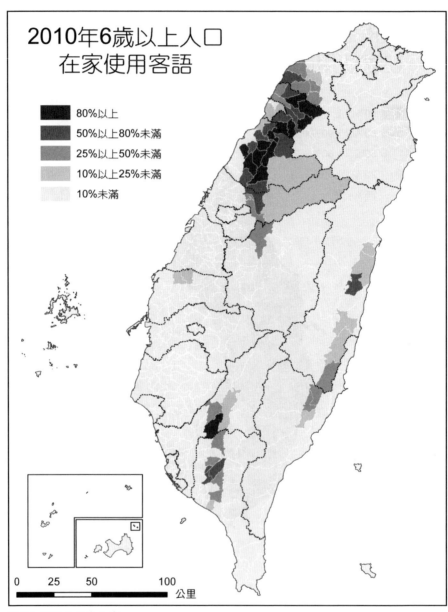

圖 8：客語盛行率分布
資料來源：2010 年人口普查

部移民集中的淡水河左岸（三重、蘆洲）與大漢溪流域（板橋、土城、新莊、樹林一帶），閩南語盛行率普遍不及八成，低於華語盛行率。臺中市區的閩南語盛行率未滿九成，也低於華語盛行率。除此之外，東北角與宜蘭地區，以及從苗栗海線延伸至臺灣最南端的廣大區域，仍有九成以上人口在家裡能說閩南語。不過，這不表示他們最常說閩南語，再次提醒。

　　客語只在新竹縣、苗栗縣的客家鄉鎮以及美濃取得優勢。傳統上被視為客家區域的桃園縣南部，除了新屋鄉，能說客語的人口已不到一半。前面提到的大牛欄方言社群即位於新屋鄉。當地的姜氏與羅氏剛從閩南語家庭轉成客語家庭，旋即又開始向華語轉移了（陳淑娟 2004）。鍾老的故鄉——龍潭，只剩下 31.7% 人口能在家裡說客語。

四、迴歸分析

（一）選擇華語的因素

　　根據上一節的觀察，來自外省家庭或跨族群通婚家庭、女性、愈年輕的世代、學歷愈高的人們，都更傾向在家裡說華語。接下來，我將在同時考慮上述因素的條件下，透過迴歸分析釐清階級、民族認同對家庭語言的影響。[20]

　　M1-1 與 M1-2 的被解釋變項為「在家裡最常說華語」（表 1）。這是一個二元變項，因此這兩個模型都是二元邏輯迴歸模型。由於階級與教育程度有關，M1-1 先不考慮教育程度，M1-2 才加入教育程度，目的是觀察階級的迴歸

---

20 有三種跨族群組合的受訪人數太少（父福佬 - 母外省 17 人、父客家 - 母外省 5 人、父外省 - 母客家 16 人）。既然各種跨族群組合都傾向說華語（圖 1），為了獲得較穩定的迴歸估計，跨族群的分類予以簡化，只區分「福佬 - 客家」、「福佬 - 外省」、「客家 - 外省」。

係數如何改變。M1-1 的估計結果再一次確認第三節的觀察：來自外省家庭或各種跨族群家庭者、女性、愈年輕的世代、新中產階級較傾向在家裡說華語。

表 1：選擇華語的迴歸分析

	最常說華語		最希望跟小孩說華語		
	M1-1	M1-2	M2-1	M2-2	M2-3
雙親族群（對照組：福佬）					
福佬＋客家	1.515** (0.256)	1.583** (0.268)	0.649** (0.248)	0.659** (0.251)	0.624** (0.250)
福佬＋外省	1.613** (0.239)	1.483** (0.244)	1.221** (0.237)	1.077** (0.238)	0.971** (0.241)
客家	1.429** (0.202)	1.508** (0.212)	0.517** (0.197)	0.501* (0.200)	0.415* (0.202)
客家＋外省	2.761** (0.620)	2.610** (0.618)	2.090** (0.611)	1.918** (0.604)	1.668** (0.602)
外省	3.265** (0.291)	3.071** (0.297)	2.406** (0.268)	2.175** (0.270)	2.004** (0.285)
女性	0.568** (0.122)	0.630** (0.128)	0.499** (0.112)	0.532** (0.114)	0.539** (0.116)
出生世代（對照組：1945 以前）					
1946~1955	0.466 (0.326)	-0.049 (0.362)	0.302 (0.273)	-0.059 (0.292)	-0.099 (0.306)
1956~1965	0.946** (0.306)	0.329 (0.357)	0.865** (0.252)	0.348 (0.286)	0.377 (0.298)
1966~1975	1.578** (0.297)	0.623 (0.352)	1.213** (0.248)	0.464 (0.288)	0.460 (0.299)
1976~1985	2.055** (0.299)	0.861* (0.358)	1.883** (0.251)	1.023** (0.294)	1.030** (0.305)
1986~1994	2.831** (0.309)	1.460** (0.370)	2.676** (0.265)	1.706** (0.311)	1.786** (0.323)

表1：選擇華語的迴歸分析（續）

	最常說華語		最希望跟小孩說華語		
	M1-1	M1-2	M2-1	M2-2	M2-3
教育程度（對照組：小學以下）					
國中		0.201		0.378	0.338
		(0.415)		(0.309)	(0.322)
高中職		1.280**		1.201**	1.253**
		(0.346)		(0.270)	(0.281)
專科		1.752**		1.265**	1.298**
		(0.363)		(0.291)	(0.301)
大學		2.450**		1.663**	1.675**
		(0.370)		(0.301)	(0.311)
研究所		2.865**		1.650**	1.702**
		(0.412)		(0.344)	(0.354)
階級（對照組：非技術工人）					
雇主	0.271	0.037	0.454*	0.287	0.316
	(0.248)	(0.259)	(0.214)	(0.220)	(0.224)
自營作業者	-0.280	-0.275	-0.361	-0.318	-0.336
	(0.250)	(0.265)	(0.212)	(0.218)	(0.224)
新中產階級	0.519**	-0.108	0.253*	-0.069	-0.089
	(0.134)	(0.152)	(0.125)	(0.139)	(0.140)
臺灣人認同					-0.034
					(0.036)
中國人認同					0.054**
					(0.017)
常數	-3.406**	-3.813**	-2.496**	-2.825**	-2.825**
	(0.295)	(0.347)	(0.242)	(0.274)	(0.274)
Nagelkerke R^2	0.346	0.408	0.275	0.302	0.309
N	1819	1819	1819	1819	1775

註：括弧內為標準誤。* p<0.05, ** p<0.01
資料來源：本研究整理

M1-2 加入教育程度，結果雙親族群的迴歸係數改變不大。父母皆為外省人者最可能在家裡說華語，其勝算是父母皆為福佬人者的 21.6 倍（$e^{3.071}$）。[21] 值得注意的是，父母皆為客家人者也比父母皆為福佬人者傾向在家裡說華語。前者勝算是後者的 4.5 倍（$e^{1.508}$），近似福佬 - 客家以及福佬 - 外省的跨族群家庭出身者。這顯示客家人流失客語的幅度比福佬人流失閩南語的幅度更劇烈。考慮教育程度後，出生世代的迴歸係數大幅縮水。原因是愈年輕的世代教育程度愈高，所以世代間的家庭語言差異可由教育程度解釋大半。在教育程度相同的條件下，2013 年時只有 1976 年以後出生者顯著比戰前世代傾向在家裡說華語。別忘了，這些人的父母大多受過華語教育。教育程度方面，國中與小學以下沒有顯著差異。國中畢業後繼續升學的人們，隨著學歷提高而愈來愈傾向在家裡說華語。這固然與華語教育的薰陶有關，另一方面也是教育篩選的結果。華語能力愈好的人們愈可能通過層層篩選，取得愈高的學歷。而這樣的華語能力同時提高他們在家裡說華語的傾向。最後的觀察重點是階級。一旦考慮教育程度，新中產階級的迴歸係數就不顯著了。換言之，新中產階級之所以傾向在家裡說華語，是因為他們的教育程度整體而言最高。階級本身，並未對家庭語言產生直接影響。

M2-1、M2-2 與 M2-3 的被解釋變項為「在家裡最希望跟小孩說華語」（表 1）。這也是一個二元變項，因此這三個模型都是二元邏輯迴歸模型。M2-1 同樣不考慮教育程度，M2-2 加入教育程度，M2-3 再加入臺灣人認同與中國人認同。M2-1 的估計結果再一次確認第三節的觀察：來自外省家庭或各種跨族群家庭者、女性、愈年輕的世代、新中產階級，都較偏好跟小孩說華語。不過，

---

21 勝算是觀察事件發生機率除以未發生機率。此例為最常說華語的機率除以不是最常說華語的機率。

控制性別與出生世代後，雇主也偏好跟小孩說華語。

　　M2-2 加入教育程度，結果雙親族群的迴歸係數依然改變不大。父母皆為外省人者最想跟小孩說華語，其勝算是父母皆為福佬人者的 8.8 倍（$e^{2.175}$）。值得注意的是，父母皆為客家人者還是比父母皆為福佬人者偏好跟小孩說華語。前者勝算是後者的 1.7 倍（$e^{0.501}$）。這再一次證實客語的未來比閩南語更堪憂。考慮教育程度後，出生世代的迴歸係數同樣大幅縮水。在教育程度相同的條件下，2013 年時只有 1976 年以後出生者顯著比戰前世代更想跟小孩說華語。他們的下一代（目前尚未成年）也就更不可能說閩南語或客語了。教育程度方面，國中與小學以下依然沒有顯著差異。國中畢業後繼續升學的人們跟小孩說華語的意願增加。比較 M1-2 與 M2-2，後者專科、大學、研究所的迴歸係數都小於前者，且學歷愈高減少愈多。這意味著，有些高學歷者出現挽回閩南語或客語的心態。不過，回頭轉移的人數還不足以扭轉學歷愈高愈傾向跟小孩說華語的趨勢。最後，一旦考慮教育程度，雇主與新中產階級的迴歸係數都不再顯著。換言之，在教育程度相同的情況下，這些地位較高的人們並沒有更偏好華語。表面上他們比其他階級偏好華語，是因為他們在獨尊華語的教育體制下受過更多的篩選與薰陶。

　　M2-3 加入「臺灣人認同」與「中國人認同」兩個變項，其測量方式分別是：「請您用 0 至 10 分來表示您自認為是臺灣人的程度，10 分表示完全是臺灣人，0 分表示完全不是臺灣人。請問您會選幾分？」以及「請您用 0 至 10 分來表示您自認為是中國人的程度，10 分表示完全是中國人，0 分表示完全不是中國人。請問您會選幾分？」[22] 估計結果顯示，臺灣人認同的迴歸係數不顯著，但

---

22 臺灣學術界使用最久、最普遍的問法是：「目前社會上有人會說自己是臺灣人，有人會說自己是中國人，也有人會說兩者都是。請問您認為自己是臺灣人、中國人還

中國人認同的迴歸係數顯著為正。由此可見，臺灣人認同愈強的人，跟小孩說華語的意願沒有愈低。但是中國人認同愈強的人，跟小孩說華語的意願愈高。其他條件相同，完全中國人認同者想跟小孩說華語的勝算是完全非中國人認同者的 1.7 倍（$e^{0.054 \times 10}$）。這個統計關連為政治社會化命題提供了必要但非充分的證據。我們無法排除反向的因果機制：慣用華語者想跟小孩說華語，進而認同獨尊華語的大中國意識。因此，第三小節將進行更嚴格的測試。

（二）選擇閩南語的因素

由於人們選擇閩南語就是沒有選擇華語，若將上述迴歸模型的被解釋變項置換為「在家裡最常說閩南語」、「在家裡最希望跟小孩說閩南語」，結果大致相反。因此，本小節的重點在於強調沒有完全相反的因素。

M3-1 可說是 M1-1 的鏡像：父母不全為福佬人者、女性、愈年輕的世代、新中產階級，較不常在家裡說閩南語（表 2）。M3-2 加入教育程度，如同 M1-2，出生世代的迴歸係數大幅縮水，新中產階級的迴歸係數也不再顯著。教育程度方面，國中與小學以下也沒有顯著差異。國中畢業後繼續升學的人們，隨著學歷提高而愈來愈不傾向在家裡說閩南語。不同的是，M1-2 顯示1976 年以後出生者顯著比戰前世代傾向說華語；M3-2 顯示 1946 年以後出生者顯著比戰前世代不傾向說閩南語。換言之，2013 年時，戰後第一代已流失閩南語，但戰後第二代才將華語作為第一語言。

是兩者都是？」這種問法的缺點是無法區分認同強度。因此，本研究採取能夠區分認同強度的改良題目。

表 2：選擇閩南語的迴歸分析

	最常說閩南語		最希望跟小孩說閩南語		
	M3-1	M3-2	M4-1	M4-2	M4-3
雙親族群（對照組：福佬）					
福佬＋客家	-1.540** (0.304)	-1.570** (0.318)	-1.150** (0.287)	-1.145** (0.291)	-1.063** (0.290)
福佬＋外省	-1.940** (0.319)	-1.814** (0.325)	-1.387** (0.283)	-1.262** (0.285)	-1.134** (0.290)
皆非福佬	-3.217** (0.259)	-3.227** (0.264)	-3.159** (0.267)	-3.108** (0.269)	-2.806** (0.270)
女性	-0.647** (0.116)	-0.734** (0.122)	-0.467** (0.113)	-0.498** (0.115)	-0.535** (0.118)
出生世代（對照組：1945 以前）					
1946~1955	-0.834** (0.253)	-0.526* (0.265)	-0.750** (0.239)	-0.549* (0.248)	-0.600* (0.261)
1956~1965	-0.994** (0.240)	-0.527 (0.272)	-1.104** (0.226)	-0.798** (0.253)	-0.870** (0.266)
1966~1975	-1.703** (0.241)	-0.899** (0.280)	-1.378** (0.228)	-0.825** (0.262)	-0.849** (0.274)
1976~1985	-2.140** (0.248)	-1.073** (0.290)	-1.978** (0.235)	-1.288** (0.273)	-1.336** (0.284)
1986~1994	-2.618** (0.266)	-1.378** (0.312)	-2.810** (0.263)	-2.018** (0.303)	-2.209** (0.316)
教育程度（對照組：小學以下）					
國中		-0.039 (0.263)		0.000 (0.240)	0.141 (0.249)
高中職		-0.907** (0.231)		-0.745** (0.216)	-0.677** (0.222)
專科		-1.742** (0.260)		-1.044** (0.244)	-0.967** (0.250)
大學		-1.876** (0.282)		-1.178** (0.266)	-1.063** (0.272)
研究所		-2.391** (0.367)		-1.346** (0.331)	-1.295** (0.337)

表 2：選擇閩南語的迴歸分析（續）

	最常說閩南語		最希望跟小孩說閩南語		
	M3-1	M3-2	M4-1	M4-2	M4-3
階級（對照組：非技術工人）					
雇主	-0.242 (0.220)	-0.043 (0.227)	-0.512* (0.210)	-0.372 (0.215)	-0.420 (0.221)
自營作業者	0.335 (0.189)	0.306 (0.198)	0.399* (0.182)	0.366* (0.186)	0.318 (0.191)
新中產階級	-0.689** (0.132)	-0.099 (0.149)	-0.377** (0.130)	-0.034 (0.144)	-0.070 (0.147)
臺灣人認同					0.083* (0.039)
中國人認同					-0.080** (0.017)
常數	2.262** (0.232)	2.463** (0.250)	1.872** (0.218)	2.001** (0.231)	1.537** (0.443)
Nagelkerke R^2	0.384	0.436	0.341	0.363	0.376
N	1819	1819	1819	1819	1775

註：括弧內為標準誤。* $p<0.05$, ** $p<0.01$
資料來源：本研究整理

　　M4-1 也差不多是 M2-1 的鏡像：父母不全為福佬人者、女性、愈年輕的世代、新中產階級、雇主，較不偏好跟小孩說閩南語（表 2）。唯一的差別是，自營作業者（比非技術工人）偏好跟小孩說閩南語的趨勢達到統計顯著水準。M4-2 加入教育程度，如同 M2-2，出生世代的迴歸係數縮水，新中產階級、雇主的迴歸係數也不再顯著。不過，M2-2 顯示 1976 年以後出生者顯著比戰前世代偏好跟小孩說華語；M4-2 顯示 1946 年以後出生者顯著比戰前世代不偏好跟小孩說閩南語。這再次顯示，2013 年時，戰後第一代已流失閩南語，但戰後第二代才將華語作為第一語言。比較 M3-2 與 M4-2，2013 年時「鄉土語言教育世代」最常說閩南語的勝算是戰前世代的 0.25 倍（$e^{-1.378}$），但他們最

想跟小孩說閩南語的勝算只剩戰前世代的 0.13 倍（ $e^{-2.018}$ ）。如此看來，閩南語到了他們的下一代還會更加衰微。教育程度方面，M4-2 的迴歸係數都大於M3-2，且學歷愈高增加愈多。這再次顯示，有些高學歷者出現挽回閩南語的心態。只不過，回頭轉移的人數不足以扭轉學歷愈高愈不傾向跟小孩說閩南語的趨勢。

M4-3 加入「臺灣人認同」與「中國人認同」兩個變項，自營作業者的迴歸係數不再顯著。重點是，臺灣人認同的迴歸係數顯著為正，顯示臺灣人認同愈強的人，跟小孩說閩南語的意願愈高。這個統計關連為政治社會化命題提供了必要但非充分的證據。我們還是無法排除反向的因果機制：慣用閩南語者想跟小孩說閩南語，進而認同復興閩南語的臺灣意識。同樣地，第三小節將進行更嚴格的測試。值得注意的是，中國人認同的迴歸係數顯著為負，顯示中國人認同愈強的人，跟小孩說閩南語的意願愈低。比較 M2-3，我們可以發現臺灣人認同與中國人認同是不對稱的：臺灣人認同不排斥華語，但中國人認同排斥閩南語。因此，兩種認同強度相當的雙重認同者，會比較偏好跟小孩說華語。

如果我們再將迴歸模型的被解釋變項置換為「在家裡最常說的語言包含客語」、「在家裡最希望跟小孩說客語」，大抵仍得到跟表 1 相反的結果。不過，由於樣本中的客語人口太少，經由性別、出生世代、教育程度、階級等因素細切之後，不容易得到穩定的估計值。因此，本文省略客語的迴歸模型。

（三）語言轉移與民族認同的關連

為了排除「慣用華語者想跟小孩說華語，進而認同獨尊華語的大中國意識」此種因果機制的干擾，表 3 的 M5 剔除在家裡最常說華語的受訪者。這個迴歸模型的被解釋變項為「在家裡最希望跟小孩說華語」，並控制所有其他變項。估計結果顯示，臺灣人認同的迴歸係數不顯著，中國人認同的迴歸係數顯著為正。換言之，對於非最常說華語者而言，中國人認同愈強烈，跟小孩說華

語的意願愈高。由於反向的因果推論:「其他條件相同,非最常說華語者由於未知原因想跟小孩說華語,進而認同中國」缺乏說服力,這個統計關連更強烈地支持:中國人認同促使人們跟小孩說華語。

表3:語言轉移的迴歸分析

條件	最希望跟小孩說華語	最希望跟小孩說閩南語	
	不是最常說華語者	不是最常說閩南語者	
		全部	福佬子女
	M5	M6-1	M6-2
臺灣人認同	-0.014 (0.052)	0.043 (0.056)	0.036 (0.059)
中國人認同	0.047* (0.022)	-0.052* (0.026)	-0.045† (0.027)
Nagelkerke R^2	0.175	0.224	0.154
N	1236	980	745

註:已控制雙親族群、性別、出生世代、教育程度、階級。括弧內為標準誤。† $p<0.1$, * $p<0.05$
資料來源:本研究整理

同理,表3的M6-1剔除在家裡最常說閩南語的受訪者。這個迴歸模型的被解釋變項為「在家裡最希望跟小孩說閩南語」,並控制所有其他變項。估計結果顯示,臺灣人認同的迴歸係數不顯著,中國人認同的迴歸係數顯著為負。換言之,對於非最常說閩南語者而言,臺灣人認同愈強,跟小孩說閩南語的意願沒有愈高;但是中國人認同愈強,跟小孩說閩南語的意願愈低。這再次顯露中國人認同對閩南語的排斥。不過,非慣用閩南語者包含許多客家人子女或外省人子女。他們的臺灣人認同不見得會引導他們跟小孩說閩南語。因此,M6-2進一步剔除雙親皆非福佬人的受訪者,只留下非最常說閩南語的福佬子

女（包含父母只有一方為福佬人）。結果，臺灣人認同的迴歸係數依然不顯著，甚至更接近 0。換言之，對於非最常說閩南語的福佬子女而言，臺灣人認同愈強，跟小孩說閩南語的意願還是沒有愈高。值得注意的是，前面的 M4-3 不是指出「臺灣人認同愈強的人，跟小孩說閩南語的意願愈高」嗎？我們該如何理解 M4-3 與 M6-2 的差異呢？別忘了，M4-3 包含最常說閩南語者，M6-2 則無。最常說閩南語者的臺灣人認同（平均 9.48）高於其他人（平均 8.81），且跟小孩說閩南語的意願（73.2%）高於其他人（18.2%）。因此「臺灣人認同」與「跟小孩說閩南語的意願」在 M4-3 中產生正向關連。一旦剔除最常說閩南語的受訪者，「臺灣人認同」與「跟小孩說閩南語的意願」就沒有關連了。由此可見，慣用閩南語者平均擁有較強的臺灣人認同，但臺灣人認同不會使非慣用閩南語者轉用閩南語。尤其，對於流失閩南語的福佬家庭而言，臺灣人認同再強也無助於恢復閩南語了。

（四）鄰近效應

　　家庭語言的選擇不只是家庭內部的事情，也受到周遭語言環境的影響。接下來，我將結合個體層次資料（臺灣社會變遷調查）與總體層次資料（人口普查），藉由多層次模型估計鄰近效應的強度。

　　M7-1、M7-2 與 M7-3 的被解釋變項為「在家裡最希望跟小孩說華語」（表 4）。M7-1 為零模型，不考慮任何因素，只看變異的分布。樣本中 58 個鄉鎮區的變異量占總變異量的 25.8%。M7-2 加入所有個人層次因素，包括雙親族群、性別、出生世代、教育程度、階級、臺灣人認同、中國人認同，使地區層次變異減少四分之一（0.337 → 0.251）。M7-3 考慮各鄉鎮區的華語盛行率，又解釋了三分之一的地區層次變異（0.251 → 0.168）。華語盛行率的迴歸係數為 2.301，表示居住地的華語盛行率每增加 1%，人們最想跟小孩說華語的勝算就提高 2.3%（$e^{2.301 \times 1\%} = 1.023$）。這是非常強烈的影響。假設甲、乙兩

人的雙親族群、性別、出生世代、教育程度、階級、民族認同完全相同，唯
甲住在臺北市大安區（華語盛行率96.1%）、乙住在彰化縣芳苑鄉（華語盛行
率31.7%）。根據 M7-3 的估計，甲最想跟小孩說華語的勝算會是乙的 4.4 倍
（$e^{2.301\times(96.1\%-31.7\%)}$）。

表4：多層次迴歸分析

	最希望跟小孩說華語			最希望跟小孩說閩南語		
	M7-1	M7-2	M7-3	M8-1	M8-2	M8-3
個人層次因素		✓	✓		✓	✓
華語盛行率			2.301** (0.675)			
閩南語盛行率						2.792** (0.451)
個人層次變異（σ^2）	0.969	0.935	0.944	0.959	0.909	0.916
地區層次變異（τ）	0.337	0.251	0.168	0.651	0.383	0.228
ICC	0.258	0.211	0.151	0.404	0.296	0.199

註：個人層次因素包括雙親族群、性別、出生世代、教育程度、階級、臺灣人認同、中國人認同。
　　括弧內為標準誤。** p<0.01
資料來源：本研究整理

　　M8-1、M8-2 與 M8-3 的被解釋變項為「在家裡最希望跟小孩說閩南語」
（表4）。M8-1 為零模型，不考慮任何因素。結果顯示，人們跟小孩說閩南
語的意願具有比華語更大的地區差異，地區層次變異量占總變異量的 40.4%。
M8-2 加入所有個人層次因素，使地區層次變異減少四成（0.651 → 0.383）。
M8-3 考慮各鄉鎮區的閩南語盛行率，又解釋了四成的地區層次變異
（0.383 → 0.228）。閩南語盛行率的迴歸係數為 2.792，表示居住地的閩南語

盛行率每增加 1%，人們最想跟小孩說閩南語的勝算就增加 2.8%（$e^{2.792 \times 1\%}$ ＝ 1.028）。相較於華語，人們跟小孩說閩南語的意願受到周遭語言環境更強烈的影響。

五、結論

透過迴歸分析的釐清，我們已能掌握當前臺灣民眾家庭語言的基本輪廓。首先，來自外省家庭與各種跨族群通婚家庭的人們皆偏好說華語；父母皆為客家人者也比父母皆為福佬人者傾向說華語。換言之，客家人流失客語的幅度比福佬人流失閩南語的幅度更劇烈。性別方面，如同社會語言學的典型模式，女性較偏好使用優勢的語言——華語。此外，愈年輕的世代、教育程度愈高的人們，愈偏好在家裡說華語。這些發現符合一般常識，並不讓人感到意外。不過，本研究也有兩個嶄新發現。其一，在其他條件相同的情況下，2013 年時戰後第一代已流失閩南語，但戰後第二代才將華語作為第一語言。其二，有些高學歷者出現挽回閩南語或客語的心態。只不過，回頭轉移的人數還不足以扭轉學歷愈高愈傾向跟小孩說華語的趨勢。

本研究的重點是釐清尚未明瞭的社會階級與民族認同的作用，以及估計周遭語言環境的影響（鄰近效應）有多強。階級區隔命題指出：「受益於華語而獲得較高地位的受雇者——新中產階級，為了延續其相對優勢，最可能跟小孩說華語。」然而，調查資料並不支持這個命題。雖然新中產階級最常說華語且最偏好跟小孩說華語，但是在教育程度相同的條件下，家庭語言沒有階級差異。換言之，新中產階級對於華語的偏好，來自於他們在獨尊華語的教育體制下受過更多的篩選與薰陶。階級本身，並未對家庭語言產生直接影響。不過，這不表示新中產階級無法透過教導下一代「優雅的談吐」來區隔階級。眾所周知，所謂「臺灣國語」雖然也是華語，卻很容易用來區別出身背景的差異。本

研究使用的調查資料不能分析語音層次的問題。

政治社會化命題指出：「中國人認同促使人們跟小孩說華語；臺灣人認同促使人們跟小孩說臺灣本土語言。」這個命題只有前半段獲得明確支持。中國人認同確實使本身不是最常說華語的人轉而跟小孩說華語。但是，臺灣人認同無法讓流失閩南語的福佬家庭恢復閩南語。[23] 此外，臺灣人認同不排斥華語，但中國人認同排斥閩南語。因此，兩種認同強度相當的雙重認同者，會比較偏好跟小孩說華語。這是否意味臺灣人認同較具包容性呢？我想，這也是迫於現實，不得不然。由於青壯年的閩南語或客語程度已不足以用來思考事情、傳播知識，他們的臺灣人認同再強也無法放棄華語了。愈來愈多人即使表面上還能說閩南語或客語，實際上是以華語思考，開口才轉用閩南語或客語發音。近期的閩南語連續劇，充斥著披上閩南語外衣的華語句子，可見一斑。因此，排斥華語的主張已不可能將臺灣民眾凝聚起來了。臺灣民族主義者轉而強調多元文化主義的「語言平等」，主張將各族群的語言都認定為「國家語言」。對此，中國民族主義採取抗拒的態度。2003 年的《語言平等法》與 2007 年的《國家語言發展法》皆遭到中國國民黨封殺。2016 年，再度執政的民進黨重新提出《國家語言發展法》。中國國民黨立法院書記長林德福質疑這個法案意圖去中國化（符芳碩 2016）。

鄰近效應命題指出：「居住地的華語盛行率愈高，人們愈傾向跟小孩說華語；居住地的閩南語盛行率愈高，人們愈傾向跟小孩說閩南語。」調查資料完全符合這個命題。雙親族群、性別、出生世代、教育程度、階級、民族認同完全相同的兩個人，一旦生活在不同的語言環境裡，確實可能做出不同的家庭語

---

23 受限於樣本中的客語人口太少，本研究未直接分析臺灣人認同是否讓流失客語的客家家庭恢復客語，但推測情況不會比閩南語樂觀。

言選擇。雖然交通與通訊技術的革新使人們能夠進行遠距離交談，鄰近效應並沒有在現代社會中消失。基於從眾與網絡外部性，家庭語言依然有順從地方主流的壓力。由於臺灣人口持續往華語優占的北部都會區遷移，[24] 愈來愈多家庭失去本土語言的環境。如此，閩南語、客語的傳承陷入更加不利的局面。

　　蕭阿勤（2012）指出，復興臺灣本土語言的種種努力，構成臺灣民族主義的重要部分。但是本研究發現，臺灣人認同的崛起未能復興本土語言在家庭中的地位，這也難怪鍾老如此憂心了。那麼，客家話是不是像他說的那樣，快要消失了呢？聯合國教科文組織將瀕危語言分為五個等級：脆弱（vulnerable）指大部分小孩能講這種語言，但是僅局限於特定領域，如家庭；明顯瀕危（definitely endangered），指小孩在家裡不再學習這種語言；嚴重瀕危（severely endangered），指只有祖父母世代講這種語言，父母世代聽得懂，但是不講；極度瀕危（critically endangered），指祖父母世代只會講一些，但不常講；滅絕（extinct），就沒有人講了。臺灣有 24 種語言被列入瀕危語言名單中，全部都是南島語（UNESCO 2016）。[25] 客語不在瀕危語言名單中，但本文的分析結果顯示客語至少符合「脆弱」標準。2013 年的調查數據顯示，即使父母都是客家人者，也只有 45.4% 的家庭常用語包含客語（圖 1）。如果父母有任何一方不是客家人，客語使用率就更低落了。進一步觀察正要進入生兒育女階

---

24 根據內政部人口統計資料，2011-2015 年臺北市、新北市、桃園市、新竹縣、新竹市合計遷移增加 109,674 人，其他縣市合計遷移減少 38,064 人。

25 脆弱：泰雅語、太魯閣語、鄒語、魯凱語、排灣語、阿美語、卑南語、雅美語。明顯瀕危：布農語。嚴重瀕危：賽夏語。極度瀕危：噶瑪蘭語、邵語、卡那卡那富語、拉阿魯哇語、Nataoran。滅絕：凱達格蘭語、馬賽語、龜崙語、道卡斯語、巴宰語、拍瀑拉語、巴布薩語、洪雅語、西拉雅語。事實上，這份名單過於樂觀了，根據原住民族委員會的評估，泰雅語、太魯閣語、鄒語、魯凱語、排灣語、阿美語、雅美語已達到「明顯瀕危」；卑南語達到「嚴重瀕危」（原住民族委員會 2016：148）。

段的 1986-1995 年出生世代，樣本中的 52 名客家子女只有 3 人的家庭常用語包含客語、只有 1 人最想跟小孩說客語。如此看來，客語到了下一代就達到「嚴重瀕危」等級。閩南語的處境還沒有客語那麼險峻，但也不過是五十步笑百步。同樣觀察 1986-1995 年出生世代，福佬人的子女有 26.0% 在家裡最常說閩南語，21.7% 為華語、閩南語並用，合計不到一半。他們最想跟小孩說閩南語的比例，只剩 20.2%。表面上，目前能說閩南語的人口還很多。但是 30 年後，戰後第二代將發現他們說閩南語的主要對象——戰後第一代，整批不見了。

以往，閩南語、客語的日漸衰微可歸因於國家力量的壓制。然而，當公共領域不再限制各種本土語言的使用，小學也開始安排「鄉土語言」課程，為什麼閩南語、客語還是每下愈況？ 2013 年的調查資料顯示，1986-1995 年出生世代雖曾在學校裡接觸「鄉土語言」課程，但是在家裡說閩南語或客語的比例不見反轉，跟下一代說閩南語或客語的意願更為低落。即使「還我母語運動」的訴求一一實現，鍾肇政推動的「客家電視台」也成立了，卻仍然是這樣的結果。我想，這不只是鍾老的煩惱，也會是所有本土語言復興運動者的煩惱。

一個可能的解釋是，雖然國家力量不再壓制，但是華語比較優越的價值觀已經內化到多數臺灣民眾心中了。換言之，華語已經成為一種文化霸權，即使不用強迫，民眾也會自願順從。[26] 雖然臺灣民族主義的菁英試圖挑戰華語霸權，但臺灣民眾日益高漲的臺灣人認同卻與屹立不搖的華語霸權共存。這個現象相當耐人尋味，值得進一步探討。受限於 2013 年臺灣社會變遷調查未詢問語言態度方面的題目（例如：是否認為華語比較有地位？有學問？），本研究無法提供直接證據。後續調查若能在包含家庭語言題目的問卷中加入語言態度相關題目，有助於語言霸權研究的發展。

---

26 感謝匿名審查人之一建議這個具有洞察力的論點。

　　橫剖面資料呈現之統計趨勢，本質上都是相關，對於檢驗因果關係而言不夠充分。考量長期追蹤調查有現實上的困難，我們可以在一次性調查中詢問受訪者不同生命階段的經驗，這樣對於釐清因果關係會有一些進步。換言之，我們除了詢問受訪者現在的家庭語言，最好也詢問其不同生命階段的家庭語言，特別是受教育之前、出社會之前。如此，年齡級差現象（如果有的話）也能夠被指認出來。此外，詢問家庭語言時最好區分交談對象是誰。人們跟父母、兄弟姊妹、配偶、小孩說的話可能會有差別。

　　鍾老很擔憂：「客家話一旦消失，客家人就消失了。」究竟閩南語、客語的衰微，是否也會導致福佬人、客家人族群意識的消退呢？由於 2013 年臺灣社會變遷調查缺乏適合的題目，本研究無法回答這個問題。我的建議仍然是在包含家庭語言題目的問卷中加入族群意識相關題目。例如：是否樂於主動表示自己是某族群？某族群的身分對於自己有多重要？

　　限於樣本規模，臺灣社會變遷調查對於客語不足以建立穩固的多變量迴歸模型；對於人口更少的原住民與新移民，更是連統計推論都不可能。不過，客家委員會已完成八次大規模的「客語使用狀況調查」，另有四次「全國客家人口基礎資料調查研究」包含客家人的語言使用情形。原住民族委員會也剛發布 16 個原住民族的語言調查成果（原住民族委員會 2016）。這些針對少數族群的大樣本僅用於簡單交叉列表，相當可惜。未來，利用這些資料進行多變量迴歸分析，勢在必行。另一方面，東南亞移民的語言傳承是臺灣推動新南向政策的重大資產。政府有責任支持新移民家庭語言的調查研究。

　　量化研究讓我們掌握家庭語言的整體趨勢以及變項之間的關連，但是不能告訴我們：這些語言現象如何在日常生活中展演？例如，本研究雖再次確認「女性的語言順從」，卻無法說明：這樣的語言規訓是如何實踐的？說話不夠標準的少女如何遭人白眼？女性是傳承母語的靈魂人物，我們需要瞭解語言性別化

的更多細節。此外，夫妻之間、婆媳之間，如何協商跟小孩說什麼話？尤其當他們的態度不一致時。倘若父母想跟小孩說的語言跟小孩想跟父母說的語言不一致，又是如何互動呢？諸如此類，都有賴質性研究加以回答。

參考文獻

一、中文部分

王甫昌，1994，〈光復後臺灣漢人族群通婚的原因與形式初探〉。《中央研究院民族學研究所集刊》76：43-96。

──，1996，〈臺灣反對運動的共識動員：一九七九至一九八九兩次挑戰高峰的比較〉。《臺灣政治學刊》1：129-209。

──，2003，《當代臺灣社會的族群想像》。臺北：群學。

民主進步黨，2016，〈總統候選人蔡英文第三場電視政見會 第一輪政見發表全文〉，http://www.dpp.org.tw/mobile3/index_content.php?sn=8727，取用日期：2016 年 7 月 28 日。

行政院客家委員會，2011，《99 年至 100 年全國客家人口基礎資料調查研究》。臺北：行政院客家委員會。

林正慧，2015，《臺灣客家的形塑歷程：清代至戰後的追索》。臺北：國立臺灣大學出版中心。

林宗弘，2009，〈臺灣的後工業化：階級結構的轉型與社會不平等，1992-2007〉。《臺灣社會學刊》43：93-158。

──，2013，〈失落的年代：臺灣民眾階級認同與意識形態的變遷〉。《人文及社會科學集刊》25（4）：689-734。

施添福，2013，〈從「客家」到客家（一）：中國歷史上本貫主義戶籍制度下的「客家」〉。《全球客家研究》1：1-56。

＿＿＿＿＿，2014a，〈從「客家」到客家（二）：粵東「Hakka・客家」稱謂的出現、蛻變與傳播〉。《全球客家研究》2：1-114。

＿＿＿＿＿，2014b，〈從「客家」到客家（三）：臺灣的客人稱謂和客人認同（上篇）〉。《全球客家研究》3：1-110。

洪惟仁，1992，《臺灣方言之旅》。臺北：前衛。

＿＿＿＿＿，2003a，〈臺灣泉州腔央元音的崩潰與語音標記性〉。《中國社會語言學》1：34-56。

＿＿＿＿＿，2003b，〈桃園大牛欄方言的形成與發展：發祥地的追溯與語言層次、共時演變的分析〉。《臺灣語文研究》1：25-67。

＿＿＿＿＿，2004，〈變化中的汐止音：一個臺灣社會方言學的個案研究〉。《聲韻論叢》13：219-250。

＿＿＿＿＿，2012，〈閩南語入字頭（日母）的音變潮流〉。《臺灣語文研究》7（2）：1-33。

原住民族委員會，2016，《原住民族語言調查研究三年實施計畫16族綜合比較報告》。臺北：原住民族委員會。

符芳碩，2016，〈綠委提「國家語言發展法」藍委批操弄族群〉。蘋果即時，http://www.appledaily.com.tw/realtimenews/article/new/20160424/845761/，取用日期：2016年11月30日。

陳婉琪、溫郁文，2010，〈講啥米話咁唔要緊？語言資本對族群間職業取得差異的影響〉。《臺灣社會學刊》44：1-54。

陳淑娟，1995，《關廟方言「出歸時」的研究》。國立臺灣大學中國文學研究所碩士論文。

＿＿＿＿＿，2004，《桃園大牛欄方言的語音變化與語言轉移》。臺北：國立臺灣大學出版委員會。

＿＿＿＿＿，2010，〈語言因素與社會因素對音變的影響：以鹿谷及安平方言為例〉。《清華學報》40（2）：159-191。

傅仰止、章英華、杜素豪、廖培珊，2014，《臺灣社會變遷基本調查計畫第六期第四次調查計畫執行報告》。臺北：中央研究院社會學研究所。

黃宣範，1993，《語言、社會與族群意識：臺灣語言社會學的研究》。臺北：文鶴。

黃菊芳、蔡素娟、鄭錦全，2012，〈臺灣雲林縣崙背鄉客家話分布微觀〉。頁 95-123，收錄於鄭錦全編，《語言時空變異微觀》。臺北：中央研究院語言學研究所。

葉德聖，2013，《您不能不知道的臺灣客家運動》。臺北：五南。

臺灣總督府總督官房統計課，1909，《明治三十八年臨時臺灣漢譯戶口調查記述報文》。臺北：臺灣總督府總督官房統計課。

蔡淑玲，2001，〈語言使用與職業階層化的關係：比較臺灣男性的族群差異〉。《臺灣社會學》1：65-111。

蕭阿勤，2012，《重構臺灣》。臺北：聯經。

簡秀梅、洪惟仁，2007，〈關廟方言區「出歸時」回頭演變之社會方言學研究〉。頁 45-66，收錄於王旭、徐富美編，《社會語言學與功能語法論文集》。臺北：文鶴。

二、英文部分

Anderson, Benedict, 1983, *Imagined Communities: Reflections on the Origin and Spread of Nationalism*. London: Verso.

Asch, Solomon E., 1956, "Studies of Independence and Conformity: I. A Minority of One Against a Unanimous Majority". *Psychological Monographs: General and Applied* 70(9): 1-70.

Bourdieu, Peirre, 1991, *Language and Symbolic Power*. Cambridge: Polity Press.

Dustmann, Christian, 1994, "Speaking Fluency, Writing Fluency and Earning of Migrants". *Journal of Population Economics* 7(2): 133-156.

Economides, Nicholas, 1996, "The Economics of networks". *International Journal of Industrial Organization* 14: 673-699.

Evan, M.D.R., 1987, "Language Skill, Language Usage and Opportunity". *Sociology* 21: 253-274.

Holmes, Janet, 1992, *An Introduction to Sociolinguistics*. London and New York: Longman.

Labov, William, 1994, *Principles of Linguistic Change: Internal Factors*. Oxford and Cambridge: Blackwell.

_____, 2001, *Principles of Linguistic Change: Social Factors*. Oxford and Cambridge: Blackwell.

McManus, Walter, William Gould and Finis Welch, 1983 "Earnings of Hispanic Men: the Role of English Language Proficiency". *Journal of Labor Economics* 1(2): 101-130.

Mouw, Ted and Yu Xie, 1999, "Bilingualism and the Academic Achievement of First- and Second-Generation Asian Americans: Accommodation With or Without Assimilation?" *American Sociological Review* 64: 232-252.

Neidert, Lisa J. and Reynolds Farley, 1985, "Assimilation in the United States: An Analysis of Ethnic and Generation Differences in Status and Achievement". *American Sociological Review* 50: 840-850.

Portes, Alejandro and Dag MacLeod, 1996, "Educational Progress of Children of Immigrants: The Roles of Class, Ethnicity, and Social Context". *Sociology of Education* 69(4): 255-275.

Ruuth, Dan-Olof and Jan Ekberg, 2006, "Occupational Mobility for Immigrants in Sweden". *International Migration* 44(2): 57-77.

Shields, Michael and Stephen Wheatley Price, 2002, "The English Language Fluency and Occupational Success of Ethnic Minority Immigrant Men Living in English Metropolitan Areas". *Journal of Population Economics* 15(1): 137-160.

Smits, Jeroen and Ayse Gunduz-Hosgor, 2003, "Linguistic Capital: Language as a Socio-Economic Resource Among Kurdish and Arabic Women in Turkey". *Ethnic and Racial Studies* 26(5): 829-853.

Tienda, Marta and Lisa. J. Neidert, 1984, "Language, Education, and Socio-economic Achievement of Hispanic Origin Men". *Social Science Quarterly* 65: 519-536.

UNESCO, 2016, *UNESCO Atlas of the World's Languages in Danger,* http://www.unesco.org/languages-atlas/en/atlasmap.html (Date visited: July 28, 2016).

Young, Russell, 1989, *Language Maintenance and Language Shift Among the Chinese on Taiwan.* Taipei: Crane.

融入語言人權的弱勢語言教育 *

張學謙

一、前言

　　母語教育相關課程時，我常引用 Apache 小孩所寫的詩和同學討論語言人權（linguistic human rights）的議題。這首詩的最後一節是這樣寫的（引自 Cazden & Dickenson, 1981: 457-458）：

你曾經因為學校感到傷心難過嗎？

我曾經，因為我從學校學了一大堆話，

不過那都不是我的母語。

　　這首詩表達了弱勢族群對學校排除族群語言文化的傷心無奈。兒童的母語被排斥在學校教育之外，這是一個語言人權問題。對臺灣人來說，這樣的經驗，並不陌生。臺灣過去推行獨尊國語、壓制母語的單語教育政策，造成削減式的雙語現象，各族群的學生學會了國語，卻喪失其母語。據估計世界上現有將近 6,000 種的語言，到 20 世紀末將有 90% 的語言會死亡（Krauss 1992）。如果

---

* 本文原刊登於《教育資料與研究雙月刊》，2008，82 期，頁 17-44，獲國家教育研究院授權利用。因收錄於本專書，略做微幅調整，謹此說明。作者張學謙現任國立臺東大學華語文學系教授。

把 90% 語言死亡的比例套用在臺灣語言的話，那麼這個世紀末，臺灣所有的本土語言都將死亡，只有華語存活。

時至今日，教育的歷程依然是語言人權的剝奪過程，學校「一直是主流文化和主流語言同化其他語言和文化的主要手段」（Skutnabb-Kangas 2000：311）。對弱勢族群而言，在強調母語教育、重視人權的今日，我們如何在教育上落實語言人權，將是本土語言能否保存的關鍵因素。臺灣各族群語言正面臨生死存亡的關頭，我們的選擇就如 Skutnabb-Kangas（2000）的書名所提示的，到底要「教育的語言種族屠殺還是世界（語言）多樣性和人權？」如果是後者，我們就有必要在教育上推行語言人權教育，使學生和教師都能去除語言歧視、實踐語言人權。

語言教育不僅是語言技能的傳授，也牽涉到更廣泛的社會、權力、地位議題。面對語言滅絕的威脅，族語教育常被視為語言復振的良方。不過，臺灣的母語教育除了時數不足（一星期一節課），還忽略語言教育的政治、社會、文化意涵，導致語言復振缺乏「意識啟發」（ideological clarification）[1] 的基礎。根據 Fishaman（1991：395）挽救語言流失理論，「意識啟發」是語言復振運動最基本的功夫，要是沒有踏出這一步，後續的復振工作難以進行。過去的官方語言教育政策以為多種語言是負擔，那是錯誤的，將造成教育、社會的問題，因此在政策上獨尊國語，壓制族群語言，結果造成族群語言嚴重的流失。這種把族群語言視為問題的態度，要是沒有加以批判、修正的話，恐怕會繼續主導著語言政策的走向以及教師的課堂教學。學校需要提升學生的母語能力，不過弱勢語言教育不能不注意到語言人權的教育，要是無法除去（un-learn）危及語言多樣性發展的單語同化意識及語言歧視主義，語言復振的前景並不樂觀。

---

1 意識啟發指「弱勢族群成員嘗試分析他們對語言的態度和他們保存語言的希望和動機」（Huss, 1999：29）。

　　因此，本文嘗試結合臺灣文學和批判教育學進行語言人權教育，主張結合弱勢語文教育與社會正義，將語言人權融入語言教育，讓師生得以批判地探究語言意識型態如何影響語言保存，並積極的投入挽救語言流失的社會行動。雖然人權教育在國內越來越受到重視，但除了少數例外，大多數的人權教育很少提及語言人權。國外的語言教育已經開始思考語言人權對語言教育的意涵，如Regan 與 Osborn（2002）從批判教育學（critical pedagogy）出發，探討語言人權的社會和教育意義。語言人權議題的引入符合當前強調社會正義的課程觀念。世界的強勢語言常被批評為「語言帝國主義」（Phillipson 1992），強勢語言對語言歧視的現象常常視而不見，對語言意識型態更是缺乏反省和批判。語言人權因此成為強勢語言由語言歧視轉向社會正義並發展批判實踐的重要環節。對弱勢族群而言，語言人權更是弱勢族群教育反抗語言霸權追求語言公平、語言復振的重要原則和實踐基礎。本文首先介紹語言人權的基本概念以及批判教育學的方法；其次探討課程設計與教學實踐；最後提出結論與建議。

二、語言人權與批判教育學

（一）語言人權基本概念

　　語言權、語言權利（linguistic rights）和語言人權這三個詞常被視為同義詞（Paulston 1997）。語言權和語言權利指的是政府制定語言在大眾場所、學校機關、宗教等領域的使用規定。語言權利或語言權的專家主要是撰寫憲法、條約的法律學者，而非語言學家或語言專家。語言人權的觀念則嘗試把語言和人權連接在一起，從人權的架構出發，討論語言權利的議題，以提升語言公平。

　　語言人權可說是語言權加上人權。所謂的人權就是只要是人都能享有的權利。近代的一些社會政治現象以及世界各地族群語言嚴重流失都促成語言

人權的發展。語言人權的目的就是要求族群語言在社會生活使用的權利，藉以維續、發揚族群的語言和文化（丘才廉，1994）。語言人權是語言解放（language emancipation）的核心。語言解放指的是透過政治和語言規劃提升受壓迫語言地位的運動，關切的是「降低或消除一些對個人或團體不合理的宰制（domination），以追求人人皆享有正義、公平和參與的可能性」（引自張學謙 2005；Lindgren 2000：40）。

Skutnabb-Kangas（1988）提出「語言歧視主義」（linguism），指稱獨尊某一語言而犧牲所有其他語言的意識型態。語言歧視可以說是基於語言的種族主義，即以語言作為資源和權利不平等分配的基礎。由於語言和文化、社會、教育和生活有密切的關聯，要是基本語言人權被剝奪的話，常導致無法享有其他人權，包括「公平的政治代表性，公平的審判、使用教育、使用資訊和言論自由，以及保存其文化傳統的權利」（Skutnabb-Kangas & Phillipson 1995：2）。語言權利因此和個人或團體的權利息息相關，為人權的重要組成部分。

語言權利和語言保存有密切的關係，語言人權若受到踐踏，常導致語言流失、甚至語言死亡。如 Skutnabb-Kangas（2000：xii）指出：

> 語言人權為保存語言多樣性的必要條件（不過不是充分條件），違反語言人權，特別是在教育上，將造成世界語言文化多樣性的減損。

可惜，到目前為止，我們擁有的語言人權還是相當有限，語言人權並不受尊重，充滿太多的語言冤屈（Skutnabb-Kangas 1998）。Skutnabb-Kangas 與 Phillipson（1995：71）指出：

幾乎在世界的每一個地方都能見到剝奪語言基本人權的現象，大多
數少數民族語言遭受歧視，有些少數民族群體不能夠認同他們的母
語……超過 6,000 種的語言無權作為相關民族教育、法律與公共事
務的用語。

Skutnabb-Kangas 與 Phillipson（1995：2）更從遵守語言人權意味著什麼
來說明語言人權在個人和集體層次的意義：就個人層次而言，語言人權指的是
每一個人不論其母語是多數語言或是少數語言，都能積極的認同其母語，他人
必須尊重其認同。個人有學習母語的權利，包括以母語作為初等教育的教學語
言的權利，同時也享有在許多正式場合中使用母語的權利。在其所居住的國家
中，個人也享有學習至少一種官方語言的權利。就團體的層次而言，語言人權
指的是少數團體存續的權利，即「（與主流社會）不同」的權利。集體享有發
展其本身的語言、弱勢族群有建立並維持學校及其他的訓練和教育機關，並有
主導課程發展、使用自己語言教學的權利；少數族群也享有參與國家政治事務
的權利，以及保障其團體內部的自治權利，至少在文化、教育、宗教、資訊、
社會事務方面，政府需提供稅金或補助金來達成上述工作事項。

　　語言人權不但是語言多樣性保存的必要條件，也影響到立法、社會政策以
及個人和團體的生活品質（Regan & Osborn 2002）。認識語言權利的相關法
規是語言人權教育重要的部分。施正鋒（2002）編的《語言權利法典》將和語
言權利有關的國際宣言、公約、憲法、法令等資料，收集的相當完備，又能
在網路蒐尋，值得參考。語言人權問題牽涉到權力、平等和社會近用管道建
立的議題。這些議題並不是單純的實用或實證的議題，需要放在規範的領域
（normative realm）加以檢視（Regan & Osborn 2001）。因此，語言教育不但
需要包括語言的溝通和文化面向，也應當注意蘊藏在語言背後的社會、政治

和意識型態的議題。如此一來，語言教育就需要考慮公平正義、權力關係等傳統語言教育忽視的議題。語言人權教育因此能協助學生發展批判語言意識（critical language awareness）並且瞭解語言人權的本質、目的和基礎（Regan & Osborn 2001）。

（二）批判教育學

　　批判教育學強調批判覺醒以及社會正義（Osborn, 2006），其精神和語言人權教育相通。Wink 認為，「批判教育學是引領我們從沉默到發聲的力量」（引自黃伯叡譯，2005：100），她強調，批判教育學關切的是探究公平與正義，「對於舊的實踐方式再次給予痛苦的檢視，並建立教育制度與行為的信念」（引自黃伯叡譯，2005：100），這些觀念符合語言人權教育對語言冤屈提出反擊並建立語言權利的宗旨。另外，批判教育學的許多觀念也可以運用到語言人權教育。

　　Wink 提出進行批判教育學的方法，即命名（to name）、批判的反省（to reflect critically）以及行動（to act），可以作為課程設計的參考架構。命名是批判教育學重要的概念，命名可以讓向來被隱形、消音的弱勢群體得到力量，而得以向主流群體訴說自己的想法和感受。批判教育學強調教師和學生的對話，透過共同思考、談論並進行解構，最終的目的則是採取社會行動、邁向正義的社會（引自黃伯叡譯，2005：129）。

　　Freire（1970）以「銀行儲蓄」（banking）的隱喻將傳統的學校教育形容為儲蓄的行為；與之相對的是他所提出的「提問」（problem-posing）。Wink認為提問是批判教學的核心，提問不但能「導引對既有課程的互動參與以及批判探究，並得以擴展對學生生活中課題的反省」（引自黃伯叡譯，2005：84）。以語言課為例，提問就涉及到建構與語言問題相關的教學單元，藉以協助學生批判的檢視語言、語言使用和語言態度（Regan & Osborn 2001）。提問

可以適用於任何學科的教學，Shor（1992）提出「跨課程批判－民主的學習」的觀念，主張將每一門學科的學習主題設定為有待批判的問題，並與社會狀況和學生經驗息息相關。

　　就此而言，語言教育本身就是需要加以批判檢視、分析的對象，我們需要追問語言教育的目的為何？語言使用背後的意識型態為何？批判教育學不但將語言教育視為語言系統的學習，還注意到語言背後的社會、文化知識，並且引導我們以批判的角度反省、檢視這些知識（Regan & Osborn 2001）。批判教育學強調賦權予能（empowerment），可以說是培力教育（empowering education）。批判教育學不但對讀寫能力有所幫助，也能提升民主批判意識。在讀寫方面，批判教育學認為「讀寫語詞」就是「讀寫世界」，並且還需要進一步「改變世界」（Freire 1970）。在 Ada（1988）的「創意閱讀法」（creative reading）也可以看到批判教育學結合讀寫與社會改造的精神。

　　Ada（1988）的創意閱讀法包括以下四階段：

1. 描述階段：詢問關於文本的問題。

2. 個人詮釋階段：故事的個人化，和學生本身、家庭、社區連接，詢問學生是否有類似的經驗？閱讀的感受為何？學生以生活經驗為基礎獲取新資訊。

3. 批判分析階段：由文本進入到更寬廣的社會議題，鼓勵分析、反省與批判。

4. 創意活動階段：鼓勵學生運用所學，進行建設性的行動，以解決當前的議題。

　　上述四個階段不但可以運用在閱讀教學，其他教學情境也可以運用。需要注意這個教學法並非靜態的、直線式的步驟，而是不斷的反覆，如 Wink 指出：

　　需要持續地在學習－再學習－捨棄學習歷程中移動。此教學歷程終
　　止於創造／行動，然後再開始。學生找方法去體驗觀念，去創造更
　　多觀念，或將觀念帶到他們自己的真實世界。

（引自黃伯叡譯，2005：143）

　　將批判教育學運用到語言人權教育就意味著：語言教室需要成為挑戰語言
歧視主義、解構語言霸權的戰場，要讓學生從各式各樣的壓迫性枷鎖中解放
（Regan & Osborn 2001），追求語言平等、邁向語言正義。

三、語言人權課程設計與教學實踐

（一）課程設計

　　本節簡述語言人權融入語言教學的課程設計，包括語言人權主題、教材、
教法以及資料收集。

　　雖然語言人權教育還不是一門獨立的課程，但仍可以利用機會將語言人權
的主題融入相關的教學中。作者曾經利用語言復興運動、母語教學理論與實
務、思維與寫作以及臺語讀寫等課程將語言人權的主題融入教學。在課程設計
的時候，我們參考 Agar（1994）的 MAR 步驟，[2] 將語言人權教學單元分為三
個部分：M（知覺錯誤）從語言人權問題出發，探討侵犯語言人權的案例以及
語言歧視的例子；A（提升意識）以語言人權的概念和保護語言人權的國際文
件，提升語言權利意識；R（改正錯誤）強調透過社會行動，參與語言人權的
實踐工作，以語言權利糾正語言錯誤。張學謙等（2004）詳細的紀錄這 11 項

---

2 MAR 為知覺錯誤（Mistake）、提升意識（Awareness）、改正錯誤（Repair）字首的
　縮寫。

教學單元的教學目標、參考教材和教學程序。本文為了集中焦點突出臺灣文學的語言人權教育意涵，特別挑選其中運用臺灣文學作品的單元，又因為篇幅所限，僅呈現其中六個單元的教學實踐。

如上所述，本文運用臺灣文學進行語言人權教學。這個做法在國外並不少見，Reardon 曾建議結合文學進行人權教育，他認為詩、故事、歌曲及戲劇，都是認同和溝通情感的有效方法（引自蔣興儀等譯，2002：168）。他所設計的人權教育學習活動當中就有許多單元使用文學作品作為教材。運用臺灣文學進行語言人權教育是為了避免過於偏向認知性的人權概念教學，要是缺乏和學習者的關聯或缺乏感動體驗的成分，人權教育恐怕會淪為宣傳與說教（馮朝霖 2002）。「臺灣文學」的定義向來有爭議，在此借用胡民祥（1992：19）關於臺灣文學的定義：

> 戰後的北京話，福佬話、客家話抑（或）是南島語作品，攏（都）
> 是多彩多姿的臺灣文學……用動態的民族發展史來看，攏是佇（在）
> 臺灣時空及土地創作出來的作品，所以攏是臺灣文學。[3]

臺灣母語文學較不受重視，這種現象本身就是一個值得批評的語言人權問題，為了提升臺灣母語文學的能見度，本文盡可能的選擇臺灣母語文學的例子。

在教學法方面，我們結合語言統整和批判教育學，以 Shor（1992）的「透過閱讀和寫作來學習的方法」（reading-and-writing-to-learn approach）進行教學。如此一來，不但可以發展讀寫能力，也能促進對語言人權的瞭解。這個方法讓學生寫日誌、自由寫作、小組修改文章、談論和寫作閱讀的內容，藉以瞭

---

3 原文為臺語，華語註解為作者所加。本文關於母語文本有兩種處理方式：全文華語翻譯或僅部分語詞加注華語註解。

解內容並以自己的話表達。我們運用Shor（1992）「跨越課程的寫作」（writing across the curriculum）的觀念，在不同的課程進行讀寫的活動，學生的讀寫文本，如語言自傳、文學作品回應、改寫等活動。這些讀寫實踐不但提供語文能力發展和學科教育相結合，也提供本文研究資料的來源。除了課堂口頭討論以及課堂寫作，我們還架設了網站提供學生討論和發表意見，[4]另外我們也利用語言公平網站的「少數族群語言公平討論區」進行相關的討論。[5]

（二）破除單一語言的神話

解決語言流失的問題，不能忽視單語同化意識的危害，應當進行語言人權教育，藉以去除（un-learn）單一語言的神話。語言多樣性（language diversity）自古以來就是普遍的現象，不過卻常被視為是障礙、問題、甚至是詛咒，即把語言多樣視為問題影響到語言的生存以及語言人權的保障。進行語言人權教育必須重新審視語言多樣性的現象，從不同的角度看待語言多樣性。喬治史坦納認為語言多樣不僅不是詛咒，反之，

> 是詛咒的相反……因為多語情況而形成的經驗豐富性，思想和情感的創造性，概念的滲透、精致獨特性，是人類精神傑出的適應能力和優點。　　　　　　　　　　　　（引自李根芳譯，2007：107）

臺灣文學提供我們瞭解語言壓制和語言解放的絕佳管道。第一個需要進行解放的工作是破除「單一語言的神話」，質問為什麼在教室裡只能聽到華語，難道沒有另外的語言可以表達？在課堂上，聽不同的聲音、不同的表達方式，

---

4 網址為：http://203.64.42.21/TG/hakkhiam/hakkhiam.asp。

5 語言公平網站：少數族群語言公平討論區：http://mail.tku.edu.tw/cfshih/ln/discuss-15.htm。

創造出多種語言使用的空間，可以挑戰我們必須同化於單一語言的神話（hooks 1989）。藉由臺灣文學的語言多樣性可以有效的破除單一語言的神話。我的方法是選擇一些禮讚臺灣語言多樣性的詩歌讓學生欣賞、分析。有許多臺灣詩歌都強調臺灣語言「多音交響」的特色（張學謙等 2006），譬如說楊振裕（2004）〈臺灣母語攏是寶〉就如此稱頌臺灣的語言多樣性：

> 原住、客家及河洛，臺灣母語攏（都）是寶；平等、尊重相協助，
> 文化發揚行大路！
> 多元族群美麗島，資源豐富人呵咾（稱贊）；母語親切上蓋好，毋
> 通（不能）乎伊來失落！
> 咱的責任誠清楚，急救母語著（得）緊做（快作）；守護臺灣疼（疼
> 惜）母語，天經地義無差錯！
> 臺灣母語有夠水（美麗），充滿祖先的智慧，疼惜母語趁這時，出
> 力著靠我和你！
> 研究整理捷（常）講起，腳步堅定免懷疑；等待春花滿滿是，咱才
> 做伙（一起）念歌詩

許多臺灣文學作品常以語碼混合（code mixing）的方式加入當地語詞，對缺乏母語讀寫經驗的學生，這也是體驗母語讀寫很好的開始。陳黎（2001a）在〈島嶼之歌：給臺灣的孩子〉這首詩，以雙語的方式，將豐富的族群文化意象融入多彩的話語當中，如陳黎（2001a：249-250）：

> 你塗上紅紅的雅美話：紅頭嶼，在海上，捕魚，造船，種水芋。齊
> 努力庫蘭——這是 10 人坐的雕紋船；米卡禮雅克——這是工作房落

成的歌；你看婦女們在沙灘，甩動長髮如海浪，一邊跳舞一邊唱，

多美妙的瓦拉欽基雅噶蘭……

陳黎的詩詳細列出臺灣各族群語言，包括閩南話、客家話、山東、山西、河北話、泰雅話、鄒、邵、賽夏、排灣、巴埔轆、洪雅、巴布薩、巴宰海、道卡斯、西拉雅、葛瑪蘭、凱達格蘭等語言，讓人充分的感受到臺灣語言的多樣性。陳黎的詩還呼籲：「讓我們解開打結的舌頭，讓五顏六色的母音一起畫畫」。讀寫母語有時會引起「沙文主義」的批評，教師和學生可以一起討論母語讀寫的議題。作者常引用 Baker（1997：322）的意見跟學生說明弱勢語言的文學的功用：

弱勢語言的文學同時有教育和休閒的目的，有教學價值又有娛樂效果。不管文學是當作道德教育的幫手，或是當作藝術，或是經驗取代，讀寫能同時扮演解放者和教育者的角色……雙語讀寫能力讓兒童通向豐富多樣的社會、文化世界。

在課堂上呈現各種臺灣語言是相當大的挑戰。為了同時照顧弱勢語言書寫權利以及互相瞭解的方便，可以考慮以雙語讀寫的方式呈現（張學謙等2007）。Baker（1997：322）指出雙語讀寫有以下的優點：1.在個人和團體的層次提升語言的存活率；2.鼓勵釘根本土、愛鄉土的心；3.提升自尊；4.瞭解傳統文化的世界觀；5.提升自我認同和同理心。

雙語的詩歌文本比較容易找到，可以當作吟唱、閱讀的材料。教師也能利用這個機會請學生收集、分享臺灣各族群語言文化的相關資料（錄音帶、錄影帶、書籍、文學作品等）。雖然教師和學生不一定會說彼此的語言，透過翻譯

的方式，多少還是可以讓各種語言有機會在課堂上呈現。hooks（1995）就鼓勵學生使用母語發言，然後再翻譯作主流語言。爲了提升弱勢語言的能見度，優勢族群需要學習和聽不懂的語言相處。雙語學習是一個方法，另外，可以參考 hooks（1995）的作法：改變平常思考語言的方式，鼓勵學生將聽不懂的時刻當做學習的空間，當作不以占有語言爲目的的聆聽經驗，如此，這些經常被消音或邊緣化的語言，就能得到承認和欣賞的機會。

　　以上我們強調在課堂上營造多語共存、多音交響的環境。我們透過翻譯、解釋、互相學習來破除單一語言的神話，我們解放被消音、被邊緣化的語言，讓它們出聲、現形。

（三）認識語言歧視主義

　　我在課堂上除了介紹語言歧視主義的觀念，還會和學生一起閱讀相關的臺灣文學作品，[6] 讀完作品後，會和同學討論是否有過語言被歧視的經驗？當時的感受爲何？如何反應？對語言行爲和語言態度有何影響？有不少臺灣詩歌紀錄母語受歧視的經驗。福佬臺語方面，我時常舉陳雷（2001）的〈母語 ê 愛情〉（母語的愛情）與林宗源（1988）的〈講一句罰一匼〉（說一句罰一塊錢）。陳雷的詩有清楚的語言權利意識，在詩中直接點出「母語 e 權利」，在此引用部分段落（陳雷 2001：3-4）：

　　你拍是我 e 皮／你 cheng 是我 e 肉／但是我母語 e 權利／be 使

　　ho. 你來剝奪／聲音是我 e 感情／語言是我 e 想法／我拒絕用你「國

---

6 相關的文學作品在詩的方面，請參考曾貴海（2006）《戰後臺灣反殖民與後殖民詩學》；雜文類請參考呂興昌主編（1999）《臺語文學運動論文集》、林央敏主編（1998）《語言文化與民族國家》；文學作品中相關語言經驗的節錄請參考李惠敏（2002）《從洋鬼子到外勞：國族、性／別與華語文教學》第二章「臺灣人民的語言集體記憶」。

語」e 包裝／將家己變做失去靈魂 e 臺灣人。（翻譯：你鞭打的是
我的皮膚／你揮拳打到的是我的肉體／但是我母語的權利／不能讓
你剝奪／聲音是我的感情／語言是我的想法／我拒絕用你「國語」
的包裝／將自己變成失去靈魂的臺灣人。）

　　這首詩的背景是 1993 年在美國的一場臺灣人聚會中有人使用母語發言，
結果遭到暴力相向，不過說母語的人，並不畏懼暴力的威脅，堅持說母語的權
利（陳雷，私人通訊，2008/5/18）。如何面對語言歧視，捍衛個人與團體的語
言人權是教學重點。除了討論個人如果踫到類似的情境，將如何面對語言歧視
之外，師生還可以一起腦力激盪，討論一下我們有哪些語言權利。一個可以參
考的資料是 Skutnabb-Kangas（1988：19）提出的「兒童語言人權宣言」，其
內容如下：

1. 每一個兒童應該有認同母語的權利，他人也應該接受及尊重其認同；
2. 每一個兒童應該有完整學習母語的權利；
3. 每一個兒童應該有在所有的官方場合選擇使用母語的權利。

　　陳雷的詩清楚呈現受壓迫者對壓迫者的抗議和對母語權利的堅持。這首詩
很適合跟學生進一步探討語言權利是否為人權的一部分？也就是說少數族群和
強勢族群是否應當享有同等的語言權利？理論上，所有的語言都具有同樣的價
值，應當享有平等的權利，但因為現實上權力不平等，強勢族群對弱勢族群的
語言權利常視而不見、甚至加以踐踏，卻忘了「少數民族不過是在尋求和主流
群體一樣用自己的語言生活和工作的機會，而主流群體卻視使用自己的語言為
理所當然」（引自鄧紅風譯，2004：157）。在這樣的情況下，弱勢族群勢必
要挑戰統治者習以為常的單語同化主義，以行動爭取語言權利的實踐。

　　林宗源的詩對學校的語言壓迫有相當清楚的描寫，對語言霸權也提出真切的質問。在教學時，我常提出一些問題讓學生討論，譬如說：學校處罰講臺灣話的做法是否合理？林宗源對這件事情的態度如何？第六句「阮先生教阮咬這個傳彼個」（我的老師教我們把（或是「咬」）這個傳給那個人），句中的「咬」是什麼意思？為什麼林宗源說：「先生，伊講廣東話為啥無拍手心；先生，伊講上海話也無倚烏枋；先生，伊講四川話也無掛狗牌；先生，伊講英語為啥無罰一匾」（老師，他說廣東話為什麼沒有打手心；老師，他說上海話也沒有罰站在黑板下；老師，他說四川話也沒有掛狗牌；老師，他說英語為什麼沒被罰一塊錢）？這首詩認為語言歧視會產生什麼後果？你是否曾經因為講母語被處罰，你會有什麼感受？你認為要如何做才能防止類似的語言歧視又再發生？

　　在客語詩方面，我常選曾貴海的「客家話」這首詩，以下引用部分段落（曾貴海 2006：49）：

中國人管臺灣 50 年／講話被罰錢掛狗牌／細人仔嚇到面蓋青／（小
　孩子嚇得臉鐵青）／係麼人／滅絕臺灣客家話／滅絕臺灣客家人／
　到底為麼介（什麼）。

　　這首詩挑戰單語主義霸權，對聽不懂客家話的人來講，也是一個挑戰。我的作法是用投影片來介紹這首詩，上課的時候，請懂得客家話的同學念這首詩給同學聽，再解釋一下客語詞彙的意思。我發現即使不懂客家話的同學，經過簡單的解說也可以很快瞭解這首客家詩。

　　讓學生書寫其自身的語言經驗相當重要，語言歧視主義是抽象的概念，需要和學生的具體經驗相聯接才能讓學生有直接的感受、激發學生的批判能力。Ada（1988：104）就強調說：「只有當學生所接受的訊息能從其自身的經驗

和情感得到分析，真正的學習才能發生。」以下是大學生在語言自傳中提到語言歧視的經驗：[7]

> 一直深深的記得我小學一年級時因為講閩南話而被老師罰錢的日子。多麼痛苦的日子啊！那時我一天的零用錢加車錢是 10 元，來回的車錢是 6 元，剩下的 4 元就是我自己的零用錢。但是只要講一句閩南話 5 元，而我往往被罰，因為我是外公外婆帶大的，家中根本沒有講所謂的「國語」，那我怎麼會？當時的我，往往都需要走路回家，因為我被罰之後的錢，不夠我搭公車回我位在山上的家。不久，我就都說所謂的「國語」了，並深深引以為傲。（學生 A 的語言自傳）

　　許多人認為語言歧視是過去式了，不過從學生的語言自傳中，我們還是可以看到語言歧視造成的「母語傷痕」。處罰小孩說母語就是母語流失的開始（Skutnabb-Kangas, 2000）。由於母語受罰，很容易在兒童心中產生輕視母語，認為講母語是一種恥辱。從上面的例子，也可以看出語言歧視與語言流失的緊密關係。Dorian（1998：3）說得有道理：「語言很少因為受仰慕尊崇而亡，卻常因為受鄙視而死亡」，少數語言因語言歧視，而放棄祖先語言的現象層出不窮。到底失去語言會失去什麼？作者常引用「風頭水尾」中的一段話作為討論的文本（紀傳洲，2000：308-309）：

---

7 以下本文引用學生的讀寫作品將一律以英文字母為代號。

有當時仔（有時候）我嘛會心悶（想念）臺北彼二個仔孫仔（孫子），就 kha（打）長途的欲及 in（他們）開講（聊天），孫仔接著電話，叫一聲「阿公」，就用北京話大細聲咻（喊叫）：「媽媽！快來呀！是爺爺的電話，他說什麼我都聽不懂。」ho.（讓）我聽著足厭氣（失望），che（這）是啥物款（什麼樣）的社會哪會（怎會）阿公講話孫仔會聽無（聽不懂）？

在共同讀完這小段文章後，同學進行小組討論和個人心得寫作。一般而言，同學都能從自身的經驗舉出實際的例子做討論，經過討論、分享意見後，同學對母語流失的原因以及解決的方法有更深的瞭解。以下是一位同學所寫的評論：

我 e（的）臺語雖然無蓋好（不太好），抑 m-koh（不過）聽有（聽得懂）。嘛會曉（也會）講一寡（一些），因為 ti 厝（在家）裡攏是（都是）kah（和）父母講國語，只有及阿公阿媽才講臺語，ti（在）學校亦是使用國語。所以，講臺語的機會蓋少（很少），嘛無輾轉（不流利）。其實兩代之間 be 凍（無法）溝通的例眞濟（很多），特別是 ti 大都市。逐家（大家）攏用國語，老師 ti 學校嘛教國語，當然孫仔聽無（聽不懂）阿公講話。Chit-ma（現在）愈來愈濟（多）人重視本土 e 母語 kap（和）文化，若是 ui（從）家庭來實行，相信效果 koh 卡（更加）好，後一代會 koh 卡親近咱（咱們）本土 e 物件。（學生 B 的讀寫回應）

　　上述的評論從自身的經驗出發，審視這個常見的祖孫母語代溝的現象，還提出一個由下而上的語言權利實施方式，透過鼓勵家庭說母語來保存母語，由家長賦予小孩說母語的權利。

　　國際的許多語言法規都明文禁止語言歧視。教師可以讓學生探討相關的國際宣言、公約、各國法令對語言權利提供的保障，尤其是關於禁止語言歧視的規定等，這些語言權利法規對臺灣語言人權法規的制定有何啟示？我們如何透過相關語言權利法規評估臺灣弱勢族群的語言人權？

（四）語言分班制

　　語言分班制是我們理解語言歧視的重要概念。Skutnabb-Kangas（2000）提出語言分班制的觀念，她 Skutnabb-Kangas（2000）認為語言霸權在教育上常透過區分前段班（A-team）後段班（B-team）達成控制。語言分班制刻劃出權力關係的不平等和語言的宰制關係。污名化和美化是分班的手段。母語透過污名化的過程，被看作是阻礙、缺陷，而不是資源，變成沒有價值、讓人看不起的後段班語言；國語則被美化、獎賞，成為唯一有價值的語言資源，是地位、權勢的象徵，是前段班的語言。Skutnabb-Kangas（2000）提出，至少有三種方法可以進行語言控制，達成語言霸權：處罰、羞辱；獎賞的交易以及意識型態的說服。處罰和羞辱是最常用的手段，林宗源、陳雷、曾貴海的詩都提到這類的語言壓迫。我們還沒有提到的語言控制方式是獎賞或美化的手段。在這方面，段震宇（1992）的語言經驗即為一例（引自黃宣範，1993：48）：

　　　血統上，我是標準 e「外省囝仔」（外省小孩），阮（我）老爸是
　　　河南人，老母是上海人，我自細漢（從小）ti 厝裡（在家裏）所使
　　　用 e 語言就是「國語」。但是因為我是 ti 屏東大漢 e（長大的），
　　　我會記得我 ti 五歲入學之前 e 時，我就學會曉（學會）臺語。彼陣（那

時）雖然大部分 e 同學無啥會曉講國語，但是老師規定 ti 學校干單
會使（只能）講國語，「不可以講方言」。Chitma（現在）回想起
來，我彼當陣有淡薄（一些）e 優越感，上國語課，學ㄅㄆㄇㄈ e
時，我感覺我比其他 e 同學卡緊（較快），演講比賽 e 時，我往往
是班上 e 代表，無形中，我煞（竟）感覺我比別人卡 gau（更好）。
Chitma 想起來，我這份優越感，實在是建立 ti 我 hia e（那些）國語
講 be 好勢（不好）e 同學 e 自卑頂高（上），對我家己（自己）、
對我 e 同學，攏 m 是健康 e 現象。若 ka（把它）想卡斟酌（chim-
chiok）（仔細的想想）咧，臺灣 e「國語政策」實在是一個語言族
群 e 歧視政策。

這段文章同時顯現學校教育美化國語、醜化母語的現象，難能可貴的是作者能
雖然可以說是華語政策的「既得利益者」，卻能批判語言獎賞背後不公義的地
方。這個例子也顯示將本土語言視為問題，進而排除本土語言，極可能產生語
言歧視。從以下學生寫的語言自傳片段也可以看出在學習國語、忘記母語的過
程中，語言分班的意識型態扮演什麼樣的角色：

會記 e（記得）細漢（小時候）佇（在）國小讀書 e（的）時陣（時
候），老師攏（都）m（不）准阮（我們）講臺語，講一句就罰 10 元，
使 hit 時陣（那時候）e 我感覺講臺語是 m 好 e，是低下 e 語言，所
以老師才會 m 准阮講，beh（要）罰錢。受這款（這種）想法 e 影響，
我 m 敢佇學校講臺語。認真學講國語，甚至擱（又）代表學校出去
參加講故事比賽，演講比賽，加上我國中、高中 e 同學攏無人（沒
有人）講臺語，轉去厝內（回家裡）參（和）兄弟姐妹嘛（也）是

講國語，所以我 e 臺語真 be 輪轉（不流利）⋯⋯。（學生 C 的語
言自傳）

辨認、反省「輕蔑本土語言的意識型態」是語言人權教育的重點。對於臺
灣普遍存在的語言分班現象需要加以批判的檢視，要不然，我們的教育將不斷
複製既存的社會語言不平等，學校繼續成為母語的屠宰場。教師可以介紹分班
制的觀念，和學生一起討論和臺灣的語言分班制的相關問題，如：語言分班是
怎麼建立起來的？誰從語言分班中得到利益、誰又遭受不利？語言分班符合語
言平等的觀念嗎？對語言人權有什麼影響？如何解構標準國語的神話？又如何
扭轉語言刻板印象？這些相關的語言分班制問題可以提供我們批判地反省臺灣
語言政策、臺灣語言教育的機會。

語言歧視通常有兩個後果：最常見的就是為了避免因母語遭受不利，放棄
母語；另外，就是透過批判反省、覺醒之後進行反抗。質疑語言霸權、批判
反省、進行反抗都是臺灣文學經常出現的主題（張學謙等 2006），例如陳黎
（2001b）《不捲舌運動》就批判國語標準是「裝腔作勢」、是「繁文縟節」，
質疑華語霸權，主張回歸本土，回歸自然。關於爭取語言權利、提倡社會行動
的文學作品，可以呂興昌（2003）〈請你做伙來救助〉這首詩為例。這首詩從
語言生態的觀點，指出語言和物種同樣都面臨滅絕的危機，呼籲社會大眾投入
挽救物種和語言流失的行列：

人講珍貴 e5 動物 ai3 保護／稀罕 e5 植物 ai3 照顧／不管是來做人客
e5 la7-poe ti7 七股／或是水筆仔落地生根四草湖／鳥仔 ai3 保護樹仔
ai3 照顧／（略）樹仔 ai3 照顧／鳥仔 ai3 保護／強 beh 絕種 e5 母語
／請你做伙來救助。（大家說珍貴的動物要保護／稀罕的植物要照

顧／不管是來到七股來當客人的黑面琵鷺／或是在四草湖落地生根
的水筆仔／鳥類要保護樹木要照顧／（略）樹木需要照顧／鳥類需
要保護／快要絕種的母語／請你一起來挽救）。

批判教育學不但要我們命名、批判的反省，更要我們採取社會行動。在行
動方面，教師可以和學生一起腦力激盪，討論打擊語言偏見的行動方案或提升
母語的語言形象規劃。我和學生曾辦理多次的社區母語推廣活動，這些活動嘗
試以語言行銷的手法喚醒社會大眾的語言意識、提升母語學習動機、促進語言
使用、改變語言態度。我們除了製作母語復興活動的布條，也製作了宣揚母語
優點的貼紙，由母語義工在大街小巷分發。貼紙由圖畫以及文字構成，文案共
有六種樣式：「傳承族群的智慧」、「講母語，最酷！」、「講母語，阿公阿
媽疼命命！」、「多會一種語言，世界更寬廣」、「會母語，祖孫溝通沒問題」、
「阿孫講母語，阿公阿媽最歡喜」。[8]

（五）名字的故事

名字的爭論是臺灣「語言戰爭」的重要一環。我們不時在爭論名稱的問題：
臺灣話、臺語究竟是何指？客家話是臺灣話嗎？你是華人？臺灣人？中國人？
還是既是臺灣人也是中國人？為什麼幾乎每一個學英語的人都被賦予英語的名
字？原住民要用漢人的名字還是原住民的名字？從山胞、高山族、山地人到原
住民這些名稱的變化有什麼意義呢？相關的名稱爭議可以一直列下去。這些議
題都和學生的生活世界息息相關，很適合作為語言人權教育討論的議題。

---

8 相關的活動規劃及記錄請參考《社區母語資源中心網站》（http://www1.nttu.edu.tw/
　tws/）的〈行動記錄〉。

　　原住民正名運動是臺灣少數取得政府承認的成功案例，很值得作為「命名權」的教材。「請問貴姓」的首頁有一個相當醒目的大標題，「推動原姓名，政府別打混，正視真姓名，原漢都有份」。「原漢都有份」這句話說得好，原住民回復傳統姓名的運動，的確和所有臺灣人都相關，它牽涉到臺灣是不是一個能尊重人民語言權利、重視多元族群語言文化的國家。

　　和正名運動相關的文學作品相當多，「請問貴姓」的網站就列出許多相關的作品，列出的第一首詩是盲詩人莫那能的〈恢復我們的姓名〉，以下僅摘錄這首詩的第一段和最後一段（莫那能，2002）：

　　從「生番」到「山地同胞」／我們的姓名／漸漸地被遺忘在臺灣史的角落／從山地到平地／我們的命運／唉！我們的命運／只有在人類學的調查報告裡／受到鄭重的對待與關懷……如果有一天／我們拒絕在歷史裡流浪／請先記下我們的神話與傳統／如果有一天／我們要停止在自己的土地上流浪／請先恢復我們的姓名與尊嚴。

　　莫那能這首詩清楚的表現出姓名和尊嚴的關係，失去傳統姓名就如同失去根一樣，無家可歸「在自己的土地上流浪」。以下學生的讀寫反應可瞭解閱讀原住民族正名的詩歌，能讓學生進一步體會語言不只是溝通工具，同時與身分和文化認同密切相關：

　　過去，「原住民」，對我而言只是歷史課本上偶爾會提到的名詞罷了！與生活息息相關的也許是畢業旅行曾去過「九族文化村」幾回，直到那一天……。我踏上了「臺東」這片土，接觸到所謂的「原住民」。他們使用漢名，若不去深入瞭解，也許你不會知道他是原住

民，那麼，他們還剩下些什麼呢？身分認同？族群文化認同？這些都一點一滴地被扼殺、被遺忘。（學生 D 的讀寫回應）

原住民恢復傳統姓名運動還牽涉到文字的問題。書寫傳統姓名的時候，到底要用羅馬字或是漢字譯音？「請問貴姓」的網站刊出 Kaing Lipay 寫的「墓碑上的名字」，這首新詩一開頭就問：「你的墓碑上要刻著漢姓漢名／還是以漢字譯音或羅馬拼音的方式刻下傳統姓名？」接著提到族名為曾「Aloken」的祖父，「卻葬在陌生的『張明坤』墓下」，詩中詳細的介紹阿美族傳統命名的習慣和文化意義，最後作者要求（Kaing Lipay 2002）：

我的墓碑上／請為我刻下羅馬拼音的傳統名字／用漢字加註譯音／我要我的子孫循著家族的傳統命名方式／讓這些祖先的名字流傳下去／我的墓碑下／將躺著以阿美族為傲／承襲家族傳統姓名為榮的人⋯⋯

這首新詩將語言和文化完美的結合在一起，作者希望藉著阿美族「聯名」的傳統，延續、傳承阿美族族群生命和族群語言文化傳統。這首詩提出以羅馬字和漢字譯音並列的方式書寫傳統姓名。以下是一位學生對這首詩的回應：

就像我們漢人重視名字的習俗，原住民也是同樣地注重這件事。可是我們卻自以為是地以掌權者自居，擅自破壞他們的傳統，給他們取了跟他們本身毫無關係的名字⋯⋯我們卻忽略了很多事。我們忘了他們文化的獨特性，忘了我們應該尊重他們的文化，忘了我們應該站在他們的立場替他們想，而不是獨斷地以我們的認知來評斷他

們，認為他們的原住民名字是不被需要的……後來，經過他們自身
努力的「原住民正名運動」，終於讓他們能夠光明正大地將他們真
正的名字告訴別人。（學生 E 的讀寫回應）

　　從學生的讀後心得可知，學生能批判的反省關於命名的語言人權議題，不
但能反省漢人不尊重原住民族姓名權的不當行為，又能指出名字與文化、名字
與認同的密切關係，同時從原住民族正名的歷程中注意到社會行動對於社會轉
型、社會正義的貢獻。這首詩也很適合帶入母語讀寫的議題，例如：母語需不
需要書寫？母語書寫和語言權利有何關聯？漢字、注音符號、羅馬字等拼音或
文字對於書寫臺灣語言有何優缺點、對於語言人權產生怎樣的影響？這些問題
不但是語言人權議題，也是目前社會上常討論的話題。
　　與姓名相關的議題可以作為學生討論的焦點，教師可以運用議題中心教學
法讓學生分析社會議題。劉美慧（2000：130-131）曾以「是否贊成原住民恢
復傳統姓氏？」為題，讓學生進行結構性爭論。我曾利用施正鋒的「少數族群
語言公平討論區」讓學生討論「是否允許少數族群用自己的語言來命名？證件
是否可以用少數族群語言申請？」的問題。以下是相關意見的摘要（施正鋒、
張學謙，2003：附錄 10）：

每個族群每個人都有使用自己語言的權利，不管是多數或者少數的
族群種族，他們在他們的群居地方上都可以使用自己的族語命名。
不管在是在地名、路標、公家機關……等。除了使用漢語外應加上
羅馬拼音來讓少數族群認識。在身分證或證照上也是可以的，因為
我們要做到保護其他語言的特色。在證照上的語言文字一樣，可以
在上面標示羅馬字，這樣大家就可以多元學習。

　　相關的回應幾乎都認為應當允許少數族群使用自己的語言命名，也認為可以使用少數族群語言作為證件使用的語言。這些回應大多肯定命名權，認為語言不但是溝通的工具，也是族群認同、自我認同的重要象徵。在社會行動方面，學生在自辦的母語推廣活動中，曾設計「說說自己的名字」的過關遊戲，這個遊戲邀請小朋友上臺使用自己的母語進行自我介紹。透過這些親身體驗的活動，相信能有助於提升這些小朋友對族群文化的自信心，勇於說出自己的名字。

（六）語言文化權的反省

　　語言和文化息息相關，有必要聯結文化來探討語言權利。族群文化和族群語言在臺灣的教科書裡頭同樣慘遭消音、隱形。Adrienne Rich（1986：200）曾形容弱勢學生的語言文化在學校隱而不見的痛苦：

> 隱而不見是既危險又令人痛苦的狀態……當那些有權命名和建構社會事實的人不想看到、聽到你，不管是因為你是黑皮膚、年老、殘障、女性，或是說跟他們不同的腔調或方言……（教師）描述這個世界，然而你卻不在其中，你突然會心理不平衡，就好像是你照鏡子，鏡子內卻空無一物。

　　這種語言文化隱而不見的現象就是一個嚴重的語言人權問題，值得在課堂上探討。蔡秀菊（1995）所寫的《給我的排灣學生》很適合作為討論族群文化在學校教育隱而不見的現象，這首詩寫著：

> 面對你／我是如此汗顏／雖說老師是一盞明燈／可是這盞燈實在無法照亮你的未來／你的血液／流著排灣英雄的事蹟／你黝黑的皮膚／沉澱著大武山祖靈的庇蔭……／國文不提排灣神話／歷史找不到

你族人的影子／地理是別人的土地／生物沒有熟悉的名字／美術不
教族人的圖案／音樂不唱自己的歌／公民是撕裂的價值觀。（引自
曾貴海，2006：163-164）

這首詩寫一位漢人老師的反省和歉疚。在缺乏多元文化觀念的教育裡頭，
我們的教室忽略了學生從家庭、社區、族群帶來的語言文化，結果弱勢族群兒
童在所有的課程內容都看不到自己熟悉的身影，就像是Rich（1986）所說的「照
鏡子，鏡子內卻空無一物」一樣。我常將一些相關的文學作品或文章貼在網站，
請同學上網回應。如此，也可以彌補上課時間有限，無法讓每一位同學暢所欲
言的缺點：

這首詩帶給我強烈的震撼，雖然我流的是漢人的血液，有著黃褐色
的皮膚，以臺灣人為傲。但讀完這首詩後我才深深感覺到一個隱形
的袋子牢牢的蓋住了我，原來從國小我們的價值觀就被控制了，藉
由各個科目教導的內容引領我們走向一個歪曲的社會⋯⋯而我們從
未發覺⋯⋯。（學生F的讀寫回應）

文中道盡了詼諧與悲哀⋯⋯「國文不提排灣神話」講的是咬文嚼字
北京官話，北京又是哪一國？「歷史沒有族人的影子」只看到史可
法、班超、岳飛、張飛蚊子到處飛！「地理是別人的土地」，長江、
黃河流阿流什麼時候流到我家門口⋯⋯我的家、我的地什麼時候變
成別人的⋯⋯「音樂不唱自己的歌」，山歌、情歌變成妹妹背著洋
娃娃⋯⋯天啊！我又是誰？漢化將我的根、我的話起了化學變化，
外來文化湮滅了排灣文化⋯⋯。（學生G的讀寫回應）

第二位同學的評論十分尖銳，提出許多的質問和反省，她的評論最後還提出多元文化和諧共存的理想：

> 任何種族皆有其豐富的文化，誰也都不能去欺壓別人文化，唯有相互尊重和平共生，大千世界才能像萬花筒，花花世界美不勝收，相互欣賞、相互扶持才能共譜美麗的和弦，相信誰也不願樂見她族群的沒落與消失。（學生 G 的讀寫回應）

「少數族群語言公平討論區」有一個議題是和族群文化相關：「學校的課本是否涵蓋少數族群觀點？是限於少數族群、還是所有人？是放在一般課本、還是擺在特別教材裡？」我借用這個題目讓學生在網站上發表意見。[9] 同學一致的認為學校的教材缺乏少數族群的觀點，認為過去以漢人為中心的教材設計不符合臺灣族群多元的狀況，也不符合族群平等的原則。大多數同學也都主張將少數族群文化納入教材中，作為少數族群自我認識和其他族群彼此相互瞭解的媒介。以下是同學支持課本應當呈現多元族群文化的意見節錄：

> 以往的課本都是由國立編譯館所印製，因此所描寫族群文化的角度大都以中國文化為主軸。可是現今的課本已經開放百家爭鳴，各種類型都有，而今又重視本土化教學，因此對於臺灣這塊土生土長的地方文化和這裡的族群歷史是可以更加著墨的……不僅提供有興趣的學生更加深入的研究之外，還讓少數族群的人有專門的課文來保存其文化，避免文化流失。首先可以放在特別教材裡詳細的加以描

---

9 這些回應後來收錄在施正鋒、張學謙（2003：附錄 10）。

　　述其文化涵義加深大眾對少數民族的印象，之後漸漸地就可以放在
一般課本裡成為大眾所知曉的文化了。（學生 H 的讀寫回應）

　　由學生的討論可知，透過批判教育的命名、批判的反省和社會行動。教師
和學生可以從文學作品的討論連結到臺灣社會的課程議題，除了能指出不合理
的現象並提出反省外，還能提出改進的辦法。這樣的做法符合批判教育學所強
調的探究公平與正義，也符合語言人權教育的宗旨：對語言歧視、語言不公提
出反擊並建立語言權利。

（七）反抗語言霸權、爭取多元並存

　　對語言霸權的反抗需要勇氣和耐心。Rich（1986：199-200）除了指出「隱
而不見」的痛苦之外，也強調發聲爭取被承認的重要，她說：

　　需要一些力氣，不僅是個人的力量，而是集體的瞭解，來抵抗這個
　　你被推入的空無，非存在。勇敢的站起來，要求被正視和被聽見。

　　臺灣文學有許多反抗語言霸權的作品，之前我們介紹的以詩為主，事實
上，短篇小說也有許多相關的作品，同樣適合作為語言人權教學的文學作品。
許俊雅策劃的臺灣小說系列讀本，除了附有精美的插圖，還對文本做了一些社
會、歷史的補充說明。其中有兩本很適合作為語言人權教育的讀本：呂赫若
（2006）的《月光光：光復以前》以及吳濁流（2006）的《先生媽》。《月光
光》描寫主角為了躲避美軍轟炸逃到鄉村，房東雖然是臺灣人，卻只肯將房子
租給只講日語的臺灣人，莊姓主角不得已只好在家中進行母語戒嚴，不小心說
了臺灣話，還會遭到房東的責備。後來主角覺悟了，就唱出月光光這首兒歌，
反抗殖民者的語言政策。吳濁流的《先生媽》描寫先生媽與兒子錢新發面對日

本政府皇民化運動的不同反應。先生媽不願更變臺灣式的語言文化社會習慣，她的兒子卻積極配合皇民化政策，完全的日本化。

　　張學謙等（2004）已經把這兩本短篇小說的教學程序列出，在此，以《先生媽》為例，補充改寫故事的教學活動。這個改寫活動的用意是讓學生想像其他的可能性，達到賦權予能的功能。我請同學改寫故事並說明改寫的用意，同時在課堂演出。大多數的同學都對原本的結局不滿意，他們希望結局是愉快的喜劇而非悲劇。其中有一組的改寫說明如下：「經過整組的討論後，組員們皆期許以文化平衡的方式作為結局，在結局中新發也深深體悟到文化之間是需要彼此相互包容與接納，唯有如此，大家才能和平和氣地生活在一起！」這樣的想像的確能破除獨尊官方語言帶來的母語國語不能兼顧的錯誤兩難困境（false dilemma），絕對的同化或絕對的孤立之外，還有同時兼顧主流社會和自我族群語言文化的選項。同學改編的劇本主要強調錢新發一家人僅說日語、不說母語，所帶來的諸多不便，最後錢新發反省後向先生媽認錯說：

> 阿母！我實在不該這麼的崇尚外國的東西，都不顧及你們的感受！
> （緊抱著母親、放聲大哭）；先生媽：傻孩子別哭了，走去開飯了，
> 大家都餓了吧！？ 對了！今天有你最愛的油條喔！（摸了摸新發的
> 頭）。（學生 I 的改寫回應）

　　類似的多元並存的想法在學生的閱讀心得中也可以看到，例如說有一位同學就寫說：

> 雖然我們這一代沒有什麼皇民化政策、請說國語的政策，但政府的
> 教育政策無形中又是個語言控制，中英雙語取向為目標……這是個

社會既定的趨勢,但我們逐漸在學習先生媽的精神,懂的學習而不忘本,慢慢瞭解擁有自我文化的重要性,我認爲我們應該綜合錢新發與先生媽的觀念,學習他人的優點,保持自己的文化,而不是一昧的崇洋或是躲在自己的世界。(學生 J 的讀寫回應)

　　許多同學在表示多元文化並存、互相欣賞學習之後,還常常強調族群文化的重要性,強調「食果子愛拜樹頭」、「若是沒有了自己的語言和文化,一定就像失去了家,無所歸依」,或是強調族群認同感,認為「沒有族群認同感的人就像隨波逐流的浮木一樣,他永遠沒有自信大聲說出我是誰,始終依附在別人之下,這樣不是很可悲嗎?」從同學的討論可知語言人權教育不但能促進學生的批判意識和行動,也能進一步的瞭解語言和文化、語言和族群密不可分的關係,更重要的是學生能從多元文化主義的立場出發,並不會因為爭取自己族群的語言權利而忽略其他族群的語言權利。

四、結論與建議

　　語言人權教育的目的在於提升語言權利意識,捍衛語言使用的權利,以促進語言公平和語言保存。本文藉由臺灣文學作品引領學生探討語言人權議題,我們使用批判教育學的「命名、批判地反省、社會行動」的教學方法,藉以提升師生的語言人權意識並激發社會參與的語言人權實踐行動。語言人權教育能有效的提升語言權利意識促進語言解放,對於語言復振有極大的貢獻。語言人權教育不但是強勢族群由語言歧視轉向社會正義的重要環節,更是弱勢族群反抗語言霸權、追求語言公平的理論和實踐基礎。因此,語言人權需要成為弱勢語言教育的重要組成部分。語言教育不應當畫地自限僅停留在語言技能的傳授,應當勇敢的跨越界限,批判的探究語言背後的政治、社會、文化意涵,達

成「意識啟發」的工作，除去危及語言多樣性發展的單語同化意識以及語言歧視主義。結合弱勢語文教育與社會正義，不但能讓師生得以批判的探究語言意識型態，並能激發師生積極的投入促進語言保存的社會行動。

　　將語言人權融入課程教學可以讓我們重新將母語定義視為權利和資源。語言權利和語言保存有極為密切的關係，推展語言人權教育應有助於語言的保存與發展。語言人權對強勢和弱勢族群都有教育意義。強勢族群對語言歧視的現象常常視而不見，對語言意識型態更是缺乏反省和批判。弱勢族群也常內化統治者的價值觀，忽略了語言社會的不平等現象及其根由。語言人權因此成為強勢語言由語言歧視轉向社會正義的重要環節。對弱勢族群而言，語言人權更是弱勢族群教育反抗語言霸權追求語言公平、語言復振的重要原則和實踐基礎。

　　我們建議將語言人權教育融入課程教學，以啟發學生語言權利意識，促進語言保存，特別是教師培育的課程。本文所提出的運用臺灣文學作品作為審視語言人權問題的讀寫材料，並以批判教育學的方法，進行命名、批判的反省和社會行動的作法，可以作為語言人權課程實施的一個參考。基於批評教育學對批判覺醒以及社會行動的重視，我們特別強調語言人權教學除了要重視提升批判的語言意識，還要提供機會讓學生參與社會實踐，將語言冤屈化為語言人權。本文借用 Wink（1997：118）論述行動在課堂教學的重要作為結論：

　　　這些課堂作為的基本信念就是我們必須行動；我們必須將教學和實
　　　際生活結合；我們必須將教學和我們所在的社區相結合；我們必須
　　　不斷的嘗試學習與教導，如此我們才能成長，才能提升學生的生活、
　　　或是為了自我以及社會的轉型。

參考文獻

一、中文部分

丘才廉，1994，《加拿大語言權之探討》。國立政治大學法律研究所碩士論文。

吳濁流，2006，《先生娘》。臺北：遠流。

呂赫若，2006，《月光光：光復以前》。臺北：遠流。

呂興昌，2003，〈請你做伙來救助〉，《第三屆賴和大專文學營代營主任ê話》。
  2008 年 2 月 1 日。 取 自 http://ws.twl.ncku.edu.tw/bu-gi/chhong-chok/chok-
  chia/li-hengchhiong/chohoe-lai-kiuchou.htm

呂興昌（主編），1999，《臺語文學運動論文集》。臺北：前衛。

李根芳（譯），2007，George Steiner 著，《勘誤表：審視後的生命》。臺北：
  行人。

李惠敏，2002，《從洋鬼子到外勞：國族、性／別與華語文教學》。臺北：巨流。

林央敏（主編），1998，《語言文化與民族國家》。臺北：前衛。

施正鋒（主編），2002，《語言權利法典》。臺北：前衛。

施正鋒、張學謙，2003，《語言政策及制定「語言公平法」之研究》。臺北：
  前衛。

胡民祥，1992，〈動態看待臺灣文學語言〉。頁 19，收錄於《蕃薯詩刊》。臺北：
  臺笠。

紀傳洲，2000，〈風頭水尾〉。頁 299-318，收錄於鄭良偉、曾金金、李櫻、
  盧廣誠（等編），《大學臺語文選（上冊）》。臺北：遠流。

張學謙、蔡丕暹，2004，〈將語言人權融入語文教學〉。載於臺東大學語文教
  育學系舉辦之「語言人權語語言復振學術研討會」論文集，頁 191-209，
  臺東。

張學謙，2005，〈從「中國化」到「多元化」的臺灣語文政策：語言生態的觀
  點〉。載於臺北市立教育大學舉辦之「中華文化與臺灣本土化研討會」論
  文集，頁 191-209，臺北。

張學謙、紀淑萍、顏淑君、戴煜德，2006，10 月，〈臺語詩歌ê語言關懷 kah
  教學運用〉。載於國立成功大學舉辦之「2006 臺灣語文文學學術研討會論
  文集：詩歌 kap 土地ê對話」，頁 1-16，臺南。

張學謙、董恕明，2007，12 月，〈看見臺東的語言多樣性：雙語文本的收集、創作與編輯〉。載於國立臺東大學華語文學系舉辦之「『知本求新』：2007 國立臺東大學華語文多元發展與應用」學術研討會論文集，頁 1-20，臺東。

莫那能，2002，《恢復我們的姓名》。2008 年 5 月 18 日。取自 http://www.realpangcah.net/2002/articles/00.htm

陳　雷，2001，〈母語 ê 愛情〉。頁 3-4，收錄於陳雷（編），《陳雷臺語文學選》。臺南：臺南縣文化局。

陳　黎，2001a，〈島嶼之歌：給臺灣的孩子〉。頁 249-253，收錄於陳黎（著），《陳黎詩選》。臺北：九歌。

_____，2001b，不捲舌運動。頁 211-213，收錄於陳黎（著），《陳黎詩選》。臺北：九歌。

曾貴海，2006，《戰後臺灣反殖民與後殖民詩學》。臺北：前衛。

黃伯叡譯，2005，Joan Wink 著，《批判教育學：來自真實世界的紀錄》。臺北：巨流。

黃宣範，1993，《語言、社會與族群意識：臺灣語言社會學的研究》。臺北：文鶴出版社。

馮朝霖，2002，〈序言：「希望的種籽」撒往何處？〉。頁 i-viii，收錄於蔣興儀、簡瑞容（譯）。Betty A. Reardon 著，《人權教育：權利與責任的學習》。臺北：高等教育。

楊振裕，2004，《臺灣母語攏是寶》。2008 年 2 月 1 日。取自 http://iug.csie.dahan.edu.tw/TG/MTFamily/Lun-sut/bunhak/3.htm

劉美慧，2000，〈建構文化回應教學模式：一個多族群班級的教學實驗〉。《花蓮師院學報》11：115-142。

蔣興儀、簡瑞容（譯），2002，Betty A. Reardon 著，《人權教育：權利與責任的學習》。臺北：高等教育。

鄧紅風（譯），2004，Will Kymlica 著，《少數群體的權利：民族主義、多元文化主義與公民權》。臺北：左岸文化。

Kaing Lipay，2002，《墓碑上的名字》。2008 年 5 月 18 日。取自 http://www.realpangcah.net/2002/articles /005.htm

二、英文部分

Ada, A. F., 1988, "Creative reading: A relevant methodology for language minority children". In L. M. Malave (Ed.), *NABE '87. theory, research and application: Selected papers.* Buffalo: State University of New York.

Agar, M., 1994, *Language shock: Understanding the culture of conversation.* New York: William Morrow and Company, Inc.

Baker, C., 1997, *Foundations of bilingual education* (2nd ed.). Clevedon, England: Multilingual Matters Ltd.

Cazden, C. & Dickenson, D. K., 1981, "Language in education: Standardization versus cultural pluralism". In C. A. Ferguson & S. Brice-Heath (Eds.), *Language in the USA* (pp. 457-458). Cambridge: Cambridge University Press.

Dorian, N., 1998, "Western language ideologies and small-language prospects". In Lenore A. Grenoble & Lindsay J. Whaley (Eds.), *Endangered languages: Current issues and future prospects* (pp. 3-21). Cambridge: Cambridge University Press.

Freire, P., 1970, *Pedagogy of the oppressed.* New York: Herder and Herder.

hooks, b., 1989, *Talking back.* Boston: South End Press.

_____, 1995, "This is the oppressor's language/yet I need it to talk to you: Language, a place of struggle". In A. Dingwaney & C. Maier (Eds.) *Between languages and cultures: Translation and cross-cultural texts* (pp. 295-301). Pittsburgh, London: University of Pittsburg Press.

Huss, L., 1999, *Reversing language shift in the Far North: Linguistic revitalization in Scandinavia and Finland.* Acta Universitatis Upsaliensis. Studia Uralica Upsaliensia 31. Uppsala: Uppsala University.

Krauss, M., 1992, "The world's languages in crisis". *Language*, 68(1), 4-10.

Lindgren, A-R., 2000, "Language emancipation: The Finnish case". In R. Phillipson (Ed.). *Rights to language: equity, power, and education* (pp.40-45). Mahwah, New Jersey: Lawrence Erlbaum Associates Inc.

Osborn, T. A., 2006, *Teaching world languages for social justice: A sourcebook of principles and practices.* Mahwah, New Jersey: Lawrence Erlbaum Associates.

Paulston, C. B., 1997, "Language policies and language rights". *Annual Review of Anthropology*. 26, 73-85.

Phillipson, R., 1992, *Linguistic imperialism*. Oxford, UK: Oxford University Press.

Reagan, T. & Osborn, T., 2002, *The foreign language educator in society: Toward a critical pedagogy*. Mahwah, New Jersey: Lawrence Erlbaum Associates.

Rich, A.,1986, "Invisibility in the Academy". In A. Rich (Ed.),, *Blood, bread, and poetry* (pp. 198-201). New York: Norton.

Shor, I., 1992, *Empowering education: Critical teaching for social change*. London, Chicago: The University of Chicago Press.

Skutnabb-Kangas, T., 1988, "Multilingualism and the education of minority children". In T. Skutnabb-Kangas & J. Cummins (Eds.), *Minority education: from shame to struggle* (pp. 9-44). Clevedon, Avon, England : Multilingual Matters.

_____, T., 2000, *Linguistic genocide in education- or worldwide diversity and human rights?* Mahwah, New Jersey, London & UK: Lawrence Erlbaum Associates.

_____, T., Phillipson, R. & Rannut, M. (Eds.), 1995, *Linguistic human rights: overcoming linguistic discrimination*. New York: Mouton de Gruyter.

Wink, J., 1997, *Critical pedagogy: notes from the real world*. New York: Longman.

多元文化社會的族群傳播：

剖析一個新典範 *

蕭新煌

　　臺灣本來是一個移民的社會，至今共有五大族群在這裡共同生存、生活：原住民、閩南、客家、外省族群外加近十年來為數可觀的外籍配偶和外籍勞工。去年 21 萬新生兒裡面，更有八分之一新生兒是來自於外籍配偶的貢獻。所以臺灣族群組成的變化在未來可能更臻多元、多樣。在這樣多元化的社會裡面，我們必須培養互相尊重、互相容忍和欣賞的精神，避免歧視、避免偏見，這樣每個族群才能在臺灣自由自在、很有尊嚴地生活和發展。

　　傳播媒體界是社會文化的代理人、傳播者，所以對於多元文化觀念的散布尤其重要。我算是跨行來談傳播，但我最近十多年很關注族群課題，所以我想以社會學的專業角度來談族群傳播。

　　對社會學來講，把族群拉回社會學的研究，就像把階級拉回社會學研究一樣，都是跨時代的創舉。因為在 1960 年代，我在大學讀社會學時的政治威權時代，社會學有兩個題目不能談，一個是階級問題，一個是省籍（或稱族群）問題。在威權體制之下，一講到省籍，就強調臺灣沒有「族群問題」、也沒有「省籍問題」，因為我們只有漢民族文化，甚至把原住民都算在內。至於階級，

---

* 本文原刊登於《中華傳播學刊》，2005，第 7 期，頁 3-8。因收錄於本專書，略做增刪，謹此說明。作者蕭新煌現任中央研究院社會學研究所特聘研究員。

更怕談，因為馬上想到馬克斯的階級衝突。因此，這兩個題日在當年的社會學領域裡就消失了。

到了 1980 年代，我們才將 "Class" 和 "Ethnicity" 這兩者帶回社會學。而這兩個題目剛好是從 1980 年代以來，我觀察和探討臺灣社會變遷，最重視的兩個題目，所以我也算是族群問題的目睹者、觀察者，甚至是族群運動的參與者。

多元文化是 2000 年初期開始流行的新概念，或稱新論述。現在大家好像都把它視為理所當然，不過回想一下 30 年前，大約 80 年代中期的時候，那時還沒有「多元文化」的概念，只有「多元社會」。當時提出來的時候，有很多討論，有正面的、也有負面的。負面的看法是認為「多元」一定就是價值混亂，會對主流價值規範造成衝擊扭曲。「多元社會」其實是指涉政府和人民之間，有著許多「中介組織」作為橋梁，作為不同人民利益之代言人或為他們爭取權益的機制，亦即是一種民主的制度安排。至於「多元文化」則多半指涉由多族群、多宗教構成的複雜文化。而現在，大家可能將多元文化這個概念庸俗化、流行化，視為理所當然。

在 1980 年代以前，族群現象在臺灣雖然早就存在，但人們並未正視它。當時「族群」這個字還沒有被翻譯出來。在 1982，年我討論到美國的種族現象時，我曾提出一新概念："new ethnicity"，來處理它，指的是美國公民來自於不同移民國度，如英國、愛爾蘭、德國、義大利等等，國家認同不是問題，但其移民背景之 "ethnicity" 仍存在，而且在 1970 年代以降，有「再興」、「復振」之現象。「美國大鎔爐」是一個失敗的概念，事實上，族群不可能「鎔掉」的，這是一個虛假的概念。後來就用「沙拉吧」（salad bar）取代「大鎔爐」（melting pot）的概念；指的是裡面用什麼蔬菜材料都可以，只要加的沙拉醬是「美國醬」就好。因為對美國而言，所有的民族都是 "new arrivals"。那時我

不知道如何翻譯 "ethnicity" ，就稱作「新的種族觀」、「新的民族觀」，它不同於 "race" ， "ethnicity" 的意義較寬廣，不限於血緣。

一直到 1980 年代後期，臺灣學者才慢慢找到一個中文詞彙來稱呼它——「族群」。所以「族群」一詞一開始是沒有的，是後來才出現的。臺灣本來是用「省籍」這個特有的人群分類概念，直到族群一詞出現後才改用它，且由二分法（外／本省）變成四分法（四大族群）。我之所以要說這個的原因，是想說明當時族群問題事實存在，但在政治、學術的語言裡面不被承認，所以那樣的社會當然不是個「多元社會」，也不被正式以「多元文化」視之。真正多元的社會是要對既有的各種「異質」給予承認與定位，包括：族群、階級、性別、區域、宗教、年齡、全球與在地、消費、生活方式，而族群當然是其中一個特別重要的因素。

我認為在那麼多劃分多元社會內涵的因素時，也會想到相關概念如：多樣、異質、差異、分殊、分歧，這些都是我們用來描繪多元社會、多元文化的概念，通常想到多元我們也會想到複雜、混亂。但重點在於，我們想到這個社會是否是多元社會時，除了是客觀的事實存在之外，還要有集體主觀的界定。也就是說我們認為社會是否多元，不只是客觀事實，如：閩南、客家、外省、原住民、還有四加一的外籍配偶和外籍勞工的存在。除了承認它們的存在外，還要去接納它們、尊重它們，能達到這個目標，這個社會才是真正的多元社會和文化。多元文化除了族群宗教之外，像是青少年文化、女性主義文化、性別文化、消費文化等，都是展現的層面，凡此都要接納它們、面對它們，甚至變成一個新的論述，如此才是一個多元社會。

通常，我們講多元文化、多元社會，最主要的還是以「族群」作為最主要的劃分和分類。族群是多元社會構成最主要的。族群意義指的是「共同的來源」，但不一定只是血緣，可以是地緣、語言、文化特色。「省籍」則指的只

是地緣，「族群」比「省籍」的劃分好。

多元社會不管有多少異質，都客觀存在隱含著混亂過程。當弱勢團體爭取從「偏差」進入到主流，就是一個社會運動，是一個新典範的創立。當新典範創立時，舊典範勢力都會去壓抑、抗拒它，然而一旦成功，多元就會成為主流和一種新的論述。

1980 年代以前，族群現象早就客觀存在，但只有省籍「二分法」。二分法中，「非我族類」概念容易造成緊張、衝擊、矛盾。族群在臺灣現在則意含著是「四加一」，顯示的就是多樣（Diversity）。在多元社會文化已成為事實的時候，族群傳播的興起可以說是一個結果。我們可以從結果去研究多元社會文化下的傳播，也可以把促成多元文化社會的傳播當成一種「因」，視之為族群多元新典範創造的工具。傳播學者要研究的是，究竟「族群傳播」是作為目的、結果，還是原因？

不管是因、是果，族群傳播都應被賦予下述幾個目的：

一、傳播宣揚、強化族群文化認同、提升族群榮譽感。臺灣社會在經驗威權傳播體制後，族群傳播很容易會被誤解、被扭曲、工具化，這是我們要去努力的。提升族群榮譽感很重要，尤其對客家、原住民而言，更需要靠族群傳播去提升。

二、傳遞每一個族群文化，把各個多樣文化內涵傳遞給其他族群，減少彼此間的無知和誤解。

三、溝通各族群差異文化內涵、減少差異所造成的誤解、異中求同，建立本身就是多元的主流文化。它不是強調族群的差異性，而是藉由差異建立「主流」，這個主流是可以大家共享的。

四、臺灣新的族群想像跟民主化息息相關，如原住民「還我母姓運動」，客家人的「還我母語運動」。爭取過程中，族群傳播應有叫「倡議」功能，倡

議少數族群應享有的平等和公平待遇。

　　五、在沒有壓迫、沒有扭曲和沒有歧視之下，建立族群多元但國家認同一體的新共識。不只是為特定族群而建構族群傳播，而是為一個新的、大家可共享的族群多元之主流文化而建立族群傳播。

　　在所有多元文化社會下，任何一個族群傳播都該達到這五個目的，但談及此同時必須考慮社會政治環境。臺灣的民主轉型對族群意識產生衝擊，政治權力一旦有重分配現象，不同的族群都會有新的集體權力意識。我長期觀察臺灣四族群，在民主化下也各有其集體心事，這些心事也完全回應政治新的現實。臺灣從威權到民主，從「少數統治」到「多數統治」，不同族群主客觀經歷的政治權力多寡也就因之有差異。閩南族群本是人數最多，在威權下卻變為弱勢，客家則長期變成三明治族群或是隱性族群。因此一旦從少數統治變成多數統治後，對族群會有很大的衝擊。

　　1994 年，《商業週刊》曾做過一份全臺灣最大規模的族群民調，四大族群各取一千樣本。到了 1999 年，中央研究院又有個新的族群調查。從前後這兩個調查可看到四個族群有不同集體意識的出現，且都是回應了政治權力的轉變，這個轉變有：閩南族群自信滿滿，權力感、認同感皆高。外省族群回歸少數本位，卻有明顯的失落和焦慮感，從 1994 年和 1999 年的調查皆發現這點。客家族群心事更有趣，客家族群不在乎有多少政治權力，但他們卻有邊緣感，這是因為客家族群始終不被別的族群所了解，此一痛處不是被歧視，而是不被瞭解，所以「客家運動」就是要他族了解客家的文化和語言。對於原住民，他們的心態存有一種疏離感。他們認為談到民主、統獨，都是漢人在談，也沒有人問臺灣原本的主人的意見。且一談到原住民問題，其他族群都充滿同情，都自以為很瞭解原住民，但原住民認為大家只是自以為瞭解他們，但其實是不瞭解的，疏離感油然產生。但上述這些集體心事，在目前倒沒有造成特別嚴重的

族群緊張，但卻有值得關切的集體族群意識表現。

對於近年來閩南族群被批評有閩南沙文主義之說法，閩南族群也感到很不解。他們認為自己也是熬過來的，且自信不會重蹈覆轍外省特權精英所形塑之威權統治。至於外省族群的焦慮，卻通常以不甘來呈現外省之優勢不再。我要再強調，很多的心事也都是受到政治動員的影響，政治動員形塑族群想像。就這樣，臺灣的四大族群各有心事：閩南不解、客家不平、外省不甘、原住民則不滿。而這些族群心事恐怕就是我們在建構和了解族群傳播的定位、功能時要特別謹慎小心的。

上述的族群傳播，可以多種方式和多種途徑管道去實踐，如：社區報紙、族群專業雜誌、廣播、電視或網路均可；它也可以單一族群專屬傳播頻道出現（如 2004.7.1 成立的客家電視和 2005.7.1 成立的原住民電視）或一般傳播內有不同族群內容的呈現（如原來的國語電視台所設立閩南語節目、客語新聞或是公視所製播之客家節目和原住民節目）。

不管用什麼管道或途徑呈現，族群傳播者都應達到前述的五個功能，既服務特定族群，又溝通不同族群，且建構族群多元的理念，和藉此提升為一國公民權的目標。換言之，族群傳播當可提升族群意識和歸屬感，減少族群間的偏見和歧視，加強族群間的文化溝通，但又不損及國家認同和社會整合和凝聚。

我們對族群傳播的興起固然應採取歡迎和鼓勵的立場，但在呵護之餘，對此一新興傳播建制、專業、內涵和品質則也應加以要求和監督。傳播學者在此就責無旁貸，當可扮演積極的評估和協助角色。傳播學者可以就下述兩個課題進行觀察和追蹤：

一、長期以來族群是如何被已有之主流傳播所塑造，有無扭曲？有了族群傳播之後，又有何變化？尤其是以少數族群為主的專屬傳播又是如何去形塑、強化或改變某特定族群原有意象？正確與否？有無過於執意、僵化或美化、甚

至不實？或是過於再現傳統的族群形象，而卻少了族群本身的現代面貌和內部多樣性。

　　二、族群傳播若被賦予匡正、批評主流傳播的「族群想像」，便有「他律」主流媒體之功；也因此，自難免有矯枉過正之虞。那麼又誰可以對興起的族群傳播媒體及其從業者進行「他律」之作用呢？是特定族群之精英團體？是其所歸屬的傳播消費者團體？是其他族群的利益團體？或是政府公權力？我們又可否期待它也要有「自律」之要求？那麼，又如何才能做到？

　　以上就是我對「多元文化族群傳播」此一新典範的一些看法和期待。

多元文化主義與我國廣播政策：
以臺灣原住民與客家族群為例 *

張錦華

一、「多元」與「多元文化」觀點

　　「多元」一詞可追溯到希臘文 "pletho" 一字，意指相對於一元的雜多狀態。其實人類自有歷史以來便早已意識到不同的人群具有不同的宗教信仰、習俗、人種等差異，古典政治哲學的主要議題之一，正是探究如何在此雜多狀態之下創造一個共同體（蕭高彥，1996，p.1）。而當代民主政治的實踐，尤其是美國的民主政治，乃是建立在不同社會團體的相互競爭與妥協基礎上，與威權政治相較，民主政治顯然就是「多元政治」（徐木炎，1996，pp.1-2）。

　　不過，當代民主政治所依據的自由主義傳統對多元理論的詮釋，則已面臨挑戰。加拿大著名的政治思想史家 James Tully 認為，近代殖民運動造成對於弱勢族群的壓迫與排斥，促使「多元文化主義」相應而生，弱勢文化族群要求文化與政治的承認，是過去 20 年來有關文化霸權爭論的焦點之一，並且直接挑戰當代多元民主政治制度的合理性（Tully，1995，pp.4-17）。

---

* 本文原刊登於《廣播與電視》，1997，1 卷 3 期，頁 1-23。因收錄於本專書，略做校修。但為維持當時的政策脈絡和本文論述的一致性，因此，未做大幅修改。讀者可對照今昔之別，見證臺灣在客家傳播權益維護上的發展和深化，以及仍有待改進的不足之處。特此說明。作者張錦華現任國立臺灣大學新聞研究所教授。

　　從蘇聯的解體、南斯拉夫的內戰、捷克與斯洛伐克的分裂、加拿大魁北克、義大利北部各省的分離運動、北愛爾蘭因種族、宗教等問題而引發的紛爭、甚至臺灣的臺獨論述、客族與原住民的權益爭取等均是族群衝突的實例。此外，有關於文化弱勢社群的爭議也方興未艾，例如同性戀、性別歧視、美國及日本的宗教基進主義暴力等等，均顯示當代世界的文化歧異及爭議已構成世界性的危機。因此，各派的政治哲學理論學者投入了這一場「文化多元主義」的論戰。

　　John Horton（1993，p.2）指出，當代多元文化理論同時指涉兩個層面：一是在經驗層面上描述社會中實存的不同文化與種族群體；更重要的是，多元文化論也是一個規範性概念，認為社會中應維護多元的狀態。其與一般民主制度所實踐的多元觀點差異，在於前者不僅強調多元存在的事實，更嚴厲批判傳統自由主義的多元觀點，也就是現行民主憲政制度中的多元化實踐，認為後者強調「平等」的做法，根本是排斥弱勢者的宰制霸權，以下即進一步說明。[1]

（一）自由主義多元觀點與「平等」概念的缺失

　　傳統自由主義的多元理論（liberal pluralism）是依據個人主義的假設，雖然承認個別差異，但強調只有在「私人」領域中可以保持或容忍個別或社群的差異性；但在「公共」的政治領域中，則應去除各種差異身分，一視同仁的公平對待。因此，「公共領域」中，應使用「共同」的語言、價值標準，但其結果都是排除或貶抑了非主流團體的特質（Young，1990，p.163）。

　　Young 進一步指出，「公共領域」中所強調的平等與共同標準，其實往往是主流族群的經驗與價值。由於其權力競爭的優勢地位，得以鞏固這些較適於主流價值標準的經驗，並進而要求作為各種團體的共同標準（Young，1990，p.164）。「文化帝國主義」的偏見是明顯的例子。主流優勢者挾其優異的傳

---

1 以上討論，參考蕭高彥，1996，頁 1-2。

播科技，將其意識形態傳輸至其他國家，於是資本主義消費社會價值觀、帝國主義國家的高人一等形象、資本主義所建構的西方美女三圍標準等等，竟然都自然而然成為其他國家的共同標準。

強加「平等而共同標準」的結果是，弱勢團體或族群的觀點不但不受重視，而且受到嚴重貶抑。例如推行「國語」，在學校中處罰不會說國語的兒童，獎勵並肯定國語標準的兒童，媒體上禁用方言等等的措施，自然造成「非國語」族群的自我認同受到貶抑（黃宣範，1993；蘇蘅，1993）。因此，「共同」標準必然隱含價值判斷，「不同」者乃受到「貶抑、劣等、異常」等的評價，而優勢主流社群的優勢地位乃得以維護與再製（Young，1990，p.170）。

因此，自由主義的多元觀點被認為是一種「假平等」，是核心優勢階層合法化其利益的假定，並要求其他階層納入其統治秩序。（Stam，1994，pp.300-301）。事實上，對於弱勢者而言，「平等」對待，就是變相的社會歧視。例如，一人一票是法律上規定的平等權利，它固然限制了傳統的貴族階級運用其獨裁權力，但是對於弱勢者而言，倒如臺灣的原住民就難有投票獲勝的機會。由此可見，「社會參與權」要真正達到「平等」的目標，就必須給與弱勢者特殊的安排，才能讓其享有實質的參與機會（Young，1990，p.173）。婦女少數名額的保障政策，保障殘障者的工作權等，或予原住民優惠的媒體接近權等即是顯例。

Iris Marion Young 因此對於自由主義多元論提出嚴厲的批判，他指出自由主義將個人差異推擠到私人領域，表面上加以尊重，其實由於不聞不問的結果，使得差異淪為貶抑。「多元文化主義」（polycentric multiculturalism）則強調族群（或社群）的認同與差異，也應該是公共政治領域中必須面對的課題。自由主義的個人主義無法積極的肯認這顯著差異，因此造成排斥和壓抑。

美國的當代思想哲學新秀也是女性主義哲學研究者 Nancy Fraser 因此提

醒：應隨時懷疑「共同利益」（common good），解構其是否維護某種單一的
優勢階層的利益；而且，更要檢討那些被排除在「公共利益」討論範圍的議題。
因為凡是被劃入「私人」領域，就是要防止公共討論與重視。倒如「打太太」
傳統被視為個人家務事，公權力不宜介入；其結果就是縱容家庭中的男性暴力，
其實是父權社會維護其統治權力的策略（Fraser，1992）。而弱勢族群文化事
實上也被貶抑至私人領域，無法得到公領域的尊重與正視。

（二）多元文化主義

1. 多元文化主義的源起

多元文化主義就在新興社會運動的抗爭中逐漸成熟，其主要論點是認為主
流團體以所謂「普同標準規範」壓抑弱勢團體，如婦女、同性戀團體、少數（或
弱勢）族群等，並抗議社會對他們的貶抑或排斥，要求公共領域中應正視他們
的差異，並給予差異的權益保障。

事實上，由於全球化的傳播科技與經濟發展，國際間知識資訊的網路連
結，第三世界國家以及亞太國家的成長，交互影響衝擊之下，也促使了多元文
化主義的發展，例如：全球企業的發展必須重視在地文化的認同，資訊網路
的普及也增加了文化價值觀的多樣批判與選擇，地方主義與國族主義的興起
等等，均使得多元文化主義成為研究新世界形成的主要趨勢（Chicago Cultural
Studies Group，1994，p.114）。

2. 族群與個人認同

多元文化主義的基本精神就是：強調介於個人與國家之間還有一個極重要
的單位，即各種不同的社群：如種族、民族、性別、年齡、宗教、文化語言等
所構成的不同社區或團體，這些共同的團體認同對個人生命價值與生活意義有
極為重要的影響，因此政治領域中若消除這些差異，即可能對某些族群造成壓
抑、宰制或邊綠化的後果。因此 Young 認為對於差異的重視，並將差異納入

公共領域，才是實踐多元文化主義的做法，這將有下列四項優點：

　（1）多元文化主義肯認差異，在文化理念上可積極促使弱勢社群（族群）
　　　　肯定自己的文化，不致因為自己與主流優勢者「不同」而自我貶抑；

　（2）在政治效應上，即可使主流宰制文化相對化，不再享有理所當然的
　　　　優勢論述，「差異」論述強調任何文化屬性都是特殊的，並無優劣
　　　　之別；

　（3）在族群共處的層面上，減少強／弱勢的對立，藉由差異的認識了解
　　　　而彼此容忍尊重，自主發展並和平共存；

　（4）在政策規範制定層面，肯定族群差異，檢討並批判現行制度中的缺
　　　　失，去除優勢團體宰制的規範與法規，使不同的族群文化得以保留
　　　　與發展（Young，1990，pp.166-71）。

　　著名的加拿大政治哲學家 Charles Tayler 認為，其實文化多元主義最終的
基本關懷與自由多元主義並無不同，兩者同樣是肯定個人尊嚴，承認個人的獨
特認同，不願意任何劣勢社群的生存價值與尊嚴受到剝削。其不同點則在於如
何解釋個人差異，以及什麼是追求平等的策略。自由主義僅注意到個人差異，
但忽略群體認同的重要性；文化多元主義則要求重視群體特質的差異，並要求
檢討政治社會政策中的霸權現象（Tayler，1994，pp.38-39）。

　　不過，我們必須正視這兩種理論派別的不同，因為自由主義理論根本缺乏
權力衝突論的觀點，完全忽略社會弱勢團體與主流優勢團體的差異與權力的壓
迫，而這一點則正是多元文化理論亟欲解構，並從政策檢討、意識形態批判等
層面來加以反抗的主要議題。植基於權力批判的角度，我們才能真正了解自
由主義多元論的缺失，也才能進一步解析為什麼研究公共領域應挑戰「主流權
威」的運作，如何進行文化與意識形態的抗爭，以及如何以多元文化主義精神
肯認弱勢社群的文化與觀點。

多元文化主義因此強調肯認並容忍「差異」的重要性，一方面從文化層面解構「平等而共同」的價值標準與權力結構；同時從政治層面解構公／私領域劃分的權力結構，從而要求給與弱勢社群合理的參與機會，包括優惠的政治參與以及媒體參與機會，以維護弱勢族群的文化與政治權益。

3. 雙重的權利體系

肯定差異與政策上的差異對待是否也有流弊呢？是否會造成族群之間的不平等呢？自由多元主義的政治觀，就是強調平等權利，以破除封建時期的特權不平等；但差異觀點卻要求區別不同，並且應差異對待。例如要求公私企業機構依照比例進用殘障人士、或給予原住民優惠的媒體接近權利等。這是否再度造成不平等，違反社會正義呢？

為了解決這個矛盾，Kenneth Karst 認為民主文化多元主義需要建立雙重的權利體系，一是基本的平等權利體系，另一是針對少數族群的特殊權利體系。他指出：少數族群可以平等身分參與大社會的制度，如選舉等，但在此同時，若牽涉到與少數族群權益攸關的事項，應有針對少數族群的特殊制度設計，俾使他們可以有較佳的競爭機會（Young，1990，p.175）。例如，保障少數族群的競選機會、聘僱機會、參政機會及參與媒體經營的機會等等。

4. 社會分配平等與社會參與平等

如何決定少數族群需要何種特殊政策保障呢？ Young 就提出區別「社會分配平等」與「社會參與平等」的概念。一人一票是法律形式上的社會分配平等，但對於弱勢族群而言，則幾乎難以得到投票獲勝的機會。因此，從參與權平等的觀點來看，則應透過社會政策的特殊安排，讓所有人都有實質的機會發展和運用其能力，實現其選擇的機會。

Young 認為社會正義的目標是社會參與的平等，而非社會資源分配的平等對待。從社會參與的角度來定義平等權，即可注意到弱勢族群受到壓制的特殊

不利的處境，因此差異政策可以特惠的方式抵銷這些不利，因而產生真正的社會平等（Young，1990，p.173）。

　　5. 族群差異觀點的政策設計

Young 針對如何設計族群政策提出以下四個原則：

（1）族群成員得成立自我組織，以擴增其集體力量。

（2）制度決策者應提出族群分析及族群政策，以顯示他們具有族群意識，重視族群問題。

（3）對直接影響族群之決策，族群應具有否決權，而非聽任平等投票制。

（4）應採用「族群代表權」制，在設定公共議題時，能夠保證族群的聲音被聽取及受到重視：因此而提升社會正義實質的內涵。因為透過族群代表聲音受到重視可以擴大社會的相關討論，增進實踐智慧。不過，須注意的是，族群代表權制，並非指一般社會或利益團體，而應僅適用於被壓抑或弱勢族群（Young，1990，p.184-6）。

二、多元化與多元文化的媒體政策

　　當代討論媒介與民主政治最重要的理念之一是「多元化」理論。鄭瑞城在《解構廣電媒體》一書中，提供了相當充分的討論，他綜合各學者的意見，指出媒介「多元化」的理念具體落實了媒體服務民主社會的目標，而且，無論是市場經濟論或者社會價值論的學者均同意媒體政策的目標是「多元化」，在討論媒體政黨的著作中，「多元化」已經超越其他如「自由」、「公正」、「平等」等概念，因為媒介一旦多元化，其他問題或多或少均可得以淡化或解決（鄭瑞城，1993，頁 15-18）。

　　英國重要的媒介研究學者 McQuail 在《Media Performances》一書中，將媒體層面的多元化，分為媒介所有權層面（如公營、民營等）、媒介企業型態

（如早、晚報，印刷、電子媒體等）以及媒介內容。在媒介內容上，就媒介反映社會的層面來分，多元化則應從政治、地區及社會／文化等三個面向來分析：政治面是指不同政黨團體理念是否有均等充分機會反映；地區面是指媒介分布是否足夠普及；社會／文化面則是指社會中不同社群、階層或族群（尤其是少數族群）是否有擁有頻道、所有權、接近使用權等（McQuail，1992，150-6，引述自鄭瑞城，1993，頁16-7）。

　　不過，這樣的分類方法，固然從媒體的各層面做清晰的分類及多元化的層次；但若從族群的角度來看，則似乎將族群或弱勢團體的傳播權益僅局限於「內容」層次，較無法全面的解決少數族群所面臨的惡性循環：缺少經濟政治力→無媒體所有權→無聘僱權→無再現權，因此，媒體內容僅是「果」，在少數族群尚未能提升經濟政治權力之前，如果不積極的改變媒體所有權和聘僱權，媒介內容充滿對少數族群不利的形象其實是難以避免的。

　　因此，「多元文化主義」所關注的層面，就是以少數及弱勢族群的權益來考量，如何從較根本的做法來維護少數族群語言及文化的權益，也就是所有權、聘僱權和再現內容來檢討多元化的實踐，才較符合少數族群的權益，才不致因其政經勢力微弱，而被主流主群貶抑淹沒。

　　本文要特別指出的是，從以上的討論可以發現，多元化指的不是「自由競爭」，Owen甚至認為商業競爭其實很可能削減多元化。（Owen，1978，quoted from Glasser，1984，p.140）。因為商業競爭通常並不是在格式結構上競爭，而是在同一大眾格式下，提供細節的選擇。往往某一電視節目類型成功打進市場後，後續的節目就仿製同一種格式。目前臺灣三家商業電視台的節目格式幾乎是完全相同的就是明顯的例子。主流報紙的格式、登上排行榜的流行歌曲或暢銷的大眾電影，都有同質性甚高的格式。

　　事實上，Glasser研究美國的商業廣播電台類型，即發現電台之間的重覆

率高達 40% 以上，因為以廣告考量為最終目標的商業電台，其最高目標都是吸引最大多數類同的閱聽人，並不會考慮少數不同的多元需求，因此，弱勢社群的聲音恐怕根本難以受到重視（Glasser，1984）。

　　從以上的討論中，我們應可理解，對少數族群的權益而言，「多元化」的理念並不足以發揮保障弱勢權益的功能，而必須更進一步的發展「多元文化」的觀點，才能從媒介的頻道、所有權、聘僱權，以及內容表現等各層面落實對於弱勢族群的保障。以下我們即從多元文化主義的觀點檢討我國的廣播政策，以及其所面臨的問題。

三、我國廣播政策回顧與檢討：以原住民和客家族群為例

　　從多元文化主義的觀點來檢討我國的廣電政策，可以從語言政策看出其歷史發展。

（一）放任期：光復初年——1950 年代

　　臺灣光復初期，當時臺灣行政長官公署——陳儀，就以壓制性的政治力量禁止日語和閩南語，塑造國語（北京話）的官方優勢地位，排斥並歧視本土語言。不過在媒體方面，光復初期則尚未以明確政策加以打壓。

　　所以在 1950 年代，是屬於國臺語並重時期——政府遷臺，國語並不普及，廣播媒體未受到任何明顯的語言類別限制，政府政令宣導採取國臺語並重的方式進行，國民黨所屬的中廣公司也採取國臺語二部播音。（溫世光，1983，頁226-8）。不過由於當時廣播並不普及，似乎並無任何原住民及客家語的電台或節目。

（二）1960&1970 年代：國語優先

　　民國 48 年起，政府即停止申設民營電台，既有之發射機數量，政府（包

括地方政府和軍方）和黨營者占了將近 95% 以上的頻道，在此一時期，政府開始大力推行國語政策。

1963 年行政院制定《廣播及電視無線電台節目輔導準則》，第三條規定：「電台對國內廣播，其播音語言應以國語為主，方言節目時間比率不得超過百分之五十……」。而 1976 年公布的《廣播電視法》第二十條規定：「電台對國內廣播播音語言應以國語為主，方言應逐年減少；其所應占比率，由新聞局視實際需要定之。」而《廣播電視法施行細則》第十九條明文規定：「電台對國內廣播應用國語播音之比率，調幅廣播電台不得少於百分之五十五，調頻廣播電台及電視台不得少於百分之七十。使用方言播音應逐年減少，……電視台國語播音比例不得少於百分之七十。」

由以上規定可以明顯看出，方言節目雖可播出，但政府的期望是最好能逐漸減少所謂方言節目，全國均統一使用一種語言，完全未考慮維護其他不同語言族群文化的需要。事實上，1976 年所制定的《廣播電視法》中是完全沒有「多元文化主義」的概念的。《廣播電視法》的宗旨是輔導廣電事業「闡揚國策，宣導政令，報導新聞，評論時事，推廣社會教育，發揚中華文化，提供高尚娛樂，增進公共福祉」，其中所提到的「文化」，顯然是以漢族中心的文化政策，而不是以弱勢族群（包含原住民）的多元文化政策。

此一時期，法令上以推行國語為主，學校、政府、議會等公開場合均禁止使用其他語言，學校還規定講方言的兒童要罰錢，壓制母語所造成最明顯的結果便是語言及文化的流失。語言學者黃宣範的研究即顯示：原住民語言從他們祖父母輩到他們，三代之間已流失 31%（黃宣範，1991）。而弱勢族群對其文化及語言之流失情形已深感危機重重：

> 客家人是臺灣的少數族群，人口約五百萬，在國民黨長期貶壓母語、

摧毀本土文化的政策下，受到的災難格外慘重。今天的客家子弟，

大半不識自己的語言，對客家文化的特色也一無所知。換句話說，

客語和客家文化，緊隨著原住民的語言和文化，走上了覆沒之途。

（黃娟，1995，頁 49）

占有最大多數頻道的公營頻道，沒有任何族群電台，其他族群語言節目更是僅為點綴而已。本文作者曾統計過民國 81 年所有臺灣廣播電台的節目類別，發現各電台的弱勢族群節目，比例在 2% 以下（張錦華，1995）。

（三）1980 年代：個案獎助

經過 20 餘年的推行，國語政策成效已十分顯著，而少數族群開始發現母語文化逐漸流失，危機感漸強，尤其政治反對勢力興起，社會自覺意識普遍升高；此時，新聞局亦鑑於廣播應服務地方民眾的需求，在政府未開放地方頻道之下，自 73 年起開始獎勵山區電台製作原住民語言節目，第一個節目是復興電台製作的《青山翠嶺》，並在各相關地區電台聯播，獎助金額是 48 萬元。

當時負責「壓制匪播」的復興電台，有許多是設在山區，也就是原住民主要的分布區域，新聞局於是鼓勵其重視原住民的廣播服務，但由於當時法令規定廣播人員資格為大專畢業，原住民廣播人員能符合此一資格者甚少，因此廣播人才缺乏；而復興電台由於體制上屬於軍方，關注層面較不及於原住民文化維護，因此復興電台製作的相關節目仍然有限，不過確實開始提供原住民語言的廣播服務。

十年之後，自 83 年起，新聞局才開始公開徵選原住民母語節目，每年資助十餘個節目，經費約 4、5 百萬元，由內政部原住民行政科與新聞局共同負擔。獎助之宗旨定為「以保存原住民語言文化，維護其權益，並作為與政府溝通之管道者。」

在客語方面，客家人自民國 77 年 10 月 28 日開始推動還我母語運動，廣播電視的客語節目也僅只是象徵性的點綴在媒體的冷門時間。新聞局則自 80 年起辦理「公共服務廣播節目」徵選，國臺客語均可參加。初期時客語節目不多，之後，為加強服務全省客語同胞，新聞局於 84 年度委請 5 家公、民營電台製播 6 個客語節目（計 5 小時 30 分）；85 年度擬委請製作 9 個節目（7 小時 50 分）；廣電基金亦自 84 年 7 月 1 日起成立「客語廣播節目供應中心」彙集新聞局與文建會委製之節目、廣電基金自製節目加配客語及其他電台提供之優良客語節目等，免費提供有意播出客語節目的廣播電台運用，初期每日將提供 8 至 12 小時節目供臺北電台、高雄電台常態播出（中國時報，84/7/7，頁 11）。

基本上，這些獎勵作法均屬於個案型的，相較於地區的需要而言，仍有相當落差，客語節目量目前雖然較多，但原住民節目則仍然甚少，只構成部分電台一個平時的帶狀節目加上一兩個週末節目而已。對於少數族群的語言與文化傳承需求而言，距離相當遙遠。

（四）頻道開放：1990 年代

1. 初期開放政策：地區之多元化：（81/11-）

前曾指出，國內的廣播頻道長期由黨政軍控制百分之 95% 以上的頻道，屬於寡頭壟斷的型態。基本上是以《廣電法》第一條的宗旨「闡揚國策、宣導政令」等為目的，並無多元化之理念，廣播所發揮的貢獻，被認為是「遏制匪播、鞏固國內心防；闡揚政策、宣導政令、推廣社會服務；啟迪民智、促進國家現化；促進經濟發展、提供正當娛樂」等（洪瓊娟，1991，頁 348-9）。這當然與臺灣長期處於「動員勘亂時期」密切相關，國家的總目標並不及於促進地方多元文化發展的層面。

近年來由於解嚴與黨禁、報禁的開放，社會大眾對媒體開放的要求日益殷

切，[2] 新聞局則自民國76年起即開始召開「檢討現行廣播頻率使用情形」會議，之後亦逐步邀集交通部和執政黨的國民黨研究頻道開放問題，81年4月國防部確定騰讓部分頻道，[3] 新聞局終於自81年12月開始函請行政院核定《廣播電台審議委員會設置要點》，82年3月1日新聞局起聘第一屆廣播電台審議委員，包括專家學者6名，社會公正人士3名，交通部及新聞局主管機關代表各2名，開始辦理開放頻道作業，負責電台申設之審議。[4]

不過，頻道開放的政策有兩個結構上的根本問題備受爭議。其一是，由於各梯次的開放頻道是由中廣、復興電台或國防部所釋放騰讓的頻道，並非完整而有系統的頻道規劃，結果先天性的造成「開放一批，決定一批」的問題，業者也無法衡量自身的需求，做最有利的申請判斷。為了抓住機會，往往是「開放一批，申請一批」，例如開放中功率時就申請中功率，但其實他的設台宗旨較適合申請小功率，反之亦然。其二是，既有之頻道現狀，亦即大量的各種公營和國民黨營的頻道結構，並未重新調整，引起不斷的爭議。

開放頻道的政策，就多元化觀點而言，自然極具意義。初期的開放政策，其多元化的考慮主要是地區的、所有權結構的和節目內容等方面，不過，顯然並未考慮涉及弱勢族群的「多元文化主義」。

此次頻道開放在法規上是依據《廣電法》第八條：「電台應依電波頻率之分配力求普遍均衡，其設立數目與地區分配，由新聞局會同交通部定之。」由

---

2 民進黨在選舉期間往往激烈的抗議媒體壟斷，引發社會衝突。

3 國防部所設復興電台早期擔負「遏制匪播」之任務，根據交通部的統計，其發射機數量占全國所有發射機數量之28.64%。（「七十八年中華民國電視及廣播電台總登記表」）解嚴之後，一般認為其已達成其階段性任務，因此社會要求讓出頻道供民間設台。

4 參考「廣播頻率開放作業重要決策過程」，行政院新聞局廣播頻道開放作業現況簡報，84/4/22，p.3。

此可知，地區的「普遍均衡」是頻率分配之最高指導原則。交通部在規劃頻率時，即在「全省各縣、市至少規劃一個頻率」的原則下規劃，服務面積設定為半徑 20 公里，最大輸出電功率為 3000 瓦。[5] 而「普遍均衡」原則落實的方式是「於各地區普設電台」，以「服務地方聽眾，縮短城鄉差距」。[6] 核配之主要原則包含下列四項：

1. 為最多數之聽眾之最大利益；

2. 節目應具專業性、服務性與公益性；

3. 鼓勵民營，限制公營；

4. 重整電波秩序，保障新設電台之播音品質。

從以上的新聞局開放頻道政策來看，初期的頻道開放最高指導原則，即是普遍均衡」，並以「地區」和「民營」為主要分配依據。

「地區性」之考量有以下兩個基本的依據：

1. 技術上：開放電台主要是調頻頻率，其電波涵蓋限定在 20 公里，功率限為 3000 瓦特，與臺灣地區縣級轄區相近，此類中功率電台具有地方媒體之特性，自當依據地方之需求來規劃。

2. 平衡以往之缺點：臺灣地區廣播媒介長期以來，多數為「臺北總台－地方聯播」式的全國網，真正的地方台為數甚少，根據新聞局 82 年對各電台之各地方分台評鑑發現，公營電台的地方台往往是轉播總台節目，民營的地方台則往往已將時段賣出，地方廣播服務功能均不彰，因此亟需規劃地方電台平衡廣播資源分配，以利地方資訊流通與社會發展。[7]

---

5 參考「開放廣播頻率設立電台執案執行計畫」82 年 2 月，新聞局，p.6。
6 「開放廣播頻率設立電台執案執行計畫」82 年 2 月，新聞局，p.5。
7 參考行政院新聞局 79 年及 82 年廣播電台評鑑報告。

而「民營化」之考量則是在廣播所有權結構上，平衡以往過多之公營電台並，抑止政府機關再行設立電台。

當然以上兩個原則亦具有「多元化」之意義，鼓勵民營就是讓所有權結構多元化，不再以公營為主：地區分配的多元化意義自然更為明顯。除此之外，廣播電台審議會的審查作業中，亦包含數項與多元化理念相關的原則：

1. 股權應在地化與分散化。

2. 電台類型的區隔：目前綜合電台過多，若能提出優異的類型電台，亦符合多元化的考量，倒如少數以古典音樂或弱勢族群為目標的電台就具有明顯的電台區隔。

3. 電台節目內容的地區化：節目內容的規劃和聽眾訴求市場定位是否能反映地區特性而有所不同。

4. 政黨屬性的考慮：原則上審議原則並不同意政黨申請電台，或政黨干預電台，但是由於以往國民黨屬性的電台較多，造成長期的單一政黨優勢，在平衡與多元的考慮下，對於其他政黨屬性的電台，會在要求申請者承諾維護中立客觀的媒體專業原則下，予以審慎考量。

由以上討論可見，頻道開放政策固然對多元化的電台服務有著重要的貢獻，但「普遍均衡」的地區化與民營化的原則，並不能涵蓋少數族群的需要；我們可以從下列兩方面來檢討：

1. 節目內容難以兼顧弱勢或少數族群：由於絕大多數的電台均為民營性質，因此，節目內容與市場區隔的考量顯然均基於廣告市場的考慮，因此幾乎所有電台均以青少年以上人口作為訴求對象，而且主要是都會的主流階層，而缺乏市場的兒童與少數族群就難有電台提供服務了。

2. 在頻道所有權方面：由於缺乏針對族群語言文化維護的具體考量，弱勢團體或少數族群若想申請電台，仍必須提出相同的競爭條件，與其他申請的電

台在專業化程度、經營能力等方面互相比較，申請既不容易，競爭成功的機會亦無積極政策保障。

3. 頻道開放政策並未處理原有之電台所權分布不公的問題，因此，電台結構的偏差依然存在。

初期的頻道開放政策雖然回應了民間長期以來對頻道壟斷的抗議，大幅度的在各地區開放了民營的機會，但並未能照顧弱勢族群的權益。其主要原因便是缺乏對弱勢族群媒體權益的考量。雖然提出多元化的頻道分配方向，但缺乏「多元文化」的進一步政策規劃，無法設計系統性的維護少數族群傳播權益的做法，否則，在自由競爭的市場中，固然增加了許多民營頻道，但少數族群的傳播權益反因忽視而被貶抑。

事實上，頻道開放對原住民的廣播服務而言竟產生一項負面的效應。前面曾經指出，原來設在山區國防部復興電台的頻道，曾受新聞局委製原住民的節目，但其後因新聞局開放頻道的需求，復興電台就裁撤了這些山區電台，並繳還頻道，連帶的這些原住民節目就消失了，再度凸顯了缺乏多元文化政策所造成的偏差，表面上開放頻道符合社會的需求，但是原住民或其他少數族群的需求又如何得到服務呢？

也就是在這樣的背景下，頻道開放的過程中，仍有許爭議，再加上臺灣處於轉型中的政黨競爭階段，在複雜的社會與政治生態下，弱勢族群及客家電台不斷的為了頻道權益提出抗爭。

2. 地下電台抗爭

電台頻道開放政策的執行是逐步的，相較於民間社會殷切的需求，已顯得有些緩不濟急，因此，頻道開放並未立即消弭民間對於媒體壟斷的抗爭，尤其是每逢選舉，反對黨人士便在既有媒體壟斷的擠壓下，紛紛設立所謂的「地下電台」，最早的是80年11月由民進黨立委張俊宏在競選期間所設立的「全民電

台」，82 年 11 月，許榮棋以抗議壟斷為名設立「臺灣之聲」，聚集民眾抗爭，一時間風起雲湧。到了 83 年的縣市長選舉時期，全省有多達 20 家以上的地下電台，風行於地下電台的叩應風潮，表達反對政府的立場，帶動社會抗爭。例如 83 年初「臺灣之聲」發起「到財政部拜年」、抗議國民黨中央黨部拆除事件、以及「臺灣之聲」負責人許榮棋在機場被限制出境、在立法院被警方拘提等，地下電台透過播音集結抗爭群眾，造成警民衝突，受到官方嚴重的關切。新聞局因此自 83 年 7 月起至 84 年 1 月止連續進行了數次的抄台行動，而抄台行動又再度引發臺北街頭激烈的騷動，抗爭民眾到捷運工地撿木塊、石塊、鋼條，甚至還利用汽油彈攻擊警政署。據報導警方也有失控情形發生。更嚴重的事件發生在年底的市長選舉逼近時刻，大部分的地下電台此時已明顯的成為「黨營電台」，12 月 31 日，一位全民計程車司機因泊車而被殺害喪命，抗議的計程車經過地下電台的傳播，聚集了兩百多輛以及上千名圍觀群眾，警方與抗議民眾之間更爆發了激烈衝突。地下電台從抗爭到衝突到激烈衝突，給社會帶來極大震撼，政府一方面開放頻道作業，一方面也開始積極的抄台行動，以遏止地下電台引起的問題。

　　但是為什麼頻道已經進行開放，還有這麼多地下電台以及激烈抗爭呢？選舉的壓力當然是重要原因之一；此外，地下電台也有說辭，它們指出，地下電台受到新聞局抄台的威脅，也希望申請合法頻道；不過，這些地下電台即使提出申請，按照正規的審議程序，也不可能那麼快核准；更何況，許多地下電台根本未提出申請，因為他們認為申設電台依法令規定需要 5000 萬的資本額，超過他們的能力，而一般地下電台經營僅需數百萬元。因此，對開放頻道政策也有許多不滿。藉由選舉造勢便使得這些抗爭愈發激烈。在這一波波抗爭行動中，新聞局的開放政策也因應此項挑戰做了幾項重要的修正，主要包括彈性降低申設電台資本額限制與開放小功率電台。

為了回應地下電台的抗爭，83 年 5 月第十八次審議委員會議通過，修正《廣播電視法施行細則》第 5 條，設立廣播電台，無論是調頻或調幅，均需新臺幣 5000 萬元。「但申請設台目的在服務特定群體，偏遠地區，或促進地區性之發展，經提出合理說明，其設立之最低資本額，得不受此一限制。」

3. 小功率電台的開放

申設資本額雖然改採彈性策略，但地下電台所需要的眾多頻道從何而來呢？事實上，國防部在 82 年 12 月即決定騰讓 88-96 兆赫，這是一段相當珍貴的頻道規劃機會，審議委員會即建議應提出頻道分配的具體政策，其中與多元化分配和族群保障措施有關的主要的項目應包括：

（1）電台所有權分散問題；

（2）對於少數族群及弱勢團體之優惠保障或鼓勵措施；（包括節目內容及電台經營權）；

（3）研議偏遠地區或不具經濟利益地區之優惠申請條件。（廣播電台審議委員會第十四次會議記錄，83/2）

不過這個政策規劃建議應基於相關的研究才能提出，但新聞局由於並未事先編列研究經費，行政院又無法另外撥款支持這個研究，再加上此時地下電台不斷抗爭，並攻擊新聞局「頻率閒置，政府卻對外稱頻率已滿」，指責廣電政策壟斷，聚眾抗議，反對黨立法委員並在立法院施壓要求立即開放頻率，否則非法電台將更形林立，一般民眾對政府公權力將更形懷疑。在這種社會需求強烈以及政治壓力過大的情勢之下，研究案不但苦無經費，更似乎緩不濟急，於是此一政策研究案就胎死腹中，一次寶貴的頻道分配政策規劃機會就消失了。（第十七次廣播電台審議會議，83/4）

在 83 年 5 月，新聞局政策決議將國防部騰讓之 88-96 兆赫規劃為小功率社區電台，[8] 全臺灣分十一區，每區可設置 9 個電台，即共開放各地區共 99 個

小功率電台，以滿足社會強烈的需求。83 年 9 月 1 日即開放公告申請。

第一波開放的小功率電台申請者高達 173 家，83 年 12 月審議完成，分配了 79 個頻率；其中共有 15 家原有之非法電台提出申請，獲准者有 10 家，成功率為 62%。[9]

很明顯的，這一波小功率電台的開放基本上是在地下電台的政治抗爭的情勢下倉促決定的，除了將申設資本額降低、電波範圍及功率縮小外，並無其他政策上的規劃，甚至審議時的標準也有相當爭議，例如是否應讓非營利者優先？還是讓服務弱勢者優先？還是服務社區者優先？還是保留族群語言頻道？但是在沒有任何具體政策規劃的情況下，審議會除了遵照原有之一般審議標準，如強調所有權地方化、分散化、專業性、地方性等，並不能超過職權做積極之族群保護措施，只能被動的接受頻道申請，並根據既有的審查項目，無法對族群傳播權益的或其他社區廣播之需要，做出任何積極的保障。

事實上這一波小功率電台中，除了有 10 家原有的地下電台之外，並有 2 家以「勞工」為訴求的「臺北勞工教育電台」（基北區）、「新竹勞工之聲廣播電台」（桃竹區），和一家以「女性」為訴求的「女性生活廣播電台」（基北區）亦呈現多元化之態勢，但是，以「客家」族群為訴求的電台申請並未獲准，於是客家族群開始競爭。

另外值得一提的是，就在這一波一波的抗爭與欠缺整體政策規劃的情勢之下，審議委員之一的政大廣電系副教授關尚仁辭職了，他表示這是對政策規劃不當的抗議。

---

8 所謂小功率電台是指：電波涵蓋範圍半徑為 5 公里以下，干擾保護電場強度等量線為每公尺五百微伏。（廣播電台第二十次委員會紀錄）

9 這 10 家是：淡水河廣播電台、下港之聲放送台、中臺灣廣播電台、關懷廣播電台、大彰化之聲廣播電台、蘭潭之聲廣播電台、新雲林之聲廣播電台、台南之聲廣播電台、新台南之聲廣播電台、宜蘭之聲廣播電台等。

4. 客家電台抗爭：多元文化主義之挑戰（83 年 9 月起）

「全國客家權益行動聯盟」提出「寶島客家電台」申請基北區的小功率電台未獲准，83 年 12 月 30 日有近千人客家鄉親抗議新聞局未審核通過客家電台之申請。認為政府不應僅遵守頻道分配的審查原則，忽視弱勢族群的權益，不重視恢復客家語言，發展客家文化（黃娟，1995，頁 50）。

新聞局認為地下電台林立，相關的社會衝突不斷，為了重整電波秩序，開始在 84 年 1 月取締「地下電台」，寶島新聲的客家電台亦被抄台，「全國客家權益行動聯盟」於是再度向新聞局提出強烈抗議。新聞局終於妥協，表示同意在基北地區小功率電台分配頻率時，測試不會發生干擾的空間，並建議電台審議委員會優先考慮配給新設的客語電台（84/1/11，聯合報，22 版）。

84 年 6 月，「寶島客家電台專案申請中功率電台會議」同意讓該電台申請書中提出 2 個頻率，在調整其他地區頻率情況下，可開放 93.5 兆赫。同時，廣播電台審議委員會修正審議原則應加入保障少數族群的項目。經討論決定在原有的第五項後加上「並尊重族群權益」。這也就是說，當申請案在主客觀條件相當時，應尊重族群權益。（第三十一次廣播審議委員會議紀錄，84/6）修正後之審議原則為

1. 健全廣播事業；

2. 均衡區域發展；

3. 避免壟斷經營；

4. 符合地方需要；

5. 主客觀條件相同時，民營優先，「並尊重族群權益」。（括號內即新加入的審議原則）

這幾個字的增訂固然有利於對族群電台做較佳的考慮，不過，這一條的精神仍然是較為被動的，只有在申請案提出後，而且必須有相當完善之規劃案

後，方有較佳機會獲得頻率。但是事實上，弱勢族群可能在提出申設時即困難重重，而且在競爭地區，弱勢族群若未能提出申請案，當頻道均分配給其他一般性電台後，弱勢族群恐怕就再無機會申請。

而且即使是族群電台提出申請案，若面臨其他規劃優異的競爭者，或甚至其他族群電台的申請，新聞局廣播電台審議委員會，在政府並未制定明確的族群維護政策下，如何對特定族群電台開放申請的機會？若給予對客家族群電台特別的優遇，是否應開放給其他族群呢？如何才不致於被社會評為「會吵的孩子才有糖吃」呢？

於是審議委員會又要求先定出通案之開放審議原則，討論的焦點在於是否應要求其為非營利性質，並需以服務特定族群為目的，如殘障（如盲胞或無法閱讀者），或都市中語言族群？是否仍應要求其有完善規劃，而不是絕對保障？是否必須是在競爭激烈地區如臺北、高雄等地才有專案申請之權利？（第三十二次廣播電台審議委員會紀錄，84/7）但是也有委員認為族群電台生存已經十分困難，不應再限制其經營型態，最後則決定刪除對其經營型態的要求（84 年 8 月，第三十三次之審議委員會議）而將原則定為：只要能在測得可以容納多核配一個頻率之競爭激烈的都會地區，以「服務特定族群為目的，或是照顧都市中的語言族群」，並有完整之規劃者得提出申請（第三十六次廣播電台審議委員會議紀錄，84/8）。這一條固然顯現審議會維護客家族群電台的用心，但也很明顯的是為寶島客家台量身訂製，並未惠及其他族群電台權益，而寶島客家電台即於此時提出申請案。

審議委員會在 85 年 7 月審查寶島客家電台的申請案時，仍然面對政策上相當的矛盾，主要癥結即是審議委員會為何僅單獨處理「客家」電台的申請？審議委員會如何向社會大眾確證此一電台確實為客家服務為宗旨的電台？

於是，針對臺北地區客語調頻廣播電台申設，又討論通過審議所根據之原則為：

1. 新聞局為尊重客家文化之傳承，始開放臺北區客語廣播電台之申請，而將該梯次之申設案送交審議。（這一條的意涵應是強調此件申請案是新聞局的政治承諾，專門為客家電台而開放，也就是政策性的以某一特定族群為對象）

2. 本會認為設置電台節目必須達成傳承客家文化之原則。（此條之意涵應是強調電台審議委員會所能做的是要求此一客家電台之目標必須依照本次開放之政策宗旨）

3. 新聞局應對此類申請案件應審慎處理（這一條的意涵應是，由於新聞局並無明確的族群政策，造成頻道開放上的爭議，客家電台的申設案顯然是個案性質，缺乏通案之考量，因此政策單位應審慎面對此一問題。）（第四十一次廣播電台審議委員會議記錄，85/7）

此外，85 年 8 月，此一喧騰近一年的客語廣播電台申設案獲准續設。

5. 族群電台現況

頻道開放後，在各地已陸續增加少數幾家原住民與客家電台，在客語電台方面：

桃園：新客家電台（中功率電台，84 年 8 月申設獲准）

基北區：寶島客家電台（小功率電台，85 年 8 月申設獲准）

苗栗：苗栗客家廣播電台（小功率電台，85 年 1 月申設獲准）

另外，各地區亦有承諾製作客語節目的電台，例如在臺北地區有全景社區廣播電台、淡水河廣播電台、臺北勞工電台等三家，桃竹地區則有鄉音廣播電台，苗栗地區有新苗廣播電台、大苗栗廣播電台等。

在原住民電台方面，完全是原住民的電台僅有：蘭嶼的蘭嶼廣播電台（中

功率，84年8月）此外，各地方電台承諾製作原住民節目，較重要的有：屏東的屏東鄉土廣播電台（小功率，85年1月）花蓮太魯閣廣電台（中功率，85年9月）。當然部分原住民地區較多的地區，如占四分之一原住民人口的花蓮，亦有民營電台提供少量的原住民語節目。

　　整體而言，既有的原住民語節目時間十分有限，帶狀節目十分稀少，最多是每個星期兩、三次，或是在週末時間播出，而原住民語的新聞節目幾乎是鳳毛麟角，頻道開放後獲准籌設的蘭嶼電台亦十分艱困，面臨經費、人才等經營問題甚多。而客語電台，由於客族組織較龐大，目前已有三家專屬的客家電台，但其他地區的客語節目則與原住民節目情況一樣缺乏資源。

　　雖然臺北市的客語電台終於成立，彰顯了弱勢或少數族群電台服務的重要性，但是這顯然僅是「個案」，對於「多元文化」的理念與政策推動似乎並無實質的貢獻。由以上客語電台申設的波折經過，以及現有的原住民與客語廣播現況可以發現，族群電台的服務所牽涉到的頻道、經費、申請者、經營等，若無通盤規劃，其結果實僅為個案的處理；也就是說，客家電台申設獲准並未帶動族群電台的制度建立；成立了臺北市的客家電台並不代表有需要成立電台的族群都能夠有機會，因為在都會區，經濟及人才資源較豐，成立一家族群專屬電台其實仍然面臨永續經營上的問題；而較偏遠地區，少數族群根本無力申設電台，恐怕更難以兼顧經營的壓力，其權益應如何維護呢？

四、結論與建議：多元文化觀點與族群廣播權益之保障

　　多元文化主義強調應正視公共領域中，少數族群與主流族群的差異，為了保障其社會參與的平等地位，並維護其團體認同與生活尊嚴，而給予其差異的（優惠的）權益保障，方可讓少數族群的文化不致因忽視、歧視，而貶抑流失，並發展族群之間的彼此肯定及和平共存。

　　「多元文化意識」與「多元化」不同，也與開放大量的商業競爭不同。商業競爭基本上僅是追逐最大多數的閱聽人市場，根本就不理會少數市場的需求。而多元化的理念固然已經注意到媒體所有權、地區分配以及媒介內容等多樣的層面，並未能從維護少數族群的觀點做進一步的理論探討與政策規劃；尤其多元化是依據平等競爭的傳統個人自由主義觀點，忽略少數族群缺乏社會資源，立足點不平等，並無平等競爭的機會，更難以落實平等的社會參與機會，因此，必須從文化多元主義觀點，提出特定的政策優惠，以強化其意見表達的機會與權利。

　　而我國的廣播政策長期以來均強調「國語」政策，並無多元文化意識；少數族群文化及語言受到壓抑和貶抑，流失情形已十分嚴重，民國 70 年代後期開始，政治解嚴，威權政體走向民主化，社會逐漸開放，自覺意識日漸升高，還我母語、土地、姓名權等開始推動，政府才逐步重視少數族群的傳播權益。

　　政府在 80 年代是以資助製作和獎勵個案節目的方式表現對少數族群傳播權益的重視，但數量是極有限的。頻道開放之後，確實促進了廣播頻道及節目服務的多元化，但並未針對少數族群的權益做特別的規劃。政府面臨少數及弱勢族群不斷的抗爭，開放了小功率電台，並降低了申設資本額的限制，初步開啟了較佳的申設機會。同時，臺北市客家電台申請的抗爭，也促使電台審議原則增加了「尊重族群權益」六個字，並設下案例，在都會競爭激烈地區，如果能挪出頻道空間，即可申請設立族群語言電台。

　　不過，很明顯的，政府並未制定積極的族群傳播權益的維護政策，雖然既有的電台申設案多少已納入少數族群的節目服務，或者在都會地區已有族群電台設立，但數量仍然有限，並無法合理而有系統的維護少數族群的媒體需求。在競爭特別激烈的地區，少數族群即使提出申請，也難以出線；而在偏遠地區，少數族群資源有限，申請者也極少。[10] 少數族群電台即使申設通過，因為閱聽

人口有限，廣告市場難以開拓，事實上又面臨了經營上的相當困難，若無政策上的支持與規劃，任其自生自滅，最後很可能變質。

　　在以上的討論之後，本研究最後提出，為了維護少數族群的廣播權益，使其有較平等的媒體參與機會，做法上應注意下列數項：

1. 首先，族群成員應有自我組織，以擴增其集體力量。廣播頻道開放以來，我們可以發現客家組織的集體力量，發揮在申設電台與爭取頻道上，均產生決定性的力量，因此，族群的集體組織可以加強決策的影響力，當然也是經營媒體必要的資源依據。

2. 即使少數族群能夠集體組織，政府仍必須具備多元文化意識，重視族群文化的維護，認同其豐富本國文化社會的重要性，提出有系統的族群傳播政策，這些政策至少應包括以下幾個層面：

　（1）原住民委員會應組成「原住民媒體委員會」，與新聞局與交通部共同規劃保留原住民廣播頻道；並結合原住民社區規劃成立適當的電台或是製作節目，提供其他社區電台播放。同時應舉辦原住民傳播工作者培訓計劃，有系統的訓練原住民傳播工作者進入媒體（也包括主流媒體）工作。

　（2）弱勢族群之媒體經費極有限，政府應成立「社區媒體基金會」，評估並資助弱勢族群，包括原住民或客家族群媒體，或其他弱勢非營利媒體，得以成立頻道及製作節目。

　（3）族群媒體工作者配額保障：應要求各媒體延用少數族群媒體工作人員，以符合社會中之族群比例為目標。

---

10 目前僅在蘭嶼、花蓮、屏東，各有一台以原住民服務為主的電台，客家電台則在桃園、苗栗，以及台北縣市各有一台。

（4）媒體內容：應檢討現有少數族群報導之方式，包括免除刻板印象，
防止災難及犯罪新聞取向，而應積極顯示少數族群之文化歷史內涵
及正視其面臨之問題，促進主流族群對少數族群之了解與尊重，並
共同解決其社會資源分配不均和生活權益危害等問題的解決。

參考文獻

一、中文部分

洪瓊娟，1991，《舊媒體、新方向：我國廣播事業之輔導與管理》，頁 348-349。

徐木炎，1996，《多元主義與民主政治：被俘虜的政府與民眾》，頁 1-2，「政治思想學術研討會：多元主義」，1996 年 5 月。中央研究院中山人文社會科學研究所主辦。

黃　娟，1995，〈支持「突破電子媒體聯盟」「客家電台參與抗爭」〉。《客家雜誌》58：49-50。

黃宣範，1991，〈普查四合院：臺灣語言社會的一些觀察〉。《國文天地》7（6）：16-22。

溫世光，1983，《中國廣播電視發展史》，頁 226-228，著者發行。

張錦華，1995，〈從地下電台的挑戰看廣播生態的多元化與地方化〉。《理論與政策》，秋季號，頁 84-103。

蕭高彥，1996，《多元文化與承認政治論：一個政治哲學的分析》，頁 1，「政治思想學術研討會：多元主義」，中央研究院社科所研究員。

鄭瑞城，1993，〈頻率與頻道資源之管理與配用〉。頁 15-18，收錄於鄭瑞城等著，《解構廣電媒體》。臺北：澄社。

蘇　蘅，1993，〈語言（國／方）政治型態〉。頁 217-278，收錄於鄭瑞城等著，《解構廣電媒體》。臺北：澄社。

二、英文部分

Chicago Cultural Studies Groups, 1994, "Critical Multiculturalism" in David Theo Goldbery (ed.), *Multiculturalism: A Critical Reader*, p.114, U.S.A.: Blackwell.

Fraser, N., 1992, "Rethinking the public sphere: a contribution to the critique of actually existing democracy", In C. Calhoun (Ed.), *Habermas and the public sphere*, pp.109-142, Cambridge, MA: MIT Press.

Glasser, Theodore L., 1984, "Competition and Diversity Among Radio Formats: Legal and Structural Issues", Journal of Broadcasting Vol. 28: 2, p.140, Spring.

Horton, John (ed .), 1993, *Liberalism, Multiculturalism and Toleration*, p.2, London: Macmillan.

Owen, M. Bruce, 1978, "Diversity in Broadcasting: The Economic View of Programming", Journal of Communication 28: (Spring).

Stam, Robert and Eilla Shohat, 1994, "Contested Mistories: Eurocentrism, Multiculturalism, and the Media", in David, Theo Goldbery(ed.), 1994, *Multiculturalism: A Critical Reader*, pp.300-301, U.S.A.: Blackwell.

Taylor, Charles, 1994, "The Politics of Recognition" in Charles Taylor (ed.) *Multiculturalism*, pp.38-39, Priceton, N.J.: Princeton Univ. Press.

Tully, James, 1995, *Strange Multiplicity: Constitutionism in the Age of Diversity*, pp.4-17, Cambridge: Cambridge Univ. Press.

Young, Iris Marion, 1990, *Justics and the Politics of Difference*, pp. 163-175 & pp.185-186, Priceton, NJ: Princeton Univ. Press.

客家電視台與臺北都會客家閱聽人族群認同建構之關聯性初探 *

蔡　珮

一、研究動機與目的

　　客家電視台自 2003 年 7 月 1 日開播以來至今（2011）已逾七載，然而國內對於客家族群媒介如何建構客家閱聽人族群認同之研究仍有待開發。過去國內弱勢族群與大眾傳播的研究大致有兩個方向：一為閱聽人研究，主要研究弱勢族群使用主流媒介之動機、使用過程及效果，研究多半探討傳播效果和使用與滿足程度，但關於弱勢族群閱聽人使用另類或族群媒介之研究則無；另一為媒介再現內容分析，多是批判刻板印象與偏見的再現形象（郭曉真，2007）。過去關於客家族群電子媒介或節目研究著墨較多的是客家廣播電台經營管理（如：林佩君，2004）、客家電視台的定位與節目策略或未來發展方向（如：曾曉煜，2008；李信漢，2008；徐佳鈴，2006；陳月針，2004）、客家意象形塑的文化再現研究（如：林彥亨，2003；姜如珮，2004）、電視傳播與族群語言傳承的關係（如：薛雲峰，2000）、民眾觀賞客家電視台節目之觀感（如：徐巧昀，2009）以及客家元素與收視行為之探討（如：彭文正，2005），深入

---

* 本文原刊登於《中華傳播學刊》，2011，19 期，頁 189-231。因收錄於本專書，略做增刪，謹此說明。作者蔡珮現任世新大學廣播電視電影學系副教授。

探討客家族群媒介閱聽人如何透過族群媒介消費建構其族群認同之研究則十分缺乏，目前僅有一篇探討客家雜誌如何建構族群意識的論文（如：曾淑珠，2009）。彭文正（2005）認為，收視客家電視能否增進或養成客家人的客家意識，需要在客家電視開播若干時日後再做後續研究方能得知，而深入探索族群意識與收視行為間的理論機制以及更多的實證研究，將有助實務界瞭解族群電視的製作方向和電視在語言文化復興上的實際功能。因此，本研究在客家電視台開播數年後，探討客家電視與客家族群閱聽人族群認同建構之關聯，在時機上應是十分適切並具有學術與實務之參考價值。

在許多專家學者期許中，客家電視台扮演著保存與發揚客家文化、傳承與推廣客家母語、凝聚或塑造族群認同之角色（陳清河、林佩君，2004；黃葳威、李佳玲，2005；李信漢，2006），黃葳威、李佳玲（2005）更指出，客家電視台以豐富臺灣多元文化、加速客家族群重返公共領域、提振客家之自信心及認同感為主要目標。然而，自客視開播以來，後續的客視相關研究卻發現，全臺灣約只有 50.1% 的客家民眾看過客家電視，其中有 17.7% 的民眾沒有持續收看，原因除了「沒時間」、「聽不懂」占五成以上之外，「節目不夠多元化」、「節目內容不吸引人」、「腔調不同」、「帶有政治色彩」等也是影響因素，而且從未看過客家電視台者表示節目不吸引年輕人收看（客委會，2004）。

彭文正（2005）發現，客家意識影響客家話能力和文化期望，進而影響客視收視行為，客家意識較強者，多半是年齡高、教育程度低的客家人，年輕的客家人普遍客家話能力不佳，因此收視客視意願也低落，透過客視學客語的意願也低。黃葳威、李佳玲（2005）亦發現，客視的忠實聽眾群仍集中於中壯年、銀髮族或婦女聽眾，少有青少年或青年聽眾群，似乎無法達到客家電視台原初傳承客家文化之組織定位，也無法達到跨世代「傳承」之理想。在都會區屬於少數族群的客家人，由於都市人際關係網絡鬆散，加上長期的「國語政策」，

加速客家族群文化特質喪失（蕭新煌、黃世明，2001）。尤其是都市的客家第二代，有些因為父母不強調客家文化、不說客家話，連自己的祖先是不是客家人都不知道，如果沒有特別理由，都市裡的客家人通常是隱身在其他族群之中（張維安，2008）。客家認同在世代與生長地區間已有差異，且由於客家人過去從廣東、福建一帶遷徙至臺灣後有一段悲情的過去，因此有不少客家移民成為隱性客家人，尤其是來到閩南人較多的地區或都會區。對年輕後裔而言，追尋自我、建立族群認同的過程是條漫長的路，尤其是在臺北長大的城鄉移民第二代，既缺乏在原鄉土地的生活經驗與情感基礎，也不熟悉母語的使用，加上過去僵化的學校教育，造成普遍空洞化的本土歷史觀，自然難以建立對客家的認同感（客家工作小組，2001）。因此，研究都會區的客家人，應該更能釐清族群媒介對其客家認同建構之影響及其世代間的差異。

　　本研究主要探究的問題為：（一）客家電視台與都市客家人族群認同建構之關聯；（二）客家族群在世代差異中，客家電視台對族群認同建構有何不同之意義？本研究為探索型研究，希望透過深度訪談瞭解客家族群閱聽人觀賞族群媒介建構族群認同之經驗，進而達成兩個研究目的：（一）從客家閱聽人的角度解釋「客家電視消費與客家認同建構」之關係，累積本土族群媒介與族群閱聽人之經驗研究，作為後續族群媒介與族群認同研究或是不同區域客家閱聽人比較研究之參考；（二）透過不同世代客家閱聽人的深度訪談，將可提供質化的分析予客家電視節目製播或擬定政策之參考，亦有助於傳播學界對不同世代客家閱聽人之理解。

二、族群媒介與族群認同

（一）族群媒介

　　「族群媒介」（ethnic media）有許多不同的術語，像是：少數媒介（minority media）、移民媒介（immigrant media）、離散媒介（diasporic media）與社區媒介（community media），學者對於這些術語在使用上的選擇端視該國的族群人口背景而定（Matsaganis, Katz, & Ball-Rokeach, 2010：8）。不過，若從一個比較廣義的方式來定義族群媒介，則是相對於主流媒介，為以下族群所擁有以及為其製作內容的媒介：（1）移民；（2）少數族裔與少數語言族群；（3）原住民（ibid.：10）。臺灣的客家電視台，就是屬於其中「少數族裔與少數語言族群」的族群媒介類型。

　　在 1990 年代，少數語言媒介（minority language media）研究逐漸經由學術書籍的出版打下基石（如：1992 年 Riggins 編纂的《Ethnic minority media: An international perspective》）並且穩定成長。有兩種來源滋養了少數語言媒介研究：一方面是從實用的角度研究媒介如何協助受威脅的少數語言；另一方面是以學術觀點研究媒介在社會中的角色（Cormack, 2007）。關於族群媒介的角色，Subervi-Vélez（1986）認為族群媒介具有雙重角色：融合（assimilation）與多元（pluralism），前者是協助少數族群適應主流社會，後者是透過少數族群的母語和文化內容，維持少數族群對於自己族群文化的聯繫。

　　除了族群媒介的角色之外，學者也提出族群媒介的目的與功能，Browne（1996: 59）指出七種目的：（1）拯救語言；（2）提升自尊；（3）對抗負面形象；（4）加強凝聚力與政治影響；（5）提供原住民社會的媒體能見度；（6）提供創意發表管道；（7）提供就業機會。Goban-Klas（1989：31）提出少數媒介有兩項主要功能：第一是為爭取少數族群的權益；第二是給予少數族群認

同感，提升社會凝聚力，抒解鄉愁與來自陌生或不友善環境的疏離感。

由上可知，「族群媒介」一詞有不同的在地性使用與定義，不過，其使命多是傳承族群語言與文化、凝聚族群認同、為少數族群發聲、提升族群自信心與爭取少數族群權益，同時，有些少數移民媒介更擔負了協助移民適應主流社會之功能。

（二）族群認同（ethnic identity）研究

族群認同無論在人類學、社會學、政治學或社會心理學界，都是一個複雜而未有定論之概念。過去學者在討論人們如何認同自己的族群或文化時，有客觀特徵論與主觀論之爭（王明珂，2001）。客觀論主要是在 Max Weber 之前的學者所主張，種族（race）和族群（ethnicity）經常被視為同一件事，客觀論的學者認為一個族群是繼承了共同特徵的一群人（Banton, 2007），這群人「被認為」擁有共同文化或是共同祖先與來源，很多研究者認為這是強調「客觀因素」，族群有一些可以清楚看到的、與其他群體有差異的特質（王甫昌，2003：10），這些特徵區分了不同的族群，例如：語言、地區、宗教信仰、膚色、飲食、服裝等等（Brass, 1996：85）。持不同觀點的 Weber（1922）則指出，族群是個人對族群中的相似性抱有一種主觀的信念。事實上，Weber 試圖整合客觀與主觀的觀點，他是游移在政治與歷史記憶形塑族群以及過去所流行的文化與生物差異的族群論調之間（Hutchinson & Smith, 1996：32）。

主觀的族群認同論之中又有「本質論」[1]（essentialism）和「工具論」[2]之爭（王明珂，2001；施正鋒，2001；施正鋒，2005）。前者如 Edward Shils,

---

1 或譯作「原生論」（primordialism）、「根基論」。
2 施正鋒（2005）將工具論視為被負面解釋的「結構論」（structuralism），是一種「建構論」的修正，強調的是族群中的菁英領悟到共同被欺負的命運，進而會取自己所認為最適宜的特徵或記憶，作為集體動員的動力。

Clifford Geertz, Harold P. Isaacs 與 Charles Keyes 等學者認為，族群認同主要來自根基性的情感連繫（primordial attachment），這種情感來自由親屬傳承而得的既定資賦（assumed given），一個人生長在一個群體中，也從而得到一些既定的血緣、語言、宗教、風俗習慣，因此他與群體中其他成員由一種根基性的連繫凝聚在一起，但根基論者並非強調生物性造成族群，也不是以客觀文化特徵定義族群，相反的，他們相當注意主觀的文化因素（王明珂，2001：37）。此處對於族群認同的認定是本質主義式的，原生情感使得族群中的個人彼此有共同的歸屬感，這些原生情感除了血緣，還包括文化面向的語言、宗教和風俗習慣，不過，主觀的根基論和前述客觀論所強調的客觀文化特徵和生物血緣傳承是不同的，主觀論所強調的是主觀的既定資賦。

　　另一派工具論者如 Leo A. Despres, Gunnar Haaland 與 Abner Cohen 等，將族群視為一政治、社會或經濟現象，以政治與經濟資源的競爭與分配，來解釋族群的形成、維持與變遷（王明珂，2001：38）。對工具主義者（instrumentalist）而言，人們會根據自身所處的環境選擇、構築自己的集體認同，因此，認同更像是"情境性的"而非普遍的，族群認同的文化內容與含意是根據每個人的理解和態度，隨文化、時期、經濟和政治環境的變化而變遷（Smith, 1995），此派對於族群認同的主張是理性選擇、受利益驅使並隨情境而變的。族群認同會隨著情境的變動而作調整（施正鋒，2001）。

　　不過，即便是「原生論」或「情境論」，都被之後興起的「建構論」（constructivism）批評兩者均假定了本質主義的特質與前提，強調文化面向的學者（如：Anderson, 1991；Cerulo, 1997）認為應將「族群認同」與「族群特性」視為「社會建構」的結果（王甫昌，2002）。即便各論點見仁見智，但觀點之間並非完全對立無法相容。客觀論指出族群可被觀察的內涵，根基論說明族群內部分子間的連繫與傳承，工具論強調族群認同的維持與變遷，近十年來

有些學者試圖建立綜合性理論，或不堅持前述任何一種理論（王明珂，2001：40）。筆者以為，過去族群客觀特徵論受到眾多批評，且客觀論在解釋族群認同時也常陷入困境（見王明珂，2001），本文研究都會客家閱聽人在收視客家電視台後與其族群認同建構之關聯，主要是採族群認同主觀論的觀點來探討客家閱聽人的認同建構，兼採根基論、工具論與建構論之觀點，不否認原生情感在客家閱聽人主觀認同中的重要性，也同時關注從客家庄來到都會區的客家人以及在都會區成長的客家人所處的情境，以瞭解這群客家閱聽人在自身所處的環境中所感受到的客家認同，在客家電視台開播之後，會否有所提升或轉變。而客家電視台能否建構出更為正向或凝聚更多的客家認同，亦是本研究關注之焦點。

由於「族群認同」是一個廣泛、概括的概念，包括了許多要素：族群知覺（ethnic awareness）、族群自我認同（ethnic self identification）、族群態度（ethnic attitudes）與族群行為（ethnic behaviors），在不同的研究中有的是指涉其中一個要素或是幾個要素的綜合探討，然而，這些要素之間會複雜地相互影響，而且這些互動的方式尚未被充分理解（Rotheram & Phinney, 1987：13-14）。筆者以為，認同研究現階段所面臨的課題是方法與理論上的挑戰，因為「認同」議題具有跨學科的性質，並且在概念上操作困難，在探索主觀的認同時，會觸及個人主觀的經驗與詮釋，其中更涉及認知、態度與行為的理解，這使得「族群認同」的探索需要更為細緻的面向分析，而不只是根基性、況遇論或建構論這樣的取向就能夠解釋清楚「族群認同」自身的內涵。因此，筆者向社會心理學和教育學的族群認同研究借光，尋找可能的分析架構，因為該領域的研究將主觀的族群認同之認知、態度與行為面向劃分得更為精細，可以讓吾人對主觀的族群認同內涵各要素有更為細緻的探討與理解。

在臺灣教育學與心理學有關族群認同的研究，幾乎都援引或增修 Phinney

所提出的族群認同要素來探討族群認同。Phinney（1990）有系統地回顧自1972 年以來 70 篇關於族群認同的期刊論文發現，最常被學者用來分析族群認同的要素為：自我身分認同、族群歸屬感（ethnic sense of belonging）、族群態度與族群投入（ethnic involvement）。國內研究客家族群認同的論文中，也曾參酌 Phinney 的族群認同要素發展客家族群認同量表或深度訪談問題（如：范佐勤，2008；黃振彰，2006；李嫦薇，2006；溫美芳，2006；林逸涵，2005；陳嘉甄，2004），其中的認同要素略有不同，不過大致為：族群自我身分認同、族群歸屬感、族群行為、族群態度及族群知覺。而根據李春慧（2004）整理自 1998 至 2002 年國內研究者採用族群認同要素的分析，筆者歸納認同要素採用之排序依次為：族群態度、族群自我認同、族群歸屬感、族群投入、族群行為與族群知覺。

綜觀國內、外族群認同研究組成要素中最常且共同被使用的四個要素是：自我身分認同、族群歸屬感、族群態度與族群投入，本研究將採這四個族群認同要素作為詮釋研究結果之架構。雖然國內學者有使用「族群知覺」作為族群認同組成要素之一，不過，由於「族群知覺」和「族群自我身分認同」是延續性的思維，必定要先能判識出族群的差異才能進一步為自己貼上族群標記（溫美芳，2006），且族群知覺的增加將導致更為正確的族群自我認同（Rotheram & Phinney, 1987：17），因此，這兩個要素是具有連續性的認知過程，本研究擬將「族群知覺」納入「族群自我身分認同」要素中來探討客視與客家認同建構之關聯，如此比較不會使研究結果的詮釋過於瑣碎不連貫。而淘汰「族群行為」要素，係因「族群行為」主要指個人透過接觸不同文化學習到行為模式和他族的差異性（Rotheram & Phinney, 1987），該要素比較偏向和他族文化接觸的學習，而本文所探討的客家電視消費比較偏向族群內文化的學習，而且，「族群投入」是指族群成員在族群內社會與文化參與之程度，與「族群行為」相較，

有更多積極的實踐行動，因此，本研究選擇「族群投入」作為詮釋客視消費與客家族群認同建構之構面。茲將四個族群認同要素分述如下：

1. **族群自我身分認同**：即個人選擇什麼族群標記來稱呼自己。在標記之前會先產生族群知覺，意即個人能正確標記其所屬的族群，族群標記包括了族群的生活方式、歷史、宗教、價值觀甚至宇宙觀，亦包括對於族群團體主要屬性、特徵、歷史與習俗的認識（李婍薇，2006：17；黃振彰，2006：59），個人能瞭解或意識到族群間的差異，能認知到自己屬於何種族群（李春慧，2004）。族群自我身分認同的評估離不開族群語言的使用（Rotheram & Phinney, 1987：18），社會上有些客家人「不敢大聲說客家話」，其實是一種亟欲隱藏或去除族群標記的負向認同，如果客籍學生能使用、也願意使用客家語言，就可以說他具備了族群自我身分認同（陳錦田，2002：26）。例如：「我會說詔安話」、「我常常告訴別人我是詔安客」（李婍薇，2006：27）；「在公共場合我會用客家話和客家人交談」（黃振彰，2006：65）。

2. **族群歸屬感**：個人在受訪時或許會使用族群名稱來標示自己，但這並不代表他對其所選擇的族群有強烈的歸屬感，因此學者常會用一些題項來測量族群歸屬感，例如：「我的命運與未來與族群息息相關」、「我對自己的族群有強烈的依附感」等，或是透過與其他族群的對比來定義與測量。族群歸屬感比較偏向心理的主觀感受與內在認同，族群成員在透過族群學習社會化之後，在心理所產生的一種對自己族群的歸屬意識（張春興，1989），通常是指族群認同中的情感依附。例如：「我喜歡跟客家族群的人住在一起」、「我認為客家人比較有團結合作的特性」（黃振彰，2006：65）。

3. **族群態度**：個人對自己所屬族群的正面態度，包括了自豪及愉快、滿意及滿足，評估項目有「我以我的族群為榮」、「我認為我們的族群文化是豐富且珍貴的」（Phinney, 1990：504）、「我覺得客家人比其他族群聰明」（黃振彰，

2006：65）。不過，它可以表現出正向的肯定態度，也可以表現負向的否定態度（Aboud, 1987：41），負面態度會造成對自我族群認同的否定，包含不滿意、不滿足、不愉悅的態度（Lax & Richard, 1981），或是有自卑感、有想要隱藏自己文化認同的想法（Driedger, 1976：133）。

4. 族群投入：通常指個人實際的社會參與及文化實踐。常被用來當作族群投入的指標有：語言、交友圈、社會組織、宗教活動、文化傳統和政治意識型態與活動等（Phinney, 1990：505）。

當我們發現族群認同的要素可以被區辨為更細緻的面向時，族群傳播與族群認同的探討，就不能僅僅是討論概括的族群認同如何被族群媒介建構或召喚，而是應仔細探究族群媒介在不同構面的族群認同建構或召喚情形，如此對於族群傳播與族群認同之研究將有更細緻的理解。也因此，本研究對於深度訪談內容之詮釋，也將會依上述四個族群認同內涵來討論。

（三）族群媒介與族群認同研究

國外關於族群媒介與族群認同的研究，大部分探討的是族裔（或移民）媒介和移民的認同建構，也有少部分探討原住民媒介與原住民的族群認同。回顧這些研究的目的，並非將臺灣客家族群和國外的移民或原住民族群做類比，而是吾人可以從過去這類型的研究中，瞭解其所使用的方法與研究結果，增進對未來研究的啟發性。

Shi（2005）以民族誌深度訪談 6 位居住在美國 Iowa City 的第一代中國與香港華人移民，發現族裔媒介使用最主要的原因是母語容易理解，族裔媒介也促進了和相同離散族裔成員間以及母國親朋好友的互動，這點使他們建構一種安全感和認同的連續性，並且形成文化協商和共有的情感。Georgiou（2001）研究公共空間中的族裔媒體消費與談話如何建構族裔認同，以民族誌的方式研究北倫敦賽浦路斯（Cypriot）社區中心的常客──第一代中年希臘賽浦路

斯男性，發現當衛星電視在新聞時段播放主要新聞時，電視機前的移民會全部靜聲，大家會聚精會神地觀看電視，當開始播放一些不重要的新聞時，一些移民會開始聊天評論剛剛看到的新聞，或是聊其他事情，但是很少人會談論政治新聞。當電視新聞中播放發生在賽浦路斯當地的意外或是當地事件的深度報導時，許多人會更專注地觀看，這些移民在觀看母國新聞時，也同時在更新（renew）他們的賽浦路斯認同。族裔媒介對該中心的常客而言，是一個真實與象徵的族裔參考，族裔媒介在移民接收與討論的過程中，扮演了建構族裔性的功能。

　　不過，筆者以為，上述研究探討的都是第一代的成人移民，因此顯現出族裔媒介有建構族裔認同的作用，但是對他們的後裔是否有同樣的情感？還是在不同世代觀看族裔媒介所喚起的族裔認同方式與內涵是不同的？這是未來族裔媒介與族裔認同研究可以進一步探討之處。像是 Georgiou（2006：96-98）後續在世代間使用衛星電視的差異比較中就發現，移民後裔對於族裔節目有些並不欣賞，甚至覺得和自己並無關聯，相對於年輕世代對於族裔節目的批評和冷嘲熱諷，第一代移民讚賞族裔媒介傳遞離散文化的角色以及強化了地方與跨國社區的連結，覺得跨國族裔媒介可以學習文化傳統並協助孩子學習母語；但是大部分在宗主國出世的後裔，在家中並沒有選擇使用族裔電視節目，即使他們經常宣稱他們想要接觸，但實際上並非如此，他們並不像第一代移民視在家中觀看族裔電視是一種規範（norm）。

　　然而，也有研究者發現族裔媒介對族群後裔有維繫族裔認同的作用。Pietikäinen 等人（2007；轉引自 Pietikäinen, 2008）在研究芬蘭的俄語社區時指出，少數族群媒介對第二代與第三代移民而言，是建立與維繫族群認同的珍貴資源。過去也有學者指出，少數族群掌握媒體近用權後，不僅可以抵抗同化，更可以強化社區參與，形塑族群意識與族群認同（如：Riggins, 1992；Browne,

1996）。Jeffres（2000）以定群追蹤（panel study）研究都會區 13 個不同的白人族群，發現族群媒介的使用能夠在多元文化的情境中維持族群認同。

除了上述以移民族群媒體與移民族群認同為探討主題的研究之外，亦有學者以原住民媒介與原住民族群認同作探討。Pietikäinen（2008）深度訪談在芬蘭的 Sami 媒體工作者，他們主要的目標是以 Sami 人的觀點並使用 Sami 語提供相關的 Sami 資訊，來保障 Sami 社群的存續。這個屬於 Sami 原住民的族群媒體，大部分的使命都付諸實現，像是象徵 Sami 人族群標記的 Sami 語的保存。然而，在建構共享的 Sami 認同時，仍然有爭議存在，因為並非所有的 Sami 人都會說原住民語，使得有相當多的族人被排除在族群媒介所建構的社群之外，並且 Sami 人散布在歐洲幾個不同的國家，不同類型的 Sami 認同可能無法以一個集體的 Sami 認同視之，因此 Sami 少數族群媒介所面臨的挑戰是如何在建構集體認同與面對不同國界有不同認同位置的 Sami 人之間取得平衡。

綜合上述國外族群媒介與族群認同的研究，我們可以發現民族誌的深度訪談或定群追蹤研究可以提供較為深入翔實的理解，不過，族群媒介在不同世代與不同地區的族人間是否能夠建立統一的集體認同，則有不同的發現：有的研究僅研究單一世代或未探討世代間的差異，所得到的結果是族群媒介滿足少數族群思鄉的渴望，能夠建構與強化集體的族群認同（如：Jeffres, 2000；Shi, 2005；Georgiou, 2001），有研究則發現世代間對於族裔媒介的評價和使用存在著差異（如：Georgiou, 2006），但也有研究發現少數族群媒介是第二代與第三代移民建立與維繫族群認同的珍貴資源（如：Pietikäinen et al., 2007），即便是同一族群，但由於散布在不同的區域或國家，使得少數族群媒介在欲達成建構集體認同的同時，必須考量對族人在地性認同的尊重（如：Pietikäinen, 2008）。這些關於族群媒介與族群認同的研究告訴我們，雖然族群媒介對建構認同具有一定程度的功能，但似乎是對第一代的成人移民較具成效，而且當一

個族裔散居於不同地域，又衍生更多世代時，族群媒介與族群認同建構間的關係便不能忽視在地性（地域性的差異）與世代間差異的問題。

（四）客家族群認同與客家媒介研究

　　過去客家族群認同的研究，關於都市客家人的經驗研究並不多，僅有少數幾篇論文以都市客家人為研究對象。余亭巧（2003）研究 5 位臺北都會區女性客家文化工作者的族群認同經驗，發現她們的客家身分僅出現在公領域，私領域的客家身分認同則因家人排斥或跨族群婚姻等因素而隱身，五位客家女性均非土生土長臺北人，因而使得客家文化工作成為她們慰藉鄉愁的出口。陳嘉甄（2004）也發現，都市客籍學童的族群知覺、族群自我認同度均偏低。蕭新煌與黃世明（2000）研究臺灣客家族群發展類型發現，在臺北市和高雄市閩、客雜處散居的大都會區，客家族群的發展是屬於「被隱形化」的類型。3、40 年來由臺灣各地客家庄移居臺北的客家人，在脫離原鄉的生活環境與生活方式，長久處於疏離性與匿名性的都市社會，相較於占多數的福佬語群人口，以及政治優勢族群的外省新住民，客家人產生相對弱勢的感受或是「隱形化」，客家話或客家傳統文化流失，甚至在高度資本主義下的都會中，客家文化趨於邊緣化，似乎喪失創造轉化的生機（戴寶村、溫振華，1998：202）。不過，施正鋒（2004）發現，離開原鄉在都會區發展的客家人，原本因同化壓力產生的剝奪感，已經提升為積極尋找自我認同。從上述研究可以發現，都市中的客家人相較於生活在客家庄的客家人，更需要一個喚起認同的憑藉，而客家電視台在都會區能否扮演這樣的角色？生活在都會區的客家閱聽人觀看屬於自己的客家媒體時，其認同如何被喚起？本研究將會有初探性的探索。

　　而關於客家認同的世代差異研究，李嫦薇（2006：46, 60）研究雲林崙背與二崙鄉的年長、青年與學童三代詔安客的族群認同，發現所有受訪者中，仍有三成未覺察自己的族群和他人有何不同，隨年齡增長，詔安客族群的自我覺

察愈高；有五成七的人自我身分認同是詔安客，大都以血緣、親族、語言與地域為基礎來認定；在族群行為層面，有半數詔安客感受到與其他族群有差異，但對外稍嫌自信心不足；在族群態度上，有四成詔安客持肯定態度，但有三成持否定態度。詔安語流失嚴重，年齡愈高的詔安客族群認同感愈高，反之則否。溫美芳（2006）以問卷調查設籍桃園縣年滿20歲客家人之客家族群認同經驗，發現父親的客家人身分對子女的認同感有顯著影響；年幼時父母教導客家身分的認定、教導使用客語、帶領與客家親友互動及表達對客家文化之關懷有助於個體之族群認同感；客語能力愈佳以及與客家族群互動愈密切者，其族群認同感愈強烈。

范佐勤（2008）研究中壢客家的福佬化現象與客家認同，發現純客家庭的自我客家族群認同感較高，多以「血緣」作為認定基準，在族群態度上不會因自己身為客家人而自卑，在族群投入方面，多數會主動表達自己的客家身分，為自己族群辯護，但對於介紹自己族群文化給其他人與會否想提振客家文化的表現則平平；福客家庭中則是三代同堂的客家族群認同較低，不如福客通婚的核心家庭，與純客家庭不同的是，福客家庭的族群投入較低，較多人不會主動在外表達自己的族群身分，多數不願意介紹客家文化給其他族群認識，多數表達不會想要提振客家文化。中壢客家的福佬化現象已發生，特別是在語言的使用上，以福客通婚下的三代同堂家庭最明顯，此家庭中的小孩其福佬話有優於客語的現象。

國內現有的客家族群認同研究，有少數調查了客家媒體與客家認同的關係，如：陳嘉甄（2004）在研究客語教學與客家認同時，同時納入學生在課外接觸客語媒體時間長短之變項，發現臺北縣某學校客籍兒童的客語媒體接觸時間愈長，其族群自我認同及族群態度均較佳，該研究認為客語媒體對客家族群認同影響廣泛，是推動族群認同的有力幫手，尤對客家族群認同度偏低的都市

客籍學童而言，規劃合適的客語節目十分必要。溫美芳（2006）調查桃園縣年滿20歲客家人發現，透過演唱或欣賞客家歌曲、收看或收聽客家電視與廣播，甚至主動參加客語課程，對於其族群認同感亦有正面影響。曾淑珠（2009）分析《客家雜誌》內容，發現該雜誌透過四階段的論述策略建構客家意識，分別是：「重建和諧的語言生態」及「開放客語廣電節目」、「實施母語教學」以及「客語也是『臺語』」、「公平分配廣播頻道」、「客家人之主體性」。由此我們可以大略瞭解接觸客家媒體對於客家認同會有正面影響，但是上述研究主要是量化的統計分析或是文本的內容分析，雖然我們知道收看客家媒體對客家認同有正相關，但我們仍不清楚是「如何」有正面影響。因此，有必要進行更深入的質性訪談，以瞭解客家閱聽人如何從觀賞客家電視台當中提升其客家認同。又從過去的研究發現大部分的客家人是以原生的根基情感來認同客家身分，那麼，客家電視台能夠在族群認同的建構或提升扮演何種角色？客視能否讓缺乏自信心的客家人增強其自信？讓年輕的客家人有更多正向的族群態度與族群投入行動？這些問題都有待經驗研究進一步瞭解。

三、研究方法與研究對象

　　本研究以深度訪談方式進行，訪談對象為居住臺北都會區有收視客家電視台不同世代的客家人，收視經驗至少一年以上，每週至少收視一個完整的客視節目（半小時～一小時），並且在未提示節目表的情況下，能夠說出經常觀看的客視節目名稱者。之所以選擇每週至少收視一個完整客視節目的客家閱聽人，主要是因為客家電視台於2007年與2008年的「客家電視台收視質」調查顯示，在客家庄以外的一般地區，客家人每週平均看客家電視台一天的比例最高（2007年為近三成，2008年為三成多），次高者是每週平均看兩天（2007年與2008年均約為兩成上下），且平均每週收看客家電視台的時數以不到一

小時最多，2007 年與 2008 年均約為六至七成（客家電視台，2008），因此選擇每週至少收視一個完整客家節目的臺北客家閱聽人其觀影經驗應是符合臺北都會區客家閱聽人的收視狀況，也同時能夠表達出客視觀影經驗與自身認同之變化。

其次，選擇臺北都會區客家人的原因有三：第一，是近十年才受到重視的客家研究，論及都會區的相關討論相當缺乏，都市客家人因而自稱作「隱形的」一群（廖晨佐，2008；余亭巧，2003），因此，選取臺北都會客家人除了可以拓展客家研究的觸角外，亦可讓都會客家人有機會發聲；第二，過去的客家研究顯示，都會區的客家人似乎更需要憑藉與客家文化相關的事物來慰藉或尋找其族群認同（如：余亭巧，2003；施正鋒，2004），客家電視台對於都市客家人客家認同建構所扮演的角色值得深入瞭解；第三，國外的族群媒介與族群認同研究顯示，居住在不同地區的族人，在面對欲建構集體認同的族群媒介內容時，可能會產生地域性的差異結果（如：Pietikäinen, 2008），因此，本研究選取離開客家庄久居都會區的臺北客家人做研究，可增進吾人對身處都會情境中的客家閱聽人在地性的理解。

彭尉榕（2006）在原客通婚的族群邊界研究中，在面臨選擇客家研究對象時指出，如果以官方的身分「認定」而非以個人的身分「認同」為準，研究對象的身分應該會是較無爭議的作法，但因為客家人沒有官方的法定身分，又因為歷史性、社會性等因素，使閩客間除了語言的不同外，在其他客觀文化特徵上沒有明顯的差異，陳信木（2003）只好採用「自我主觀認同」作為界定客家人身分的基礎。施正鋒（2004）指出社會學者在 1980 年代會直接問受訪者的籍貫（族群），到了 1990 年代則改為以父親的籍貫（族群）來推敲受訪者的認同；政治學者大致採用父親的籍貫（族群），比較不直接問受訪者的認同。本研究在研究對象的選取上採取研究對象的自我主觀認定，而如果年輕一輩不

認為自己是客家人，但是父親或母親的籍貫（族群）是客家人，且本身有觀看客家電視台至少一年以上，仍可作為本研究之受訪對象。

　　族群媒介在族群認同建構的世代差異性，從前文國外的研究可知並沒有一致性的結論，因此，值得研究者做更多的經驗研究一探究竟。「世代」是在社會與歷史過程中，具有「共同位置」（common location）的一群人，純粹時間上的同時代並不一定會產生共同的世代位置，而是一代成員受到群體過程的同一階段影響才會具有相似位置，此一共同的世代位置使得同一世代的人受限於特定的經驗領域、思想與經驗模式以及獨特的行動類型中（Mannheim, 1993）。蕭新煌（1995）認為，以臺灣的發展經驗而言，1965 年是相當關鍵的轉捩年代，該年工業生產淨值明顯超過農業，堪稱戰後產業結構開始大幅轉型的開端，因此，1965 年以後出生者，可稱之為臺灣「新人類」；1975 年以後出生者，可將其稱之為「新新人類」；1985 年以後出生者，則可稱之為「後新新人類」。陳金貴（1998）在探討世代差異時認為，「傳統世代」指的是1945 年以前出生者；「嬰兒潮世代」係指 1947 到 1964 年間出生者；「新人類」則是 1965 年以後出生者。李天蛟（2000）分析過去的世代研究大多劃分為三大世代，只是各學者的劃分點有些許差異，他將 1980 年後出生者稱為「Y世代」；1965 至 1979 年出生者稱為「X 世代」；1950 至 1964 年出生者稱為「B 世代」（嬰兒潮世代）。在傳播研究方面，呂嘉珮（2007）綜合國內生活型態及傳播研究對於世代劃分之見解，劃分 1966 至 1980 年出生者為 X 世代，研究臺灣 X 世代的電視使用與滿足。

　　我們可以發現，國內對於世代差異研究的劃分並無定論，筆者綜合各學者對於臺灣世代研究劃分之不同說法，並比對本研究受訪對象之年齡分布，以及受訪者在 50 歲以上與 3、40 歲者以及 20 歲出頭的年輕人三世代之間，對於客視收視與其認同間的詮釋有差異性存在，因此嘗試將本研究之客家族群閱聽人

世代劃分如下：50 歲（含）以上（1960 年以前出生）稱為「傳統世代」；30 歲以上、50 歲以下（1960、1970 年代出生者）稱之為「中生代」；30 歲以下（1980 年以後出生）稱之為「年輕世代」。

　　研究者自 2008 年 3 月至 10 月進行深度訪談，並於 2010 年 10 月至 11 月進行補訪，總計深度訪談了 16 位年齡由 18 歲到 75 歲有收視客家電視台的都會客家人（受訪者資料詳見附錄），以瞭解客家電視台在不同世代的族群認同建構意涵與差異性。受訪者的選取遵循質性研究的樣本選取策略，找尋能夠提供「深度」和「多元社會實狀之廣度」的樣本，以「避免重複」和「捕捉進展」為原則（胡幼慧、姚美華，1996），當某一世代的說法已趨近飽和，即停止抽樣。受訪者男女各半，傳統世代 6 位，中生代 5 位，年輕世代 5 位。收視客家電視台的年資均在 1 年以上，最長者為 7 年。訪談內容主要從受訪者觀看客家電視台的經驗以及自身的客家認同經驗開始談起，瞭解受訪者的客視節目收視經驗與認同四面向（族群自我身分認同、族群歸屬感、族群態度與族群投入）之關聯，關於四個族群認同要素的提問，係參酌 Phinney（如：Rotheram & Phinney, 1987；Phinney, 1990）與國內也參考自 Phinney 族群認同要素發展客家族群認同量表或深度訪談問題的研究而來（如：范佐勤，2008；黃振彰，2006；李嫦薇，2006；溫美芳，2006；林逸涵，2005；陳嘉甄，2004）。

四、客家電視台與都市客家閱聽人族群認同建構之關聯

　　下文之研究發現將以族群認同的四個要素：族群自我身分認同、族群歸屬感、族群態度與族群投入，作為詮釋與討論之架構，從中發掘客視的消費如何喚起或提升都市客家閱聽人的族群認同。

（一）客視如何召喚或提升族群自我身分認同

　　族群自我身分認同是個人選擇族群標記來表示自己屬於何種族群（Phinney, 1990），能瞭解或意識到族群間的差異（李春慧，2004）。除了生活方式、風俗習慣大多是承繼自家族的日常生活實踐外，客家電視台在「語言」、「歷史」與「文化」等方面所呈現的族群標記，特別能夠凸顯族群媒介召喚或提升族群身分認同之功能。客視播出的客語對母語尚可或母語流利且居住過客家庄的都市客家人而言，不分世代都抒解了在都會區缺乏客語交談對象的失落感，能夠召喚母語的記憶與懷念，進而牽引出族群自我認同。尤其是客語和國語的差異，該標記在客視的客語呈現中，活化了原生的語言和出生地的情感聯繫。

> 像我小時候常會有一些客家話跟中文上的笑話，可是拿來臺北都無效，因為大家都聽不懂，可是像我看客家台《月光光》的時候，譬如說遙控器拿來「ㄓㄨㄣˇ一ㄓㄨㄣˇ」，這是客家話翻成中文，或是老一輩他們在講中文的時候會有那個腔調，就覺得很有趣，就是我的生活經驗。……我看客家電視台很多時候是因為想家，在臺北就覺得很悶啊！在臺北都沒有人在講客家話，也沒有人可以跟我講，或是很多人他是客家人他住臺北但是他不會說，看客家電視台就可以聽聽熟悉的語言。（個案 3，23 歲，原居芎林客家庄）

> 《日頭下日光光》它裡面會講一些典故，跟我們以前聽爸爸講的一樣啦！以前老人家講的話，我們常常會想起。……裡面那個春泉講的海陸跟我們竹北講的海豐是很合的，所以他們那個腔調我們聽了會覺得很親切。（個案 12，51 歲，原居竹北客家庄）

　　個案 12 在 15 歲上臺北後認識她先生（閩客混血後裔），因為先生的客語不是很溜，所以她只好以國語來溝通，她在私領域的客家自我身分認同因為先生的排斥而隱身。客視開播後，客語馬上勾起她的懷念，也抒解了她的鄉愁。

> 剛結婚的時候我先生講說，我講的是番話，我心裡面有一點不高興啦！因為我講習慣了客家話，常常會不經意蹦出來，他就不高興了，說我在講什麼番話，所以我就不講了。……第一次看客家電視台，因為它講客家話，那我就是會很想聽，就會想說可以解解悶，解解鄉愁。（個案 12，51 歲，原居竹北客家庄）

　　客視客語的多元腔調，讓在都會區成長的客家後裔瞭解客語的多樣性，加上向族群內重要他人的學習請教，讓都市客家後裔加深了對自己族群特徵的認識，使得個人的身分認同更為細緻。

> 客家電視台在播的時候就發現：奇怪，不是聽得很懂他們在講什麼。後來我問我媽，因為我阿姨和媽媽他們會講海陸和四縣，然後客家文化老師也有講有分兩種，我才知道，喔！原來我講的是海陸。（個案 2，24 歲）

　　透過客視對自身客語腔調的認識，不僅發生在年輕後裔，在傳統世代也有類似的情形。75 歲的個案 10 已在臺北市定居約 50 年，原本以為客語腔只有四縣、海陸和詔安三種，看了客家電視台才知道有五種，多了大埔和饒平腔的認識。來到臺北 30 幾年的 57 歲個案 13，也是最近幾年看了客家新聞打出來的字幕，才知道饒平腔和詔安腔的發音。在臺北定居超過 35 年的個案 12 也說

是看了客家電視台才知道有大埔腔，同時也學到各種腔調的發音，可以和講其他腔調的客家人更順利溝通，這在講同一種腔調的客家庄是比較少接觸到的，更進一步的是可以學到很多現代用字的客語表達。

> 客家電視台給我最大的收穫就是，讓我知道別人家的腔怎麼樣發音，怎麼講的，我覺得這點受益不淺啦！我們以前到臺北的時候，周圍的朋友幾乎都是講四縣話，然後我聽了我有一點困擾。⋯⋯看了客家電視台之後，我覺得我的四縣聽力有進步。⋯⋯而且客家電視台還帶著我走，我可以用客家話吸收到現代的知識，一邊吸收一些環保的知識還可以學怎麼用客家話來表達。（個案 12，51 歲，母語是海陸腔）

除了「客家語言」這個和自我身分認同最明顯、最基本的外顯特徵之召喚外，自我身分認同也來自於能意識到自己族群和其他族群間的差異，這點客家電視台亦發揮建構自我身分認同之效。

> 因為有些東西你不知道，客家電視台出來你才知道自己跟別人族群不一樣。（個案 9-2，18 歲）

此外，客視還能夠提供原生情感中個人所欠缺的整體客家族群歷史或更廣泛的客家文化瞭解，使都會客家人能夠正確標記其所屬的族群歷史與文化，因而深化自我身分認同。

我喜歡看客家台戲劇類的節目，因爲可以了解自己族群的故事。（個
案 6，42 歲）

我不像媽媽是在客家庄長大的，我其實對客家文化的了解很少，因
爲一般在家裡媽媽也不會特別跟你講什麼，可是從看客家電視台
我對文化的瞭解會深滿多的，我覺得會增加對客家文化的認同吧！
（個案 7-2，32 歲）

比較傳統的世代經常是看到了以前曾在客家庄經歷的場景，而喚起自己原
生情感中客家文化的記憶與懷念。

像《村民大會》這個節目，就很像以前我們鄉下有的，我們鄉下一
些阿伯、叔叔，想要把我們鄉下的事物推出去，我們經過村民大會
去訴求，這是以前的，現在都沒有了。現在這幾年，客家電視台才
有一個《村民大會》，這個節目就類似我們以前小時候所看的情景，
以前我們小小的時候，村民大會去了有糖果吃啊！會想起以前小時
候的那個懷念的景象。……以前從來沒有參加過村民大會的客家
人，也可以知道說原來以前的客家是這樣，就是慢慢把我們原鄉的
一些事務，慢慢的把我們的文化表現出來。（個案 13，57 歲）

如同張維安（2008）所言，「歷史」、「源流」是一個族群認同的重要因素，
分享共同的過去、相同的故鄉，都是凝聚一個族群的重要因素。施正鋒（2004）
也認為要確保客家的集體認同，除了文物保存、文化發揚以及語言推廣外，現
代客家人認同是建立在彼此共同的記憶或經驗，客家歷史的重建刻不容緩，特
別是先人飄洋過海、披荊斬棘的史詩。本研究發現，客視播出客家族群的歷史

與文化內容，建構了都市客家閱聽人所欠缺的集體歷史與文化經驗，有助於集體認同的形成。久居臺北的客家人，對於自己所居住的臺北地區客家歷史，也透過客視有了比以往更深刻的認識。

> 你看新莊，它以前也算是客家庄，客家電視台他有介紹說客家人來臺開墾，第一站是淡水，後來轉進到新莊，就是臺北港。……因為我有一年在淡水的西餐廳上班，然後我覺得淡水的文化我也滿喜歡的，但是不明白為什麼我喜歡，後來才知道原來淡水是我們客家人來臺開墾的第一站耶！（個案 12，51 歲，原居竹北客家庄）

客視在族群自我身分認同面向的召喚，在各世代均有發揮作用，特別是在母語與歷史文化兩個面向較為顯著，其中，中生代與傳統世代的受訪者表達出較多客視的文化、歷史節目對其客家自我身分認同之影響。會否說客家話在認同召喚上產生比較大的差異感：懂得說客家話的都市客家人，在臺北如果少有機會和他人以客語互動，或是對於客語的多元性瞭解不深，「聽到自己的語言」或是「瞭解客語多元腔」是客視召喚或提升其自我身分認同的主要觀感，不會說客家話的都市客家人就比較沒有這種認同感出現。而從客視瞭解己身歷史文化的獨特性，無論諳不諳客語，客視都對都市客家閱聽人有族群身分認同感的提升。

（二）客視如何提升族群歸屬感

族群歸屬感通常是指族群認同中的情感依附，像是：個人表達自己的命運與未來和族群息息相關（Phinney, 1990），或是「我覺得讓客家人的生活變得更好是我的責任」（溫美芳，2006）等主觀感受或內在認同。不少受訪者原本的客家歸屬感比較局限在家族，來自家族從小培養的家族或宗族客家意識，像

是：拜三山國王、義民祭、客家食物、與其他族群不同的掃墓時間、客家習俗與祭祖儀式等，建構了他們的客家家族認同與族群歸屬感。而客家電視台所建構的族群歸屬感則更為擴大，而且還多了一份使命感，是超越家族而串連起整個客家族群的歸屬感。客家電視台凝聚或提升客家歸屬感的角色，在三個不同世代的臺北客家閱聽人身上均有所發揮。

> 當你聽你的父母在描述你祖先遠渡來臺發生的事情，透過家族的故事，你會覺得你跟這個家族是有牽連、一脈傳承下來的，能夠凝聚大家對於客家身分的認同。那我了解的是我這一族的，我們這一宗的，可是我也滿好奇其他客家人早期來臺的時候他們是怎麼樣的生活，這時候客家台就很有幫助，你會從裡面瞭解你和其他客家人的關聯。（個案6，42歲）

> 族譜的感覺是對你那個家族的凝聚力而已，可是我覺得對客家電視台的歸屬感是不一樣，它比較會喚整個民族，譬如說你要回復六堆文化，那族譜你就只會知道我們家族而已。看客家電視台更多是對你傳承一個文化的使命感，我覺得有滿大的提升。就是你會覺得，喔！我是客家人，我應該要再多做什麼事情，沒有看客家電視台不會想到那些。（個案7-2，32歲）

　　透過客視，這些客家人會開始擴大自己與客家族群的情感依附，以及文化傳承的使命感。也有人表達看客家電視台是自己的一種責任，這是有很深的客家自我身分認同者具有命運與共的歸屬感所表現出的族群媒介收視行為。

　　我要看客家電視台講的客家話準不準，內容當然也是有興趣啦！有

點感覺是自己的責任感。（個案 4-1，50 歲）

上述比較是中生代都市客家閱聽人從客視消費所產生的族群歸屬感。年輕世代則透過客視瞭解到自己的同胞具有團結合作特性，這在過去的客家認同研究中是評斷歸屬感的項目之一（如：黃振彰，2006）。

有一個節目會去各地召開座談會，去採訪當地官員，譬如說水壩的問題、垃圾場興建焚化爐的問題等等，台下的人是客家人，用客家話在陳述自己不滿的地方。我會覺得原來客家人是真的在關心自己客家族群的東西，這會加強我們客家人意識。（個案 1，25 歲）

客家台對我客家意識最大的幫助除了語言能力的保存以外，就是對文化的重新認識吧！看了之後，就會覺得原來很多人在為這個文化的保留或是這塊土地做很多事情，會覺得很感動。如果沒有客家電視台，其實是真的沒有那個平台去了解這些事情，……你可以藉由這個機會讓自己覺得還是一個客家人，要不然我覺得客家人就只是我會講客家話，你說有沒有認同或使命感，其實不高，可是我覺得每次看完節目就會起來一點點。（個案 7-2，32 歲）

年輕世代和中生代一樣，都會透過客視對自己的族群與文化有了新的認識，加深了自己對客家族群的歸屬感。個案 7-2 也印證了個人使用「客家人」來標示自己，並不代表他對客家族群就有強烈的歸屬感。上述兩個個案都論及客視對其「客家意識」的提升。由於族群意識是一種「主觀認定的永續歸屬感」（De Vos, 1982），族群意識的產生，除了具有共同來源以區分他群之外，也包括優勢的相對性群體存在讓己身族群感覺到相對弱勢（王甫昌，1998）。客

視呈現客家人在面對自身環境與文化的威脅所展現的團結，讓臺北客家人重新燃起自己的客家意識，進而有更多的族群歸屬感產生。

有些傳統世代的都會客家人，還會將客視所看到的客家人對振興自己文化的付出傳遞給親友，也間接改變了周遭親人原本比較薄弱的客家歸屬感。

> 我會把客家新聞裡面講的，客家人自己在振興自己文化的一些事情跟我先生講。因為他有時候在這一方面的資訊比較會有一點排斥的感覺，因為他的祖母是閩南人，他會很維護他祖母，會一直批評客家人或是講到客家人的劣根性，我就會反駁，他就會不高興啦！那現在常看客家電視，會覺得客家人那個根性是很努力的，更證實我以前講「客家人很優秀！」這句話。我就會常跟他講，我先生他本來對客家人成見比較深，現在慢慢已經有在改變。以前我跟他講到客家人的歷史、文化、背景，他都喔哼哼哼（不想理會的發音）。（個案 12，51 歲，先生是閩客混血）

都會客家人透過收看客視，發現客家人對自己的族群事務並不是冷漠的，很多客家人在面對己身文化受到主流文化威脅或是自己家鄉的環境受到威脅時所意識到的不平等會採取集體行動聲援，同時也在收視後對自己的族群文化有了新的認識，由此建構出更為擴大與整個客家族群連結的責任感與使命感，超越了以血緣、地緣與祭祖儀式等以原生情感為基礎的家族性族群歸屬感，使得客家族群歸屬感更為深刻。

（三）客視如何建構族群態度

「族群態度」是指個人對自己所屬族群的正面態度，像是：以我的族群為榮、認為自己的族群文化是珍貴的（Phinney, 1990）；不過，也可能表現

出負向的否定態度，而有不滿意、不愉悅之感（Aboud, 1987；Lax & Richard, 1981）。從 16 位受訪者的反應中，此項認同要素在客家傳統山歌節目所引發的態度上，世代間有較大的異質性。傳統世代都異口同聲表達出對客家傳統歌曲節目的愛戴，有比較正面的認同；中生代與年輕世代則抱持較多的負面態度。42 歲的個案 8 十分無法忍受客家台所播放的客家山歌，可是她 80 歲高齡的父親，則是看得津津有味，偶爾還會唱個幾句。山歌節目在父女兩代間引發不同的族群態度。

> 我根本就無法忍受【山歌節目】，因為實在是太難聽了，那讓我覺得真的很可怕。……我那時候陪我爸一起看，他就會跟我介紹說，啊現在接下來就是唱什麼調，因為我想跟他多接近想陪他一起看電視，我才很勇敢的坐在那個地方去聽，但是我實在是看得很難受。（個案 8，42 歲）

> 客語歌唱的節目，那個對老一輩的人來說是最懷念也是覺得最溫暖的。……可是山歌節目 - 就是一個媽媽在唱客家歌，我原本還滿感興趣的，可是聽了大概 5、6 分鐘，我覺得實在是不行，太無聊了。（個案 2，24 歲）

> 老一輩喜歡看的歌唱節目，剛好是年輕人不喜歡看的。……為什麼不能有愛情的歌曲？或是不能有諷刺社會的歌曲？歌曲如果更多元化一點，會不會能夠幫助非客家的人或者是我們自己的客家意識更強烈一點？（個案 1，25 歲）

> 你不要已經 21 世紀了還叫我穿著那種村姑村婦，還帶著斗笠，我覺得離我生活太遠了。難道現在講客家人，就一定要唱著山歌，挑著

扁擔帶著笠帽去種田，一定要這樣子嗎？……為什麼客家電視台一
定要弄那種 60、70 年代鄉村生活那個樣子？我覺得這樣子本身就有
點歧視啦！……像他們在形塑那種形象並不是我所認同的形象，至
少我從小看到我爸爸媽媽就是穿西裝，我們就都在市區裡面開店賣
東西，我們沒有看到穿著那種唐裝然後打四角褲管捲起來，帶個草
帽荷著鋤頭的。（個案 6，42 歲）

上述在都會區成長的中生代與年輕世代客家人看到客視的山歌節目，大多
產生比較負面的態度，這群在都會區成長的客家後裔，對客家山歌比較陌生或
從未聽過，從客視看到屬於自己傳統文化的客家山歌時，並不認同客家山歌文
化是豐富且珍貴的，反而有不愉悅的態度產生，像年輕一代的個案 1 就覺得
客家山歌內容不夠多元，除此之外，可能也和山歌節目太過制式與古板的呈現
型態有關，讓這群都市客家人透過客視初次體驗日常生活中未接觸過的客家山
歌時並不欣賞。但曾在客家庄成長的傳統世代卻從山歌節目中看到令人懷念的
正面形象（例如：到臺北已 55 年的個案 11，剛開始轉到客家電視台時，就是
被山歌節目吸引而駐足觀賞，因為她覺得十分好聽而且就如同她父親唱的一
般），或是享受客家傳統曲調的不同轉調音韻中。

小的時候，我媽媽是梳那種 - 古早人喔，頭髮這裡還弄一個髮髻，
然後把頭髮梳得高高的，穿長的藍布衫，我媽媽給我的印象我覺得
很好啊！我就很後悔那時候我媽媽的衣服沒把它留下來。……戴斗
笠我覺得很好啊！那個就是代表客家的文化，有什麼不好？……他
們覺得 SPP，我覺得不會啊！（個案 7-1，64 歲）

我很喜歡看《鬧熱打擂臺》，它裡面有唱山歌，一種比較古老的那

種，一種就是現代的，我是比較喜歡傳統，因為那是我小時候聽過的，大概有三大調：平板、山歌仔、老山歌。……家裡其他人也不大喜歡看啊！只有我一個人比較喜歡聽那個老山歌啊！（個案 10，75 歲）

我滿喜歡聽客家電視台裡面的山歌，因為小時候我媽常唱啊！鄰居的叔叔伯伯、伯母也會唱啊！以前種菜的時候，我們在旁邊幫忙拔草就會聽到就會唱啊！然後我們鄉下喜慶宴會都會請人來唱山歌，像芎林竹東那裡，你去參加人家的喜慶宴會，他們請來助興的，就是唱山歌啊！我們鄉下是山歌助唱，那個聲音現場聽感覺真好，聲音嘹亮。所以我會喜歡聽。（個案 12，51 歲）

　　雖然年輕世代、中生代與傳統世代在觀看客家山歌節目時會產生迥異的族群態度，這似乎和不同世代的成長背景以及父母長輩給他們小時候所留下的印象有關，尤其在都市成長的後裔，對於傳統山歌的接觸更少，又習慣接收流行音樂或西洋音樂，過於傳統的客家山歌節目呈現手法以及客家山歌本身的曲風，就很難令他們產生以客家山歌為榮的正面族群態度。

　　不過，客家人如果能夠經常透過客視觀賞到正面的客家人形象，提升對族群的好感，就能夠建立正面的族群態度，這在從小生長在都市的客家閱聽人身上特別顯著。

客家電視台把一些客家人正面的形象表達出來，比如說客家的相聲節目，裡面就有一個角色安排的是比較節儉、小氣一點，那另外四個客家人在講相聲的時候，時常會諷刺他、開他玩笑：你幹嘛那麼小氣、那麼吝嗇啊！我會覺得原來連客家人都覺得小氣不是我們應

該要被誤解的東西，反而是很多的客家人是很大方的，只是比較勤儉而已。（個案1，25歲）

客家電視台會讓我更覺得客家人沒什麼不好，就是跟小時候會有落差，小時候可能不會排斥，可是也不會覺得客家人是很榮耀，看了客家電視台以後會覺得以客家人為榮這件事情會比以前高。……因為像它有一些節目會專訪客家人表現不錯的企業家，你就會覺得原來客家人也可以這麼優秀、做這麼多事，會覺得增加認同感。（個案7-2，32歲）

　　過去在臺北有經歷閩南人排斥經驗的客家人（通常是中生代和傳統世代），也覺得客家電視台有提升客家人的榮譽感跟能見度。20歲從桃園客家庄到臺北已55年的個案10，就覺得客家電視台讓曾經有過隱身經驗的都市客家人更願意現身。

早期的臺北人喔，比較有一點排外啦！尤其那個閩南人對客家人有點排外，大概光復以前來臺北的客家人不敢講客家話，怕人家瞧不起，怕人家欺負他。現在有客家電視台之後，好像默默無聞的客家人有比較起來，比較以客家人為榮的感覺有提高，比較不會說像以前那樣大家都比較安靜，比較不會對外面多說什麼，現在就比較會了。（個案10，75歲）

（四）客視如何促進族群投入

　　所謂「族群投入」，通常是指個人實際的社會參與及文化實踐，而語言、交友圈、社會組織、政治意識型態、文化活動等常被當作族群投入的指標

（Phinney, 1990）。下文將一一檢視這些族群投入客視有無促成。首先，本研究發現客視促進族群投入，有部分仍是建基於根基性的族群情感。

> 因為我從小就被灌輸我是客家人，所以我一直都很認同客家文化、客家族群，客家開台會讓我覺得再更支持客家文化，支持這個文化的發展。（個案 2，24 歲）

在語言方面，對於不諳客語的客家後裔，客視雖然沒有辦法召喚他記憶中的母語認同，但客視消費後嘗試使用客語與家人互動，如果對方也有鼓勵性質的回應，會產生較積極的族群投入行動（例如：積極學習母語），甚至和說客語的客家長輩產生更多的互動。

> 我有一次看客家電視台，我就學他講的腔調，我爸爸就說：「妳講的不夠軟啦！」就一直教我，我才發現，ㄟˊ，好啊！我去學學看，然後再跟他聊天看看，我是那時才開始學客家話的。（個案 8，42 歲）

所以，母語保存與文化傳承不能只期待客家電視台負起責任，族群內部重要他人的積極參與以及用鼓勵代替責備的溝通方式，亦是促進族群投入行動的要角。

在交友圈方面，客視對這群都市客家人似乎比較少有促進客家交友圈擴展或是因為客視內容引起族群友人間的共同話題。主要原因是周遭的都市客家朋友很少看客視，或是在都會區客家朋友不多。

客家電視台並沒有引起大家共同的話題，因為即使他是客家人，他也不見得看啊！我周遭的客家朋友都不怎麼看客家電視台。（個案7-1，64歲）

看客家電視台並沒有促進我跟客家朋友的聊天話題，我是覺得客家電視台比較少有關年輕人的東西，然後再來就是我客家人的朋友其實並不多。……我們大學同學是有一個客家人，我們客家人的事情我比較會跟他聊，但是客家電視台的事情我們是幾乎沒有什麼聊到。不過，過年過節的時候，跟親戚、家人倒是偶爾會聊到客家台裡面看到的有趣內容。（個案2，24歲）

在社會組織參與方面，這群都市客家人大多表達較少參與客家社會組織或社團，有不少人的理由都提及對社團中泛政治化的反感，甚至也不希望客視出現政治化政論性的內容。只有傳統世代有參與客家同鄉會（6位當中有3位有參與客家會館或同鄉會活動），不過是因為人際關係或自己強烈的客家意識，並非客視促成。

像我服務的地方，就有同鄉會開會，就有人說你要不要去看一看，大家都客家人啊！不過我是不喜歡選舉的時候參加，選舉的時候很政治化，支持某一個人或怎麼樣，我不喜歡這樣，同鄉歸同鄉，選舉歸選舉，你自己去決定嘛！不一定說大家要一樣，所以快要選舉的時候同鄉會我都不會去。（個案7-1，64歲）

我曾經想過參加學校的客家社，可是我會覺得他們有一些言論很偏激呀！很積極要爭去一些認同然後會有一些比較偏激的想法，我會覺得不必要啦！太泛政治化了。（個案5，21歲）

早期客家電視台剛成立的時候，政論性的節目在裡面占了極大的一
個比例，就是他們會討論一些意識型態的東西，會讓我感覺到這是
一個連我自己都難以親近的族群。（個案 1，25 歲）

回顧過去的客家運動，像是「還我母語大遊行」，《客家風雲》雜誌就扮
演重要的角色。當客家運動逐漸成功爭取到客家族群的媒體傳播權與語言教育
權之後，似乎有部分客家人希望客家電視台能夠多展現客家文化美好的一面，
而非過多的政治意識型態引人反感。客委會（2004）的調查研究也發現，不再
繼續收看客視的客家民眾，「帶有政治色彩」就是影響因素之一。

在文化活動方面，有實際族群投入行動者，通常是因為透過客視消費建立
正面的族群態度後，就比較容易進一步產生實際的文化參與行動。例如個案 7-2
透過客視使得她培養出更高的「以客家人為榮」的正面態度，客視也成為她客
家活動的消息來源，因而增加了族群活動參與的機會。

像上次臺北縣泰山就有辦一個客家文化祭，你就會覺得可以去看，
可是如果不是看客家電視的新聞，我也不會知道有這個活動。……
看客家電視台你會覺得自己其實可以再做更多的事情在文化的保留
或是參與。（個案 7-2，32 歲）

在族群投入方面，傳統世代通常是自發性地參與客家會館的活動或是因為
人際關係加入客家社團，年輕世代和中生代則比較是受到客家電視感召，而開
始有族群投入的實踐。可見客家電視台在提升客家後裔的文化實踐行動方面，
發揮了一定的族群媒介功能與角色。

五、結論與討論

本研究發現，客家電視台讓離開客家庄久居都會區、族群人際關係較客家庄疏離的都市客家人，無論是會說客家話或是不諳客語者，都有不同程度與面向的族群認同感提升。客視在此扮演的角色，是將建基於原生的客家家族情感，提升或擴大至對整個客家族群的歸屬與認同，並且改善了都會區客家人的隱形化現象，像是個案 12 在私領域的客家自我身分認同因為先生的排斥而隱身，但客視卻讓她找回客家的自我身分認同，甚至影響有四分之一客家血統的先生開始認同客家人；或是早期來到臺北都會區的客家人，曾經因為怕被閩南人排擠或欺負，因此產生自卑感、隱藏自己的客家人身分或是不講客家話，但客視的出現，讓他們覺得周遭比較沉默的客家人，似乎較以前勇於發聲且客家榮譽感也有所提升。過去有不少研究發現都市中的客家人長期處於疏離性與匿名性的都市社會，族群認同偏低或隱形化（如：戴寶村、溫振華，1998；蕭新煌、黃世明，2008；陳嘉甄，2004），從工具性的族群認同來看，都市客家人可能是因為自身所處的環境建構出隱形的客家認同。本研究發現，客視扮演了讓都市客家人提升自信心與榮譽感的角色，甚至讓過去很少參與族群活動的都市客家年輕人，產生文化參與實踐的行動。

本文將族群認同細緻分為四個面向（但四個面向其實是相互影響、彼此滲透的），探討客家電視台與客家族群認同建構之關聯，研究發現：在「族群自我身分認同」方面，客視的召喚在各世代均有發揮作用，特別是在母語和歷史文化兩方面，其中，中生代與傳統世代的受訪者表達出較多客視的文化、歷史節目對其客家自我身分認同之影響。會否說客家話在認同召喚上產生比較大的差異感，諳客語且曾居住過客家庄的都市客家人會從客視「聽到自己的語言」而召喚原生情感的認同；而不識客語有多元腔的年輕都市客家人，客視的多元腔呈現加上重要他人的解釋，建構了更為細緻的自我認同標記；即便知道客語

有多元腔的傳統世代，也經由客視瞭解到更為完整的多元腔知識，也讓自己的客語更跟得上時代（例如：學到新用語）；又客視透過文化、歷史性的節目內容，逐漸建構出散居各地的客家人族群共有的歷史與文化經驗，讓都市客家人更瞭解自己的過去有何獨特性，族群自我認同的標記因而更加清晰。

在「族群歸屬感」方面，客家電視台凝聚或提升客家歸屬感的角色，在三個不同世代的臺北客家閱聽人身上均有所發揮。都市客家人透過客視瞭解自己的同胞仍有許多為自己族群熱心奉獻者，這對散居於都會區的客家人而言是重要的，尤其在年輕世代和中生代感受上特別顯著，因為很多受訪者均表示過去他們總認為客家人對自己的客家事務是很冷漠的，而客視經常呈現客家人在面對自身環境與文化的威脅所展現的團結，讓臺北客家人重新燃起自己的客家意識，進而有更多的族群歸屬感產生。並且，透過收視客家電視台，這群都會客家人對自己族群文化產生新視野，而有超越原本局限以血緣、地緣與祭祖儀式等原生情感為基礎的家族性族群歸屬感，逐漸建構出擴大與整個客家族群連結的責任感與使命感。

在「族群態度」方面，過去有研究發現客家庄的客家人有半數對外自信心不足或有三成抱持負面族群態度（如：李嬋薇，2006），本研究發現客視經常播出正面的客家人形象，會使得過去缺乏正面族群態度的都會客家人更樂於以身為客家人為榮，相信客視建構正面客家族群態度之功能在客家庄也應該會有成效。但本研究受訪者在論及客視山歌節目時，則有正面和負面的不同態度產生，對於客家山歌陌生的都市客家中生代與年輕世代，都不約而同提及客視所呈現的山歌內容讓他們產生較多的負面態度，傳統世代由於自小親身接觸較多因此態度較正面。除了山歌，在都會區久居、沒有客家庄生活經驗的中生代受訪者，認為客視山歌節目中客家人穿著傳統服飾與鄉下人生活形態的呈現，是不合時宜且不符合都會客家人的形象而有所批評，但傳統世代則認為那就是客

家文化的象徵，觀看時充滿了懷舊情緒，世代間因不同的生活經驗而對客視在呈現較為傳統與鄉土的內容時有著不同的族群態度。

在「族群投入」方面，主要促成了母語學習與文化活動參與。母語的學習會因客視播母語再加上族群內重要他人的積極參與教導而有實際的學習行為產生，即便是傳統世代都表達出可以透過客視學習到其他客語腔的發音，還有一些現代用語的客語要如何表達。文化活動實踐則是因客視建立正面的族群態度後，客視成為都市客家人客家活動消息來源，增加了更多族群投入機會，這方面在客家後裔身上特別有成效。過去有研究發現客家父母教導使用客語以及帶領子女與客家親友互動愈多者，其客家族群認同愈強烈（如：溫美芳，2006），因此，在親子關係更為疏離的都會區，若能搭配客家族群內重要他人一起參與客視促進的族群投入，將會使得都會客家後裔消極的觀看行為轉變為積極的族群文化投入行動。

本研究發現，族群內部根基性的情感以及族群重要他人的正向互動，和客家電視台形成族群認同建構的金三角。客家認同的建構，仍建基於原生情感，認同不可能憑空建構，語言、血緣和家族承繼的風俗習慣仍是認同建構之基礎來源，如同孟樊（2001）所言，無本質主義的認同作為基礎，建構主義本身便無由建構。許多長期觀看客視的都會客家人，本身都是先有來自家族血緣的客家認同感，才有長期觀看客視的行動。在促成母語的學習行動以及客語多元腔的理解上，族群人際正面積極的互動也扮演要角。陳錦田（2002）認為，以語言作為凝聚客家族群意識的基礎，進而關懷與認同客家，是一條必經之路。蕭新煌與黃世明（2008）亦指出，客家人爭取在公共領域占有一席之地，主要是力求客語在媒體傳播有不容壓抑的權利，在公共溝通有使用母語的權利，這種訴求旨在力挽和改變客家文化隱形化的弱勢地位。然而，彭文正（2005）卻發現，年輕的客家人普遍客家話能力不佳，收視客視意願低落，透過客視學客語

的意願也低。從本研究可以發現，恢復母語這條必經之路，藉由客家族群媒介與客家族群內重要他人互動之相輔相成，最能帶動客語的復興與傳承。客家電視台之於臺北都市客家閱聽人，的確有提振客家自信心與認同感之效，不過，在期許客視挽救客家語言及文化流失危機的同時，亦不要忽略客家族群內重要他人居間所扮演的責任與角色。

　　在客家電視台未成立前，劉幼琍（1998）發現有八成以上客籍受訪者覺得有成立客家電視之必要。但是，徐巧昀（2009）發現客家電視台在創意和娛樂性不足，難以吸引年輕人觀看，忠實觀賞群眾仍以中老年人為主。本研究在找尋適當的受訪者時發現，在臺北都會區要找到有長期觀看客家電視台的客家人並不容易，大部分適當的受訪者都不是透過滾雪球的方式找到的，因為許多受訪者都表示自己認識的臺北客家人很少有長期收看客視的情形，要找到有兩代均有長期觀看客視的客家家庭更是困難。客視在客家民眾的收視情形，根據客委會 96 年度「臺灣客家民眾客語使用狀況調查」顯示，居住在都市化程度愈高的地區，收看客視的比例愈低（客委會，2008），這應是客家電視台未來仍需繼續努力的方向。本研究已發現客視的確能夠提升臺北客家人的族群認同，過去亦有研究發現長期的族群媒介使用會導致強烈的族群認同（如：Jeffres, 2000），而且，客委會 96 年度「臺灣客家民眾客語使用狀況調查」顯示，居住在都會郊區及都會區的客家民眾教導子女說客語的意願較鄉區低（客委會，2008），因此，如何吸引離開客家庄在都市生活的客家後裔願意長期收看客家電視，或許更是族群媒介發揮提升族群認同功能以及語言文化傳承的主要著力對象。

　　本研究建議，在都會誕生或久居都會的客家後裔，大多不諳客語、在媒體的選擇與使用上十分多元、又接觸大量的流行音樂與文化，因此，客視在製作節目時，或許可以跳脫所有節目均須以客語為主的思維，如此才不致使不諳客

語的都會年輕人被排除在客語節目之外，而可以藉由他所熟悉的都市語言與客語的交替使用，達到客視語言與文化傳承的功能。國外的少數族裔媒介研究即顯示出在欲達成保存母語使命時，未考量不諳母語以及不同區域族人認同位置反而對族裔同胞產生排斥的結果（如：Pietikäinen,2008），客視可以引以為鑑。客視還可以多製作一些年輕、活潑、具有現代感的戲劇、音樂與卡通節目以吸引青少年觀賞，不要讓他們覺得客視節目太過單調無趣而不樂於觀賞。此外，客視亦可在青少年常收看的主流媒體中為優質好看的戲劇或音樂節目做適當的行銷，筆者因為此次研究收看了不少好看的客家戲劇節目，像是：《菸田少年》、《月滿水沙漣》，這些節目應該對年輕一代有吸引力，而且戲劇節目更容易培養閱聽人長期的收視習慣，但很多都會客家年輕人卻未曾收看或不知曉，十分可惜。又本研究也發現部分受訪者表達對客視政論性節目反感，主要原因是有政黨偏向，建議客家電視台應該在製作與政論相關的內容時，保持「獨立自主」與「多元觀點」的呈現，避免過於激進或明顯偏頗的言論出現，以符合閱聽人的期待。

　　本研究原本預期不同世代的都市客家閱聽人，在觀看客家電視台的族群認同建構上會有很大的差異，但或許是差異性較大的對象（很少看客家電視台者）在本研究嚴格篩選受訪對象時未能成為受訪者，過去的研究也顯示出是那些沒有觀看族裔電視的後裔對族裔節目較多負面批評（如：Georgiou, 2006）。並且，本研究或許因深度訪談受訪者人數不夠多，三個不同世代受訪者各僅 5～6 名，使各世代在客視對其族群認同的建構僅顯現出些微差異，像是：「族群自我身分認同」方面，中生代與傳統世代受訪者表達出較多客視的文化、歷史節目對其客家自我身分認同之影響；「族群歸屬感」方面，比較多年輕世代和中生代都市客家人透過客視瞭解自己的同胞仍有許多為自己族群熱心奉獻者，改變了過去他們認為客家人對客家事務是冷漠的觀感，而有更多的

族群歸屬感產生；「族群投入」方面，文化活動的參與是中生代和年輕世代受到客視影響比較大。世代間最明顯的差異，顯現在對山歌節目的「族群態度」，節目中呈現的山歌內容、客家傳統服飾與鄉下生活形態，傳統世代十分欣賞，中生代與年輕世代則多所批評。建議未來的研究可以本研究為基礎，進行大規模的客家閱聽人研究來釐清世代間在族群認同各要素的差異性，並交叉比較不看或很少看客家電視台的客家人與經常看客視者，是否在族群認同的各面向有顯著差異存在。在研究方法上，本研究採取的是深度訪談法，對於初探型的研究是可行的，建議未來的研究可採用定群追蹤（panel study）的長期調查，或是進入客家庄與客家家庭進行民族誌的田野觀察，以累積更為豐富的客家族群媒體與客家認同研究資料。未來的研究亦可針對不同地區（如：客家庄）的客家閱聽人再進行深度訪談，以瞭解客視建構客家認同是否在不同地域的族群閱聽人有著不同的樣貌。此外，族群媒介具有雙重角色：融合與多元（Subervi-Velez, 1986），本文僅探討了客家電視台對客家族群的「多元」角色與功能，未來的研究亦可結合族群媒介的「融合」角色，探討客視對客家族群的貢獻。

附錄1：16位受訪者基本資料

個案號碼	性別	年齡	原居地（是否住過客家庄）	職業	教育程度	客語程度（種類）	觀看客視年資	觀看客視頻率	最常觀看客視時段
1	男	25	臺北（否）	傳播	碩士	會聽只會說單字（四縣腔）	2006年開始看	密集時每天看	上午10~12點，下午3~5點
2	男	24	臺北/花蓮（否）	學生	碩士	聽流利講尚可（海陸）	2005年開始看	一星期3~4次	晚上11點以後
3	女	23	芎林（是）	學生	碩士	流利（海陸腔）	2007年開始看	一星期約2~3次	晚上8點後至深夜
4-1	男	50	苗栗（是）	計程車司機	大專肄業	流利（四縣腔）	2003年開始看	每天	晚上7、8點
4-2	女	43	美濃（是）	電子業	高職	流利（四縣腔）	2006年開始看	每天	晚上7、8點
5	女	21	苗栗三義（是）	服務業	大學	流利（四縣腔）	2003年開始看	幾乎每天	晚上7點以後
6	男	42	中壢（是）	藝術教育	碩士	流利（四縣腔）	2003年開始看，主要是陪媽媽看	頭兩年一星期看1~2次，後來一個月1~2次	晚上6、7點
7-1	女	64	屏東竹田（是）	退休教師	大專	流利（四縣腔）	2003年開始看	一星期2~3次	晚間時段
7-2	女	32	高雄市（否）	教師	碩士	流利（四縣腔）	2003年開始看	一星期1~2次	晚間新聞時段
8	女	42	中壢平鎮（否）	聲樂家	碩士	不會聽與說（海陸腔）	2007年開始和父親一起看	一星期約兩次	晚間時段
9-1	男	44	臺中東勢（是）	餐飲業	高中	流利（四縣腔）	2003年開始看	一星期約3~4次	晚間8~9點
9-2	男	18	臺北中和（否）	學生	大學	聽尚可（四縣腔）	2003年開始看	一星期1~2次	假日
10	男	75	桃園新屋（是）	退休人士	小學	流利（海陸腔）	2003年開始看	一星期4~5次	下午5~6點
11	女	73	彰化（否）	家庭主婦	未受教育	流利（四縣腔）	2007年開始看	一星期1~2次	週末下午

個案號碼	性別	年齡	原居地（是否住過客家庄）	職業	教育程度	客語程度（種類）	觀看客視年資	觀看客視頻率	最常觀看客視時段
12	女	51	竹北（是）	餐飲業	高中	流利（海陸腔）	2003 年開始看	一星期4 次	早上 6、7 點，晚上 10 點以後
13	男	57	桃園新屋（是）	裝潢	高中	流利（海陸腔）	2003 年開始看	每天看	上午 7~10 點，晚上 8~9 點

參考文獻

一、中文部分

王甫昌，2003，《當代臺灣社會的族群想像》。臺北：群學。

_____，2002，〈邁向臺灣族群關係的在地研究與理論：「族群與社會」專題討論〉。《臺灣社會學》4：1-10。

_____，1998，〈光復後臺灣族群意識的形成〉。《歷史月刊》131：30-40。

王明珂，2001，《華夏邊緣》。臺北：允晨。

余亭巧，2003，《客家女性的族群認同經驗研究：五位女性客家文化工作者的生命歷程》。國立花蓮師範學院多元文化研究所碩士論文。

李天蛟，2000，《世代別於品牌個性認知與品牌關係型態差異性之研究：產品類別與自我形象干擾效果之探討》。元智大學管理研究所碩士論文。

李信漢，2008，《客家電視台族群政治分析》。國立政治大學新聞研究所碩士論文。

_____，2006.07，〈族群媒體圖像之描繪：以客家電視為例〉，「2006 年中華傳播學會年會」論文。臺北。

李春慧，2004，《花蓮縣萬榮鄉布農族學生族群認同階段性發展之研究》。慈濟大學教育研究所碩士論文。

李嫦薇，2006，《從多元文化看臺灣詔安客的族群認同：以雲林縣崙背鄉詔安客為例》。南華大學教育社會學研究所碩士論文。

呂嘉珮，2007，《臺灣地區 X 世代電視閱聽眾生活型態及電視節目使用與滿足之初探》。南臺科技大學資訊傳播系碩士論文。

林佩君，2004，《臺灣地區客家廣播電台經營管理之研究》。國立政治大學廣播與電視學研究所碩士論文。

林彥亨，2003，《客家意象之形塑：臺灣客家廣播的文化再現》。國立清華大學人類學研究所碩士論文。

林逸涵，2006，《六堆地區青少年社會網絡與族群認同關係之研究》。屏東科技大學技術與職業教育研究所碩士論文。

孟　樊，2001，《後現代的認同政治》。臺北：揚智。

施正鋒，2005.08，〈評林修澈的《原住民的民族認定》〉。引言於「原住民族正名議題研討會」。臺北：臺灣大學法學院國際會議廳。

＿＿＿＿，2004，《臺灣客家族群政治與政策》。臺北：新新臺灣文化教育基金會。

＿＿＿＿，2001，《族群與民族主義》。臺北：前衛出版社。

胡幼慧、姚美華，1996，〈一些質性方法上的思考：信度與效度？如何抽樣？如何收集資料、登錄與分析？〉。頁 141-158，收錄於胡幼慧（編），《質性研究：理論、方法及本土女性研究實例》。臺北：巨流。

姜如珮，2004，《臺灣電視中之客家意象：公視「客家新聞雜誌」之個案研究》。中國文化大學新聞研究所碩士論文。

范佐勤，2008，《中壢客家的福佬化現象與客家認同之研究》。國立中央大學客家政治經濟研究所碩士論文。

行政院客家委員會，2008，《99 年度全國客家人口基礎資料調查研究》。臺北：行政院客家委員會。

＿＿＿＿，2004，《93 年度全國客家人口基礎資料調查研究》。臺北：行政院客家委員會。

客家工作小組，2001，〈e 世代的客家認同〉，《翻翻客家》3：14-15。

客家電視台，2008，《97 年客家電視台收視質研究年度報告》。臺北：客家電視台。上網日期：2009 年 4 月 1 日，取自 http://web.pts.org.tw/hakka/images/pdf/sales/tv/2008_report_0216.pdf

徐巧昀，2009，《民眾觀賞客家電視台節目觀感之實證研究》。國立中央大學客家政治經濟研究所碩士論文。

徐佳鈴，2006，《臺灣客家電視媒體發展之探討》。國立臺灣大學國家發展研究所碩士論文。

陳月針，2004，《媒體與文化之對話：析論客家電視台未來發展方向》。南臺科技大學資訊傳播系碩士論文。

陳金貴，1998，〈公務人員世代差異管理的探討〉。《公務人員月刊》19：10-19。

陳信木，2003，《臺灣地區客家人口之婚配模式：世代、地理區域與社經地位比較分析》。行政院客委會獎助客家學術研究計畫研究成果報告。

陳清河、林佩君，2004.8，〈語言傳播政策與弱勢傳播接近權的省思〉，「族群與文化發展會議：族群語言之保存與發展分組會議」論文。臺北。

陳嘉甄，2004.12，〈都市地區客籍學童之客語教學與族群認同之相關因素探究〉，行政院客家委員會「客家知識論壇：教育篇——客家教育的啟發會議」論文。臺北。

陳錦田，2002，《客語課程與教學之行動研究：從臺北縣國小客家籍學生的認同與理解出發》。國立臺北師範學院課程與教學研究所碩士論文。

張春興，1989，《張氏心理辭典》。臺北：東華。

張維安，2008.11，〈族群記憶與臺灣客家意識的形成〉，「第二屆臺灣客家研究國際研討會會議」論文集。新竹。

郭曉真，2007，《部落閱聽人觀視原住民電視台之研究：以花蓮縣重光部落太魯閣族人為例》。國立東華大學民族發展研究所碩士論文。

黃振彰，2006，《六堆地區青少年族群認同與自我概念關係之研究》。屏東科技大學技術與職業教育研究所碩士論文。

黃葳威、李佳玲，2005.07，〈客家電視頻道文化行銷模式探討〉，「2005年中華傳播學會年會」論文。臺灣，臺北。

彭文正，2005，〈客家元素與收視行為結構模式探究〉。《廣播與電視》，24：63-91。

彭尉榕，2006，《原客通婚的族群邊界與位階：地域、世代的比較分析》。國立東華大學族群關係與文化研究所碩士論文。

曾淑珠，2009，《客家雜誌如何建構族群意識：以 Toulmin 論辯理論為分析架構》。國立聯合大學客家語言與傳播研究所碩士論文。

曾曉煜，2008，《呵護客家語言與文化：論客家電視臺之定位與節目策略》。國立中正大學電訊傳播研究所碩士論文。

溫美芳，2006，《客家族群認同感的經驗研究》。國立臺北大學社會學系碩士論文。

劉幼琍，1998，〈特定族群廣電媒體的需求及收視聽行為：以客家人與原住民為例〉。《國立政治大學學報》78：337-385。

廖晨佐，2008，《都市客家的族群性：以臺北市通化街為例》。國立中央大學客家社會文化研究所碩士論文。

薛雲峰，2000，《電視傳播與族群語言的傳承：以公共電視台之客家節目為例》。國立臺灣大學新聞研究所碩士論文。

戴寶村、溫振華，1998，《大臺北都會圈客家史》。臺北：臺北市文獻委員會。

蕭新煌，1995，〈新人類的社會意識與社會參與〉。《勞工之友》535：6-9。

蕭新煌、黃世明，2008，〈臺灣政治轉型下的客家運動及其對地方社會的影響〉。頁157-182，收錄於張維安、徐正光、羅烈師（編）《多元族群與客家：臺灣客家運動 20 年》。新竹：臺灣客家研究學會。

_____，2001，《地方社會與族群政治的分析：臺灣客家族群史（政治篇）》。南投：臺灣省文獻委員會。

二、英文部分

Aboud, F. E., 1987, "The development of ethnic self-identification and attitude". In J. S. Phinney & M. J. Rotheram (Eds.), *Children's ethnic socialization: Pluralism and development* (pp.32-55). Newbury Park, CA: Sage.

Anderson, B., 1991, *Imagined communities: Reflections on the origin and spread of nationalism*. New York: Verso.

Banton, M., 2007, "Weber on ethnic communities: A critique". *Nations and Nationalism*, 13 (1), 19–35.

Brass, P. R., 1996, "Ethnic groups and ethnic identity formation". In J. Hutchinson & A. D. Smith (Eds.), *Ethnicity* (pp.85-90). Oxford: Oxford University Press.

Browne, D., 1996, *Electronic media and indigenous peoples: A voice of our own?* Ames, IA: Iowa State University Press.

Cerulo, K. A., 1997, "Identity construction: New Issue, new directions". *Annual Review of Sociology*, 23, 385-409.

Cormack, M., 2007, "Introduction: Studying minority language media". In M. Cormack & N. Hourigan (Eds.), *Minority language media: Concept, critiques and case studies* (pp.1-16). England: Multilingual Matters Ltd.

De Vos, G. & Lola R., 1982, "Ethnicity: Vessel of meaning emblem of contest". In G. De Vos & R. Lola (Eds.), *Ethnic identity: Cultural continuities and change* (pp.363-390). Chicago: University of Chicago Press.

Driedger, L., 1976, "Ethnicity: Vessel of meaning emblem of contest". *Sociometry*, 39(2), 131-141.

Georgiou, M., 2006, *Diaspora, identity and the media: Diasporic transnationalism and mediated spatialities.* Cresskill, N.J. : Hampton Press

_____, 2001, "Crossing the boundaries of the ethnic home: Media consumption and ethnic identity construction in the public space: The case of the Cypriot community centre in north London". *International Communication Gazette*, 63(4), 311-329.

Goban-Klas, T., 1989, "Minority media". In E. Barnouw (ed.), *International encyclopedia of communications* (Vol. 3). New York: Oxford University Press.

Hutchinson, J. & Smith, A. D., 1996, *Ethnicity*. Oxford: Oxford University Press.

Jeffres, L. W., 2000, "Ethnicity and ethnic media use: A panel study". *Communication Research*, 27(4), 496-535. "

Lax, R., & Richards, A., 1981, "Observations on the formation of Jewish identity in adolescents: Research report". *Israel Journal of Psychiatry and Related Sciences*, 18, 299-310.

Mannheim, K., 1993, "The problem of generations". In K. H. Wolff (Ed.), *From Karl Mannheim* (pp. 351–395). New Brunswick: Transaction.

Matsaganis, M., Katz, V. & Ball-Rokeach, S. J., 2010, *Understanding ethnic media: Their social and cultural roles in economic and policy contexts*. Thousand Oaks: Sage.

Phinney, J. S., 1990, "Ethnic identity in adolescence and adults: Review of research". *Psychological Bulletin*, 108(3), 499-514.

Pietikäinen, S., 2008, "Broadcasting indigenous voices: Sami minority media production". *European Journal of Communication*, 23(2), 173-191.

＿＿＿＿, S., Laihiala-Kankainen, S. & Rynkänen, T., 2007, "Minority media in civic society: The experiences of the Russian speaking community in Finland". *Ethnicity Studies* No. 1 (special issue: Russians in Baltic Region: State and Minority) (in Russian)

Riggins, S. H. ed., 1992, *Ethnic minority media: An international perspective.* London: Sage.

Rotheram, M. J. & Phinney, J. S., 1987, "Introduction: Definitions and perspectives in the study of children's ethnic socialization". In J. S. Phinney & M. J. Rotheram (Eds.), *Children's ethnic socialization: Pluralism and development* (pp. 10-28). Newbury Park, CA: Sage.

Shi, Y., 2005, "Identity construction of the Chinese diaspora, ethnic media use, community formation, and the possibility of social activism". *Journal of Media & Cultural Studies*, 19(1), 55-72.

Smith, A. D., 1995, *Nations and nationalism in a global era.* Cambridge: Polity Press.

Subervi-Vélez, F. A., 1986, "The mass media and ethnic assimilation and pluralism: A review and research proposal with special focus on Hispanics". *Communication Research*, 13(1), 71-96.

Weber, M., 1922, "Ethnic groups". In W. Sollors (Ed.), *Theories of ethnicity: A classical reader* (pp.52-66). New York: New York University Press.

國家圖書館出版品預行編目 (CIP) 資料

客家與文化公民權 / 張維安主編 .
-- 初版 . -- 新竹市 : 交大出版社 , 民 108.01
　　面 ；　公分 . -- (臺灣客家研究論文選輯 ; 6)
ISBN 978-986-97198-1-0(平裝)

1. 客家 2. 文化研究 3. 公民權 4. 文集

536.21107　　　　　　　107020016

臺灣客家研究論文選輯 6

客家與文化公民權

主　　　編：張維安
叢書總主編：張維安
執 行 編 輯：陳韻婷、程惠芳
封 面 設 計：萬亞雰
內 頁 美 編：黃春香

出 版 者：國立交通大學出版社
發 行 人：陳信宏
社　　長：盧鴻興
執 行 長：陳永昇
執行主編：程惠芳
編務行政：陳建安、劉柏廷
製版印刷：中茂分色製版印刷事業股份有限公司
地　　址：新竹市大學路 1001 號
讀者服務：03-5736308、03-5131542　（週一至週五上午 8:30 至下午 5:00）
傳　　真：03-5731764
網　　址：http://press.nctu.edu.tw
e - m a i l：press@nctu.edu.tw
出版日期：108 年 1 月初版一刷、109 年 7 月二刷
定　　價：350 元
I S B N：978-986-97198-1-0
G P N：1010800010

展售門市查詢：
　　交通大學出版社 http://press.nctu.edu.tw
　　三民書局（臺北市重慶南路一段 61 號））
　　網址：http://www.sanmin.com.tw　　電話：02-23617511
或洽政府出版品集中展售門市：
　　國家書店（臺北市松江路 209 號 1 樓）
　　網址：http://www.govbooks.com.tw 電話：02-25180207
　　五南文化廣場臺中總店（臺中市中山路 6 號）
　　網址：http://www.wunanbooks.com.tw　　電話：04-22260330

本書獲客家委員會補助出版